IN DEN MÜHLEN DER DIENSTE

KLAUS BEHLING

IN DEN MÜHLEN DER DIENSTE

33 SCHICKSALE DES KALTEN KRIEGES

BERLIN STORY VERLAG

IMPRESSUM

Behling, Klaus:
In den Mühlen der Dienste –
33 Schicksale des Kalten Krieges
1. Auflage — Berlin: Berlin Story Verlag 2012
ISBN 978-3-86368-061-9

Alles über Berlin GmbH
Unter den Linden 40, 10117 Berlin
Tel.: (030) 51 73 63 08
Fax: (030) 51 73 63 06
www.BerlinStory-Verlag.de, E-Mail: Service@AllesueberBerlin.com
Umschlag: Stephanie Hönicke
Satz: Norman Bösch

WWW.BERLINSTORY-VERLAG.DE

INHALT

GESCHICHTEN AUS DER GESCHICHTE – EIN PROLOG

Geschichte ist ein Roman, der stattgefunden hat,
der Roman ist Geschichte, wie sie hätte sein können.
Edmond und Jules de Concourt
Idées des sensations, 1866

Wir leben mit den Abbildern unserer Geschichte. Jeder hat das seine, in der Summe sollten sie ein Bild ergeben. Doch Bilder sind trügerische Dokumente. Sie verschönern Hässliches, lassen Irrtümer zu Tatsachen werden oder vergolden einfach nur Vergangenes.

Deshalb ist das Erzählen von Geschichten aus der Geschichte auch immer ein Kampf um die Bilder.

Pessimisten geben diesen Kampf von vornherein verloren und meinen, Geschichte sei die Lüge, auf die man sich geeinigt hat. Diese Weisheit wird gern Napoleon zugeschrieben, manchmal mit einem Hinweis auf die angeblichen Urheber der Lüge – die »jeweils Herrschenden« –, ein anderes Mal mit dem Zeithorizont: »nach dreißig Jahren« versehen.

Ein Zitat mit offenbar unklaren Wurzeln also. Und was nicht fest gemauert in der Erden unserer Klassiker steht, scheint ohnehin zweifelhaft. Woran also die fremden und eigenen Abbilder messen? Vielleicht am Umgang der Mächtigen mit ihren Untertanen, der Herrschenden mit den Beherrschten. Gewiss, er ist von Regeln bestimmt, doch allein das damit verbundene Verb reglementieren hat den Beigeschmack von Unterdrückung und Missachtung.

Das wird bei einem Blick auf die Untergründe staatlicher Macht deutlich – zum Beispiel im Umgang der Geheimdienste mit den Menschen, die sie »bearbeiten« und die ihnen freiwillig oder unfreiwillig anvertraut sind.

Ob diese Geheimdienste einer vermeintlich guten oder angeblich schlechten Sache dienen, scheint unerheblich. Solange sie funktionieren, sind sie Instrumente der Macht, und jede Macht meint, die beste aller Welten aufbauen zu wollen und diese dann verteidigen zu müssen. Dabei sind ihr viele Mittel recht.

Der Umgang der Geheimdienste mit den Menschen als Beispiel für das, was zwar nicht die Welt, aber doch die jeweilige Herrschaftsstruktur im Innersten zusammenhält, legitimiert sich aus einem anderen Aspekt: Die Dienste handeln weitgehend unkontrolliert, oft archaisch. Dabei gibt es zweifellos Unterschiede zwischen Diktaturen und Demokratien, doch nirgendwo sind die Apparate transparente Machtinstrumente geworden.

So bleibt nur die Suche nach Mosaiksteinchen zu den Schicksalen Betroffener. Auch sie ergeben kein Bild, sondern wieder nur ein Abbild – doch dieses Abbild illustriert, was jemandem geschieht, der in die Mühlen der Dienste gerät. Ob in Ost oder West, oft wird das »In dubio pro reo«, das Grundprinzip jeder Rechtssprechung, auf den Kopf gestellt. Nicht die Verdächtigenden beweisen die Schuld des Verdächtigten, sondern der ins Zwielicht Geratene muss seine Unschuld beweisen. Selbst wenn ihm das gelingt, bleibt meist ein Makel. Deshalb wurde hier bei fast allen Protagonisten der Name verfremdet. Das mag bei manchen, die als Personen der Zeitgeschichte relative Bekanntheit erlangten, merkwürdig erscheinen, weil sie durch authentische Daten und Geschehnisse für den einen oder anderen zu erkennen sind. Trotzdem: Ihr Schicksal gehört ihnen, genauso wie allen anderen weniger Bekannten auch.

Sicher ließe sich mancher Umstand im Leben der Menschen, von denen hier erzählt wird, durch einfache Fragen bei jenen klären, die in die persönlichen Schicksale der Betroffenen eingegriffen haben, manchmal brutal, manchmal subtil.

Doch ein Geheimdienst wäre wohl nicht geheim, würde er solche Fragen beantworten.

So bleiben die Zeugen und die Akten – bei der Stasi in schier unübersehbarer Menge öffentlich, beim BND oft auch noch nach Ablauf der gesetzlichen Archivfristen geschlossen und nur lückenhaft von meist ebenso frustrierten wie wagemutigen Informanten zu erlangen. Und es bleibt die Phantasie, auf die Löcher im Netz der gesicherten und nachweisbaren Tatsachen Flicken zu nähen.

Aus Gesprächen, die ich mit den Betroffenen geführt habe, oftmals aus Akten zu ihren kritischen Lebensphasen, manchmal auch unter Nutzung ihrer Selbstzeugnisse und meist durch Befragungen von Menschen aus ihrem Umfeld sind in den letzten Jahren 33 Geschichten von geheimdienstlichen Verstrickungen aus der Zeit des Kalten Krieges entstanden. Einige stehen auf dem festen Fundament gesicherter Beweise, andere erzählen, wie es gewesen sein könnte. Alle sind Abbilder von Fußnoten einer Geschichte, die gerade dabei ist, tatsächlich Geschichte zu werden.

Klaus Behling
April 2012

ABGEHOLT

Onkel Konrad hat Glück gehabt. Erst gewinnt er eine Viertelmillion im Lotto, und nach dem Krieg liegt sein Haus auch noch im Westen, in Berlin-Tegel. Einen einzigen Artillerietreffer ins Dach hat es abbekommen, sonst nichts. Jetzt fürchtet Konrad nur noch die Kommunisten im Osten. Aber natürlich hat er vorgesorgt. In dem Büro in seinem Häuserblock, in dem bis vor sieben Jahren die NSDAP ihre Ortsgruppe verwaltete, sitzt jetzt die Sozialistische Einheitspartei Westberlins.

Man weiß ja nicht, was kommt, aber bei der Luftbrücke vor vier Jahren haben die Russen doch den Schwanz eingezogen.

Die Russen. Deswegen waren die Mädchen aus Stralsund da: Helga, Brigitte und Monika. Nun ja, eigentlich nicht wegen der Russen, sondern wegen ihres Vaters, Konrads Bruder. Die Russen hatten Otto im Februar 1947 abgeholt. Seither war er verschwunden. »Soll ich das Jackett überziehen?«, hatte Otto noch gefragt. »Nein, zum Mittag bist du ja wieder zurück«, hieß es. Das ist nun gut fünf Jahre her.

Die Mädchen waren damals vierzehn, sechzehn und achtzehn. Inzwischen sind sie junge Damen. Sie wollen wissen, was aus ihrem Vater geworden ist. Onkel Konrad lässt sie mit seinem neuen Mercedes 300 nach Zehlendorf fahren. »Kampfgruppe gegen Unmenschlichkeit« nennt sich der Verein in der Limastraße. Die kümmern sich um so was.

»Sie können Herr Vogt zu mir sagen«, stellt sich der Mann vor. »Ich sage ihnen gleich, das ist ein Tarnname. Wir müssen aufpassen. Der SSD! Ihnen ist doch niemand gefolgt?«

Monika, die älteste der drei Proske-Schwestern, nimmt das Wort. »Gefolgt?«

»Entführungen durch den Staatssicherheitsdienst aus dem Ost-Sektor sind bei uns an der Tagesordnung.« ›Herr Vogt‹ merkt, dass die drei ein Kichern kaum unterdrücken können. »Das ist ein harter Kampf, den wir hier gegen das Zonenregime führen. Ich bitte Sie um mehr Ernsthaftigkeit!«

Helga, Brigitte und Monika sehen sich erschrocken an. Natürlich. Sie wollen den Mann von der »Kampfgruppe« ja um Hilfe bitten. Wegen Vater!

Herr Vogt ist wieder verbindlich. »Nun erzählen Sie mal.«

Die drei jungen Frauen nehmen kein Blatt vor den Mund. Herr Vogt macht einen netten Eindruck. Immerhin hat er gleich Straalsund gesagt, mit langem »a«, so wie es richtig ist – nicht diese blöde Betonung auf der zweiten Silbe, an der man sofort die Fremden erkennt. Er scheint überhaupt gut Bescheid zu wissen, wirft hin und wieder eine Bemerkung ein, über den Hafen, den Bau des Rügendamms, damals, 1936. Sogar daran, dass vor dem Krieg das Wasserflugzeug nach Kopenhagen auf dem Strelasund zwischengelandet ist, erinnert er sich. Zuerst will er aber wissen, was Otto Proske so für ein Mensch war.

Die Mädchen berichten die über den Vater gehörten Familiengeschichten. Geboren 1900, er »ging mit dem Jahrhundert«, wie man früher in ihrer ostpreußischen Heimat so sagte. Und er war wohl ein ziemlicher Abenteurer. Jedenfalls wollte Otto unbedingt in den Krieg, das war oft erzählt worden. Doch als er alt genug war, siebzehn, war der Krieg fast aus. Für Otto kein Hindernis. Er klaute seinem Vater ein Pferd und ritt nach Russland. Dort kämpfte er mal für die Roten, mal für die Weißen. Als er zurückkam, gab's richtig Ärger. Sein Vater hatte ihn angezeigt, und auf Pferdediebstahl standen hohe Strafen. Natürlich nahm Opa die Anzeige zurück, doch das war gar nicht so einfach. Jedenfalls lagen sich die beiden danach immer mal wieder in den Haaren, und Otto ging dann auch bald aus dem Haus. Bis nach Vorpommern, damit der richtige Abstand zu seinem Alten gewahrt war.

Herr Vogt macht sich Notizen. »Wie ging es weiter?«

Die Mädchen erinnern sich an ihre Kindheit. »Zur Geburt von Helga trug Vater zur Feier des Tages seine SA-Uniform«, erzählt Monika. »Da war er ziemlich stolz drauf, ›alter Kämpfer‹ nannte man das«, weiß Brigitte. »Parteimitgliedsnummer unter Tausend, hieß es immer.«

Herr Vogt ist beeindruckt. »Ihr Vater war also in der NSDAP aktiv?«

»Aktiv, das kann man so nicht sagen.« Brigitte ergreift wieder das Wort. »Er hat eben die Zeit genutzt, um seine Geschäfte zu machen. Mit dem Fahrrad über die Dörfer ist er, und wer noch kein Hitler-Bild hatte, dem hat er eins verkauft. Da traute sich natürlich keiner abzulehnen, auch wenn der Preis etwas höher war. Da haben doch damals alle mitgemacht!«

»Ja – so waren die Zeiten. Ich beurteile das nicht, aber wenn ich Ihnen helfen soll, muss ich alles wissen!« Herr Vogt strafft sich. »Was war im Krieg? Wehrmacht, Dienstgrad, wo gekämpft?«

»Vater war bei der Organisation Todt. Die haben rings um Stralsund solche Scheinflugplätze gebaut, in Ladeburg ...«

Herr Vogt rümpft unmerklich die Nase: »Dann war die Familie ja wohl gut versorgt!«

Die Mädchen bemerken seinen höhnischen Unterton nicht. Und dass er ein »D« für »Drückeberger« notiert, sieht keine der drei.

»Wir haben alles gehabt. Speck, Kartoffeln, Eier – und das Wichtigste war: Als der Krieg zu Ende ging, war Vater zu Hause!« Monikas Gesicht glänzt vor Stolz. »Da kamen dann die Russen zu uns. Die brachten Wodka mit, und es wurde gefeiert. Bisschen Russisch konnte Vater ja!«

»Das ging gleich so nahtlos weiter?« Herr Vogt ist gespannt.

»Sicher, Vater konnte ja alles besorgen. Außerdem galt er bei den Russen als Spezialist.« Brigitte kichert. »Die haben doch überall die Radios geklaut, wussten aber nicht, dass wir in Stralsund in der Innenstadt Gleichstrom hatten. Wegen der Straßenbahn.«

Helga fällt ihr ins Wort: »Außerhalb von Stralsund spielten die Volksempfänger dann natürlich nicht. Sie kamen zu Vater, der machte bisschen Hokuspokus, und schon ging es. Die großen Schlagerstars von damals, Rosita Serrano mit ihrem ›Roter Mohn‹ – da standen sie darauf!«

Herr Vogt sieht leicht genervt auf die Uhr: »Und dann?«

»Eines Tages wurde Vater abgeholt. Mehr wissen wir nicht.«

Der Mann von der Kampfgruppe gegen Unmenschlichkeit bittet die Mädchen, einen Moment zu warten, und geht in ein Nebenzimmer. Von den Russen abgeholt, das kam in den Jahren nach dem Krieg täglich vor. Manche Leute wurden von den Russen verdächtigt, Nazis gewesen zu sein, andere wurden einfach denunziert. Vielleicht hatte sich irgendjemand darüber geärgert, dass Otto Proske so einen Druckposten im Krieg hatte. Oder dass er erst in SA-Uniform herumstolzierte und dann gleich wieder mit den Russen im Geschäft war?

Herr Vogt sucht auf einem alten Stralsunder Stadtplan die Adresse der Mädchen. Heilgeiststraße. Nicht uninteressant.

Natürlich würden sie Otto Proske in die Kartei aufnehmen, aber viel mehr war da sowieso nicht zu machen. Doch die Mädchen, die waren Gold wert. In Stralsund wurde gerade die »Volkspolizei See« aufgebaut, die später einmal das Kernstück der ostzonalen Marine werden sollte. Alles junge Männer, die am Wochenende Bräute suchten. Und hier gab es gleich drei … Da müsste sich doch was drehen lassen! Das wollte gut organisiert sein. Erst einmal brauchte man Zeit.

»Meine Damen, selbstverständlich kümmern wir uns um das Schicksal Ihres Vaters.« Herr Vogt ist zurück bei Helga, Brigitte und Monika. »Sie wissen ja, eine Hand wäscht die andere …«

»Ja, natürlich. Wir können jederzeit nach Berlin kommen.«

»Das lassen Sie mal. Es gibt da einen viel besseren Weg, wie Sie uns helfen können. Sie haben ja selbst erzählt, wie die Russen Radios geklaut haben. Das machen sie jetzt im großen Stil, ganze Fabriken gehen in den Osten! Ich gebe Ihnen eine Adresse. Dort schreiben Sie alle sechs Wochen hin, ›liebe Tante‹, ganz unauffällig, und im Text notieren sie die Namen der Schiffe, die aus Stralsund nach Russland abgehen. Das ist völlig ungefährlich. Was soll schon passieren, wenn jemand seiner Tante schreibt: ›Gestern war der Himmel so klar, dass wir die Wega sehen konnten. Ich habe extra in einem Buch von Professor Koroliow nachgeschlagen‹ – so in dieser Richtung.«

Natürlich wollen die Schwestern Herrn Vogt helfen. Und es scheint ja wirklich ungefährlich zu sein; Wega, Professor Koroliow, schon sind zwei Schiffe genannt – kein Problem. Schließlich ist es für Vater!

Acht Wochen später sitzen Helga, Brigitte und Monika streng voneinander isoliert jede in einer Zelle des Staatssicherheitsdienstes. Sie werden nicht geschlagen, nur angebrüllt. Sie sollen sich schämen, sich wegen eines Nazis im Westberliner Agentensumpf zu verdingen! Zum Glück sind die Sicherheitsorgane der Arbeiterklasse wachsam. Mit Feinden wird kurzer Prozess gemacht. Rübe ab. Das geht ganz schnell.

Ob es Tag oder Nacht ist, wissen sie bald nicht mehr. Auch nicht, was sie eigentlich getan haben sollen. Natürlich erzählen sie alles. Von Onkel Konrad und dem Haus in der Limastraße, von Herrn Vogt, von ihrem Vater, der verschwunden ist. Verschwunden dürfen sie allerdings nicht sagen, dann haut der Vernehmer mit der Faust auf den Tisch. »In der Deutschen Demokratischen Republik verschwinden keine Menschen! Das sind impralistische Lügen. Lügen von solche Leute, bei die Sie sich ihnen als Agenten verdingt haben.« Der Mann spricht ein schauderhaftes Deutsch, doch keine der drei traut sich, ihn zu korrigieren. Er ist »die Arbeiterklasse«, und die hat die Macht.

Im Sommer 1953 werden die drei Proske-Mädchen vom Bezirksgericht Rostock wegen Spionage verurteilt. Helga bekommt vier Jahre, Brigitte sechs und Monika acht Jahre.

Vom Schicksal ihres Vaters ist vor Gericht nicht die Rede. Auch über die Mädchen wird bald schon selbst in der Familie kaum noch gesprochen. Und wenn, dann ganz leise. Man weiß ja nie. Nur einmal im Jahr, immer zu Weihnachten, wird ein Gnadengesuch an Wilhelm Pieck geschickt. Der Präsident der DDR antwortet nicht. Als Helga 1956 entlassen wird, fragt sie bei den Behörden wieder nach ihrem Vater. Es geht um den Totenschein für die Rente der Mutter. Otto Proske sei 1955 »in der Sowjetunion verstorben«, wird amtlich mitgeteilt.

Auch Brigitte und Monika müssen ihre Strafe bis zum letzten Tag absitzen. Monika ist zweiunddreißig, als sie als Letzte entlassen wird, eine verhärmte, alt wirkende Frau. Gemeinsam mit der Mutter gehen alle drei in den Westen. Noch gibt es keine Mauer.

Etwa vierzig Jahre lang geschieht nichts. Dann ist eine neue Zeit angebrochen. Einer ihrer großen Vorteile: Man darf fragen. Ob es auch Antworten gibt, will ein Journalist herausfinden.

In Moskau wird er schnell fündig. Die damals noch sowjetische Militärhauptstaatsanwaltschaft hat Otto Proske bereits zehn Jahre zuvor, im Oktober 1991, rehabilitiert und 2003 dazu einen Bescheid ausgestellt. Darin steht, dass der Stralsunder am 16. Februar 1947 verhaftet und am 17. Oktober des gleichen Jahres von einem sowjetischen Militärgericht nach Paragraph 58/2 des Strafgesetzbuches der RSFSR zu 25 Jahren Haft und Vermögenseinzug verurteilt wurde.

Dieser Paragraph nennt unter anderem das »Eindringen von bewaffneten Banden in das Sowjetgebiet in konterrevolutionärer Absicht« als Straftatbestand. Vielleicht war Proske sein Ausflug in den Bürgerkrieg vor nun inzwischen fast neunzig Jahren zum Verhängnis geworden. Aber Proske war auch Nazi gewesen, und die Russen hatten nach dem Krieg allen Grund,

Nazis zu verfolgen. Ein reiner Willkürakt – so, wie ihn viele erleiden mussten – war seine Verhaftung nicht.

Dann die Überraschung: Seine Strafe verbüßte Otto Proske im »Speziallager Bautzen«. Am 8. oder 9. August 1948 – es fanden sich zwei Totenscheine mit unterschiedlichen Angaben – starb er dort, angeblich an »tuberkulöser Meningitis«.

Otto Proske war also niemals in der Sowjetunion, und 1955 dort gestorben ist er schon gar nicht. Er wurde vermutlich am Karnickelberg in Bautzen verscharrt, wie Dutzende andere auch. Wahrscheinlich verhungert. Krankheiten als Todesursache anzugeben gehörte damals zum üblichen Repertoire.

Das aber heißt: Als seine Töchter 1952 bei der Kampfgruppe gegen Unmenschlichkeit um Hilfe bei der Suche nach ihrem verschollenen Vater baten, war der schon vier Jahre lang tot. Hätte es auch nur einen einzigen Menschen gegeben, der ihnen in damals die Wahrheit gesagt hätte, wäre ihnen ihre dilettantische Spionageübung und die darauf folgende viel zu hohe Strafe erspart geblieben. Achtzehn Jahre verlorenes Leben, für nichts.

Sicher hatten sich die drei im Sinne der damaligen DDR-Gesetze strafbar gemacht. Doch ebenso sicher waren die Urteile gegen sie politisch. Stalin postulierte nach dem Krieg die »Lehre« vom »sich ständig verschärfenden Klassenkampf«, seine ostdeutschen Paladine hatten die »Beweise« dafür zu erbringen.

Dass ihr Vater in Bautzen starb, sollten Helga, Brigitte und Monika, inzwischen ältere Damen, zumindest wissen, meinte der Journalist. Doch wo sollte er sie finden?

Auf eine erste Spur stößt er mit Hilfe einer freundlichen und glücklicherweise indiskreten Justizbeamtin. In einem abgegriffenen »Gefangenenkontenregister« in der Haftanstalt Bützow sind Helga und Brigitte mit kleinen Summen vermerkt, die im Sommer 1956 an das Gefängnis »Roter Ochse« in Halle überwiesen wurden. Man hatte sie also verlegt.

Der Journalist schreibt nun Briefe über Briefe. Es geht um eine einzige Frage: Er braucht die Geburtsdaten der Frauen, denn nur über sie wäre der Weg ins Register der Notaufnahmeverfahren im Westen und dann weiter die Suche über die Standes- und Einwohnermeldeämter möglich. Doch im Land der Payback-Karten und des Handels mit persönlichen Datensätzen für Werbezwecke unterliegen Geburtsdaten allerstrengstem »Datenschutz«, wenn eine Behörde die Hand darauf hat. Und so lautet der abschließende Bescheid: »In der Zentralen Auskunftsstelle des Justizvollzuges des Landes Sachsen-Anhalt liegen die Gefangenenpersonalakten der Brigitte und Monika Proske vor. Da von beiden keine Einverständniserklärung zur Auskunftserteilung vorliegt, sehe ich mich außer Stande, weitere Auskünfte zu erteilen bzw. einer Akteneinsicht zuzustimmen.«

Alle weiteren Bemühungen belegen nur noch, dass es offenbar ein deutsches Beamtengehirn überfordert, zu begreifen, dass jemand erst gefunden werden muss, bevor er befragt werden kann – auch nach seinem eventuellen Einverständnis, Akten über ihn zu lesen. Aber selbstverständlich ist der Gebrauch solcher Akten auch ohne das Plazet des Betroffenen geregelt: dreißig Jahre nach seinem Tod. Ab etwa Mitte 2055 dürfte es keine Probleme mehr geben, an die Akten zu gelangen.

Auch wenn der Journalist dann rüstige hundert ist: Fragen sterben nicht. Nicht mehr. Nicht noch einmal.

BIERCHEN MIT MOLLE

Vom Bier spricht Werner Henze wie von einem guten Freund. Er nennt ihn »Bierchen«. Beide wohnen in »Molles Bierstube« in Andernach. Sie sind ständig beieinander. Zapft Werner den Gerstensaft und irgendjemand – es kann nur ein Ignorant sein – hat tatsächlich nur »ein Bier« bestellt, murmelt er spätestens dann, wenn der Strahl ins Glas vom gelben Getränk zu dessen weißen Schaum wechselt, sein »chen« dazu. Und beim Servieren hat er dann ohnehin wieder das Sagen: »Ein Bierchen, der Herr!«

Früher hieß das Bierchen Molle. Damals. In Berlin.

Werner Henze ist fünfzehn, als er in die zerbombte einstige Reichshauptstadt kommt. Den Krieg und das Kriegsende hat er im Dörfchen Belitz im Landkreis Güstrow erlebt. Er sah, wie sein Großvater den russischen Zwangsarbeitern Essen zusteckte, weil er den Rassenwahn der Nazis ablehnte. Und er war Zeuge, wie russische Soldaten ein zwölfjähriges Mädchen, das auf dem Hof half, immer und immer wieder vergewaltigten.

Wie soll ein junger Mann mit solchen Erfahrungen ins Leben starten und wo? Werner Henze will es beim Ost-Berliner Zirkus »Barlay« schaffen. Er hat sich seine ersten Meriten als Rummel-Boxer verdient, ist geschickt und anstellig und nicht der einzige Entwurzelte im bunten Artistenvölkchen. »Damals wollte ich unbedingt Geld verdienen und auf eine Boxschule gehen. Noch'n Bierchen?«, sagt Molle. »Den Namen hamse mia späta in Balin jejeben, jefiel ma.«

Barlay, Boxen, Berlin? Aus dem Jahr 1954 stammt der Defa-Film »Alarm im Zirkus.« Die Story: Klaus und sein Freund, beide so um die sechzehn, kommen aus ärmlichen Verhältnissen und träumen von einer Boxer-Karriere. Um sich Boxhandschuhe fürs Training kaufen zu können, lassen sie sich von einem Kneipenwirt aus West-Berlin für ein krummes Geschäft anheuern – dem Zirkus Barlay sollen die Pferde gestohlen werden. Dort im Zirkus hat Klaus aber gerade neue Freunde gefunden. Er will deshalb nicht mitmachen, und die tapfere Volkspolizei verhindert das Schlimmste. All das basiert auf einer wahren Geschichte.

War Werner Henze damals Vorbild für die Filmstory? »Kann sein, kann nicht sein – weeß ick nich. Aba uff jeden Fall war ick Widastandskämpfa. Natürlich nich für die Ssone, für die Freiheit!« Molle schüttelt energisch seinen dünnen Pferdeschwanz.

Er erzählt von seiner Zeit beim Zirkus. Erst Barlay, später dann Busch. Da kamen sie überall in der DDR herum, und überall waren die Russen. »Ick hab die Nummern von den Fahrzeugen aufgeschrieben, die Achsen gezählt und solche Sachen.« Unwillkürlich spricht Werner Henze hochdeutsch. Er scheint zu spüren, dass das in jenen Jahren doch wohl irgendwie eine ernste Sache war. Damals rollten Köpfe, wenn jemand selbst bei solch banaler Spionage erwischt wurde.

Dann zischt wieder ein Bierchen ins Glas, und Molle wiegelt ab: »Kindakacke war det, nüscht als Kindakacke.« Wer der Auftraggeber war? »Sare ick nicht, haick für unterschrieben. Aba ick war Widastandskämpfa, haick schriftlich.« Er holt aus dem Schrank hinter der Theke ein speckiges Album, in dem ein im Laufe der Jahre braun gewordenes DINA4-Blatt liegt, an den Falträndern gebrochen. Darauf bestätigt ihm »Der Leiter des Notaufnahmeverfahrens in Uelzen« am 31. August 1955, dass er ständigen Aufenthalt im Bundesgebiet nehmen könne, weil er im Osten »aktive Widerstandsarbeit« geleistet habe.

Das ist ein weiteres Bierchen wert. Wie war Werner Henze eigentlich in den Westen gekommen?

Er holt weit aus. Da war der Abend in einer Berliner Kneipe und der Streit um ein Mädchen. Vor der Tür dann eine Schlägerei. Einer der Männer holt eine Pistole raus. Staatssicherheit. Molle knockt ihn mit einem linken Haken aus, nimmt die Waffe und haut ab. Zum Glück wirft er sie unterwegs in einen Teich, denn am nächsten Morgen holt ihn die Stasi aus seinem Zirkuswagen. »Imma wieda uff'n Hintakopp ham se mir jeschlagen. Wo die Pistole is, wollten se wissen, aba die war ja weg.« Die Männer müssen ihn freilassen, aber wenn Werner Henze überhaupt vor irgendetwas in der Welt Angst hat, ist es das Gefängnis. Deshalb zögert er nicht lange, als er erfährt, dass einige seiner Spionage-Kollegen aufgeflogen sind und auch nach ihm gefahndet wird. Ein Kollege hat ihn gewarnt. Henze geht über die offene Sektorengrenze. Ein Volkspolizist kontrolliert. »Dem haick meinen Zirkusausweis vorgezeigt. Da stand ›Stellvertretender Zeltmeister‹ drin, aba das ›Z‹ war so verschnörkelt, dass es wie ein ›W‹ aussah. Da hat der Kerl dann nur noch salutiert!«

Der Neuanfang im Westen fällt Werner Henze schwer. Beim Zirkus hatte er sich hochgearbeitet, vom Hilfsarbeiter und angelernten Helfer beim Zeltaufbau über den starken Untermann bei den Akrobaten bis zum Raubtierdompteur. Er ließ die Eisbären Männchen machen und küsste den Leoparden.

Und dann war da noch ein Sohn, Ergebnis einer heißen Nacht in einer Tanzbar mit der Tochter eines Zirkuskollegen, einer einzigen heißen Nacht.

Für die Geschichte muss ein frisches Bierchen her: »Det war im Winta drauf, wir standen direkt am Roten Rathaus, und ich schrubbte gerade den Eisbärenkäfig. Da stand der Vata da, mit'n Piepel uff'm Arm! Mein Sohn.« Sie machen einen Deal: Keinerlei Kontakt, dafür auch keine Alimente.

»Mit meine Kinda haick sowieso kein Glück gehabt. Livia hat sich mit achtzehn in Balin den joldenen Schuss jesetzt. Det war 1978. Sie war Stripperin, klar, dass da die Zeitungen drauf abjefahren sind.« Er kramt ein paar Blätter aus einem alten *Stern* hervor. »Jeder Tag kann der letzte sein«, lautet die Schlagzeile. Darüber die Leiche eines Mädchens, die Beine noch in einer Toilettenkabine.

Damals interessierte sich auch die Stasi wieder für Werner Henze, denn es war bereits das zweite Mal, dass die große Illustrierte über ihn berichtete. Das erste Mal gab's im Oktober 1961 einen Artikel. Molle erinnert sich: »Da war ick in Balin. Det war damals der aufrejendste Ort der Welt, wejen der Maua. Erst hatte ick bisken Schiss, von wejen SSD. Von Kumpels hatte ick jehört, dass mia die Stasi auch im Westen nicht aus'm Ooge jelassen hat.«

Aber ein Freund hatte um Hilfe gebeten. Er wollte seine Freundin nach West-Berlin rüberholen. Werner Henze ist achtundzwanzig und will trotz seiner Angst vor einer Entführung helfen. »Erkannt hamse mich ja schon uff hundat Meta Entfernung in meine Lederol-Jacke noch ausse Ssone – ›Jehst du Lederol jekleidet, jeder Westler dich beneidet‹, hieß es damals. Außadem haick ja meine Elvis-Ente jetragen.« Trotzdem traut er sich damals in Reinickendorf bis auf zwei Meter an einen Grenzwächter heran. Molle schneidet den Stacheldraht auf, dann geht alles ganz schnell: Ein paar junge Leute stürmen heran, kriechen durch den Zaun und sind im Westen. Ein Mädchen hat sich am Draht geritzt, Molle nimmt sie in den Arm und tröstet sie. Ein Kamerateam hat die Szene gefilmt. Seither flimmert sie immer und immer wieder über den Bildschirm. Molle hat sie Dutzende Male gesehen, jetzt hat er genug. »Ich wollte mit der ganzen Stasi-Kacke nichts zu tun haben. War doch klar, dass die mia nach dem Ding in Reinickendorf wieda uff'n Schirm hatten. War ick och noch Fluchthelfa, wa.«

Ende der Siebzigerjahre zieht Werner Henze nach Andernach und eröffnet »Molles Bierstube«. Der alte Abenteurer ist er geblieben. »Hier hätte ick Spion sein müssen, was denkste, was die Jungs von Radio Andernach allet beim Bierchen azählen. Die machen ja och det Soldaten-Radio in Afjanistan. Dafür kriejen se sämtliche Informationen brühwarm jeliefert.«

Afghanistan. Das ist wieder so eine Geschichte. »1968 war det. Da sind wia dahin.« Ein Freund Werner Henzes hatte eine Freundin dort unten; sie studierte in Deutschland. Als ihre

Brüder von der Liaison erfuhren, zwangen sie das Mädchen, in die Heimat zurückzukehren. Werner Henze und sein Freund fliegen hin, sie wollen die Braut befreien. Sicherheitshalber steckt sich jeder eine Pistole in den Hosenbund. Die Geschichte von damals spricht sich rum, »Molles Bierstube« ist schließlich kein Beichtstuhl, der Geheimnisse bewahrt.

Als die Bundeswehr Soldaten an den Hindukusch schickt, tauchen zwei Männer am Tresen auf. Molle: »Vafassungsschutz. Wollten wissen, wie et da unten so is. Nu haick bei denen wohl ooch noch ne Akte. Noch'n Nettes?«

Werner Henze geht vom vertraulichen »Bierchen« zum offiziellen Namen des hiesigen Gerstensaftes über. Der heißt hier tatsächlich »Nette Pils« nach dem Flüsschen, mit dessen Wasser es gebraut wird.

Die Bierchen mit Molle sind getrunken, die Audienz ist beendet. Werner Henze stirbt im Januar 2008.

ALEMANITA MIA

Im Februar 1959 steht die nunmehr junge Frau auf der Brücke eines weißen Passagierschiffs, das in der Bucht von Havanna ankert. Vielleicht träumt sie von der Liebe, denn immerhin wurde das Schiff knapp dreißig Jahre zuvor einmal als »Gripsholm« getauft, benannt nach Kurt Tucholskys bittersüßem, melancholischen Sommermärchen.

Jetzt heißt das Kreuzfahrtschiff »Berlin«, und der Vater des jungen Mädchens, Heinrich Lorenz, ist der Kapitän. Er will noch in der Nacht dieses 23. Februar auslaufen und hat sich deshalb ein bisschen aufs Ohr gelegt. Seine Tochter Marita sorgt dafür, dass er Ruhe hat.

Plötzlich nähern sich zwei Boote mit bewaffneten, bärtigen Männern der »Berlin« und entern das Schiff. Marita empfängt sie an der Gangway. »Mein Name ist Dr. Castro, Fidel, bitte – ich bin Kuba, ich bitte Sie, Ihr großes Schiff besichtigen zu dürfen!« Vor gerade einmal fünf Wochen haben die Rebellen Diktator Fulgencio Batista verjagt. Die Karibik-Insel gehört ihnen. Auf den Straßen Havannas wird getanzt, ein Tango weht vom Malecon, der Uferpromenade, herüber.

Die 19-Jährige nimmt den Männern die Waffen ab und sagt zu deren Erstaunen, sie vertrete den Kapitän. Dann wird der Kreuzfahrer gründlich besichtigt. Die revolutionären »Barbudos«, die Bärtigen, hatten solch ein großes Schiff wie den 18 000-Tonner noch nie gesehen. Marita geht auf ein Bier mit Ihnen in die Alligator-Bar an Bord. Sie erinnert sich: »Fidels Männer nahmen zum Schrecken der US-Touristen an den Tischen Platz, stumm vor Staunen über den nie gesehenen Luxus.«

Kuba ist in jenen Jahren ein glitzernder Hinterhof der USA. Die Insel lebt von Schmiergeldern aus Spielcasinos und Prostitution, von Geldwäsche und ihren weißen Stränden. Marita Lorenz hat sie noch gesehen, die »Männer mit Panamahüten und Anzügen, in denen sie wie weiße Haie aussahen«. Von der Kehrseite der Medaille, den Slums, der Armut und dem Hunger, erzählt ihr nun der Revolutionär. Er hat eine Vision: »Ich werde dieses Land befreien.«

Das Mädchen ist beeindruckt. Und es erlebt zum ersten Mal, dass es von einem Mann begehrt wird. »Unter dem Tisch spürte ich plötzlich Fidels linke Hand auf meiner. Er lächelte, blieb aber ernst. Als er meine Hand drückte, fühlte ich Schmetterlinge im Bauch.« Nach dem Abendessen bei Kapitän Heinrich Lorenz fragt Castro, ob Marita bei ihm auf Kuba bleiben dürfe, als Sekretärin für seine englischsprachige Korrespondenz. Der Vater lehnt ab.

Vierzig Jahre später erfährt der Bremer Filmemacher Wilfried Huismann von der Geschichte. Er recherchiert jahrelang und stößt auf ein Drama wahrhaft klassischen Ausmaßes.

Marita Lorenz erblickt am 18. August 1939 in Bremen das Licht der Welt. Ihre Mutter ist eine amerikanische Tänzerin, die in Europa Karriere machen will. Auf der Überfahrt – auch sie ist damals neunzehn – verliebt sie sich in den Kapitän, und die beiden heiraten. In Deutschland hält Alice June Lorenz für die Amerikaner die Augen offen, nach Kriegsausbruch wird sie deshalb im KZ Bergen-Belsen als Spionin interniert. Dorthin kommt auch ihre fünfjährige Marita, ohne auch nur zu ahnen, dass ihre Mutter im selben Lager ist. Wärme und Geborgenheit erfährt sie in ihrer Kindheit nicht.

Beide überleben das Lager, doch das kleine Mädchen wird mit sieben Jahren von einem der Befreier, einem US-Soldaten, vergewaltigt. »Das hat mich stärker gemacht und böse zum Leben«, sagt sie später. Sie spricht Deutsch inzwischen nicht mehr ohne Mühe und mit Akzent und meint, sie habe das Leben nur als feindliche Bedrohung kennengelernt.

Doch zunächst folgen auf die Schrecken in Deutschland unbeschwerte Jahre auf dem Schiff ihres Vaters. Das junge Mädchen reist mit ihm rund um die Welt; die Mutter lebt in Heidelberg und arbeitet wieder für den US-Geheimdienst. Dass die CIA bald auch in Maritas Leben die wichtigste Rolle übernehmen würde, ahnt die junge Frau nicht, als sie im Februar 1959 aus Havanna auslaufen.

Ein paar Tage nach der Begegnung vor Havanna klingelt in Maritas Apartment in der 87. Straße in New York das Telefon. Fidel Castro. Er schicke sofort ein Flugzeug, um die »Alemana« nach Kuba zu holen, teilt er mit, keinen Widerspruch erwartend. Marita folgt. Sie will es auch.

Im »Havanna Hilton«, wenige Wochen zuvor noch von amerikanischen Mafia-Bossen bewohnt, hat jetzt der Revolutionsführer sein Hauptquartier. Marita bekommt die Suite 2406 im 24. Stock. Fidel verspricht: »Ich mache dich zur Königin Kubas.« Marita: »Unten in der Lobby und überall, wo mein Geliebter hinging, lungerten Dutzende von Frauen aus aller Welt herum, die nur ein Ziel vor Augen hatten: Fidel.«

Dennoch bleibt Marita Lorenz die Nummer eins für Castro. Neun Monate lang. Sie fährt mit ihm durchs Land und lernt ihn kennen, wie kaum jemand sonst. »Fidel war überfordert mit seiner Arbeit. Er war besessen davon, Kuba in ein Paradies zu verwandeln. Aber ihm fehlte es an Disziplin und Diplomatie. Er wurde völlig von seinen Gefühlen beherrscht und plante nur für einen Tag im Voraus.«

Im Osten wie im Westen rätseln Politiker, in welche Richtung sich die Revolution in der Karibik in den kommenden Monaten wenden wird. Die Geheimdienste treten in Aktion. Die CIA hat ihren Agenten Frank Sturgis an der Seite Castros platziert. Sturgis hat an den Kämpfen in der Sierra Maestra teilgenommen, und Fidel machte ihn zum Chef des Geheimdienstes seiner Luftwaffe. Moskau bekommt möglicherweise Informationen über Tamara Bunke, die DDR-Freundin von Castros engstem Vertrauten Che Guevara, dem ersten Industrie- und Finanzminister Kubas. Dass sie »Kundschafterin«

gewesen sei, bestritt ihre bis zum Tod in der DDR lebende Mutter. Inzwischen hat jedoch der Politikwissenschaftler Helmut Müller-Enbergs herausgefunden, dass Tamara Bunke bei der Stasi unter der Nummer 430/60 seit 1960 als Agentin registriert war. Bis zu ihrem Tod am 31. August 1967 in Bolivien lebte sie mit Che. Gemeinsam wollten sie die Revolution nach Lateinamerika tragen, gemeinsam scheiterten sie.

Kuba hingegen bewegt sich in Richtung eines Sozialismus Moskauer Prägung. Marita Lorenz kümmert das nicht. »Ich liebte Fidel und fertig. Ich hatte keinen Respekt vor seiner Macht.« Sie wird schwanger. »Wir freuten uns auf unser Kind, schließlich wollten wir es beide.«

Doch die Genossen meinen, der Revolutionsführer dürfe seine Kraft nicht an eine Familie verschwenden. Am 15. Oktober 1959 nutzen Fidels Berater um Jesus Yanez Pelletier die Abwesenheit des Commandante und betäuben die junge Frau. Sie erinnert sich: »Erst Tage später war ich wieder bei vollem Bewusstsein … Mein Bauch war flach und leer. Das Baby war weg.« Lange danach erfährt sie, dass man keine Abtreibung vorgenommen, sondern die vorzeitige Geburt eingeleitet hatte. Ein Junge, Sechsmonatskind. Er hat überlebt und wuchs als angebliche Waise auf Kuba auf.

Marita fühlt sich verraten. Sie will zu ihrer Mutter und reist in die USA.

Dort herrscht inzwischen die Furcht, Fidel Castro und damit Kuba könnten außer Kontrolle geraten. Der Revolutionsheld soll verschwinden. Im Auftrag der CIA schmiedet Frank Sturgis einen Mordplan, bei dessen Durchführung er auf Marita setzt. Fast dreißig Jahre danach bekennt er in dem einzigen Interview, das es über seine Rolle in Kuba gibt: »Sie war schön, neunzehn Jahre alt. Fidel wäre über eine Schlange gekrochen, um sie zu kriegen. Aus geheimdienstlicher Sicht war sie eine ideale Agentin. Und ich war entschlossen, alles zu tun, um diesen Mann zu töten. Ich züchtete sie heran, bis sie bereit war, Castro zu vergiften.« Der Geheimdienstler weiß, dass kaum jemand außer ihr jemals nahe genug an Fidel Castro herankommen würde.

Mutter Alice June hilft der CIA, Marita anzuwerben. Die einfache Begründung, mit der man Marita zu gewinnen versucht: Wer Bergen-Belsen überlebt hat, schafft es auch, für die

CIA zu arbeiten. Es folgen eine internationale Medienkampagne, in der »Beweise« vorgelegt werden, dass Fidel Castro die junge Frau vergewaltigt und unter Drogen gesetzt habe, und eine wochenlange Gehirnwäsche durch den Geheimdienst. Marita Lorenz ist dem Gemisch aus Drohungen und Versprechungen nicht gewachsen. Nach und nach lässt sie sich in das Mordkomplott hineinziehen. Die CIA verbündet sich mit der Mafia, die immer noch gute Kontakte nach Havanna hat, und im Frühjahr 1960 reist Castros enttäuschte Geliebte auf die Zuckerinsel. Sie hat zwei Gifttabletten im Gepäck.

Dank ihrer früheren Verbindungen kann sie ein persönliches Treffen mit Fidel arrangieren. Im Hotel Colina zieht sie ihre alte kubanische Rebellenuniform an, und dann sind alle Erinnerungen plötzlich wieder da. Marita spürt, dass sie den Revolutionsführer noch immer liebt. Noch bevor sie ihn trifft, wirft sie die Todespillen ins Bidet. Ihr Liebe ist stärker als der Hass, den man ihr eingeimpft hat.

Dann erscheint Fidel Castro. Er ist allein, und seine ersten Worte sind: »Was machst du hier? Bist du etwa gekommen, um mich zu töten?« Sie sagt: »Ja, mein Lieber, so ist es«, und bricht in Tränen aus. Castro liegt auf dem Bett, eine Zigarre im Mund, und gibt ihr seinen Revolver. Der 45er ist geladen. Fidel dreht sich um und sagt: »Du kannst mich nicht töten – niemand kann mich töten.« Dann schwört er ihr, mit der erzwungenen Frühgeburt nichts zu tun gehabt zu haben. Der verantwortliche Arzt sei auf seinen Befehl hin erschossen worden. Castro bietet Marita ein Leben auf Kuba an, doch sie hat Angst. »Ich wusste, dass die Agenten der CIA überall waren, auch hier in Kuba. Ich wäre meines Lebens nicht mehr sicher, sollte ich nicht zurückkehren.«

Zurück in Miami, toben ihre Auftraggeber. Sie wird eingesperrt und geschlagen, dann verschwindet sie in einer CIA-Einheit, die Anti-Castro-Aktionen durchführt. Zu den harmloseren gehören Flugblattabwürfe über Havanna. Marita schreibt auf die Zettel: »Fidel, te quiero. La Alamana« – Fidel, ich liebe dich. Die Deutsche.

Als einzige Frau lebt sie in der Schattenwelt der antikubanischen Söldner in Florida. Marita Lorenz weiß, dass sie keinen Ausweg hat: »Man kommt leicht in die CIA hinein, raus aber zumeist nur im Leichensack. Ich wusste zu viel, kannte die Undercover-Agenten in Florida. Ich war eine Gefahr und musste also bleiben. Mit der geheimen Attentatstruppe OP 40 übten wir in den Everglades Sabotageaktionen und Mordanschläge. Meine Spezialität war es, Jachten von reichen Amerikanern zu stehlen und damit Waffen nach Mittelamerika zu transportieren. Manchmal setzte ich eine Jacht absichtlich auf Grund, um Fidel zu helfen.«

Sie heiratet den venezolanischen Diktator Marcos Pérez Jiménez und hat mit ihm eine Tochter. Es folgt die Scheidung und eine zweite Hochzeit mit einem FBI-Agenten; ein Sohn wird geboren. Marita und ihr Mann arbeiten als Hausmeisterehepaar in einem Apartmenthaus in Washington D. C. und spionieren dort lebende Ostblock-Diplomaten aus. Es ist ein eher ruhiges Leben, bis Marita 1963 in den Sog des Kennedy-Mordes gerät. »Lee Harvey Oswald lernte ich bei den Exilkubanern in Florida kennen. Im November 1963 nahmen wir beide an einem Autokonvoi nach Dallas teil. Ich dachte, es ginge darum, Waffen abzuholen. Noch vor dem Anschlag auf den Präsidenten verließ ich Texas. Ob unsere Gruppe an dem Mord beteiligt war, weiß ich letztlich nicht.«

Über diesen Zusammenhang berichtet sie 1978 vor dem Senatsausschuss »Politische Morde«. Der ist nicht öffentlich, aber es sickert doch einiges durch. Nun wird sie zur Gejagten. Marita und ihre Kinder entgehen nur knapp mehreren Mordanschlägen.

Doch die Aussage hat auch einen Vorteil: »1978 bekam ich Immunität für alle Verbrechen, die ich im Namen der nationalen Sicherheit begangen habe. Aber weder CIA noch FBI zahlen mir eine Rente. Sie verzeihen mir wohl nie, dass ich Fidel am Leben gelassen habe.«

Nach dem Ausstieg aus der CIA wird Hollywood auf das Schicksal von Marita Lorenz aufmerksam. Oliver Stone plant eine Verfilmung ihres Lebens und zahlt ein paar zehntausend Dollar, doch das Vorhaben scheitert. Das Geld verbraucht sie für den täglichen Lebensunterhalt. Marita bricht sich die Hüfte und kann nicht mehr arbeiten. Nach einem halben Jahr Prüfung werden der Invalidin 411 Dollar Sozialhilfe bewilligt. Ihre Miete beträgt allein 750 Dollar, der Eigenanteil der Operationskosten liegt bei 3000 Dollar. Im Herbst 1998 ist Marita Lorenz finanziell am Ende, ihr droht Obdachlosigkeit. Diesmal hilft eine Sammlung der jüdischen Gemeinde in Queens. Ende 1999 kommen dann aus Deutschland 70 000 Dollar Haftentschädigung für die Zeit im KZ Bergen-Belsen. Prompt wird ihr die Sozialhilfe gestrichen.

Als der Filmemacher Wilfried Huismann Marita Lorenz im Zuge seiner Recherchen findet, lebt sie in bitterster Armut in einer New Yorker Hinterhofwohnung, ihre Souvenirs aus der glücklichen Zeit mit Fidel Castro hat sie in einer Seekiste verwahrt. Huismann kann die Frau überreden, noch einmal mit ihm nach Havanna zu fahren.

Im früheren Hilton, das längst »Habana Libre« heißt, wartet sie auf Fidel Castro. Doch der Staatschef lässt durch seinen Privatsekretär absagen, er sei zu beschäftigt. Marita Lorenz ist sich sicher, Fidel hört heimlich im Nebenzimmer zu. Sie hat alle Zeit der Welt und will geduldig warten. »Ich werde ihn noch einmal sehen, das weiß ich ganz genau. Immerhin habe ich mit ihm noch ein paar Dinge zu regeln … Es ist gut möglich, dass er mich sechs Monate warten lässt. Schließlich ist er der König, und alle müssen auf ihn warten. Schon aus Neugier wird er kommen. Es spielt auch keine Rolle mehr, wie ich aussehe. Die wilden Zeiten sind vorbei. Wir sind beide alt.«

Marita nutzt den Aufenthalt in Havanna, um alte Freunde zu treffen. Sie wird überall mit Respekt und Herzlichkeit empfangen. Und sie gibt das Warten nicht auf. »Fidel wird kommen. Wahrscheinlich im Morgengrauen mit seinem Jeep. Er wird durch die Hintertür eintreten, sich neben mich setzen, meine Hand nehmen und sagen: ›Alemanita mia, wie geht es dir?‹ Und ich werde vor Glück weinen. Fidel ist in meine Seele eingebrannt, genauso wie Bergen-Belsen.«

DER GESTOHLENE BEETHOVEN

Der Buchtitel *Die graue Hand* aus dem Jahr 1960 verspricht nicht gerade seriöse Information, wenn auch der Autor Julius Mader auf 238 inzwischen vergilbten Seiten »Eine Abrechnung mit dem Bonner Geheimdienst« betreibt. Das ist sein Job als »Offizier im besonderen Einsatz« der Stasi.

Der Kalte Krieg wird im Osten wie im Westen mit provokativen Propagandasprüchen geführt. Da wird der jüdische Auschwitz-Überlebende und SED-Funktionär Hermann Axen in einer Broschüre des Bundesministeriums für Gesamtdeutsche Fragen schon mal als »neuer Goebbels« bezeichnet und seine Politik mit dem Satz beschrieben: »Ein paar Leichen können nicht schaden …« Im Gegenzug ereifert sich Mader: »So ist fast jeder Schreibtisch des Bundesnachrichtendienstes mit einem Kriegsverbrecher besetzt, wollte man sie alle vorstellen, könnte man ganze Bände mit ihren Verbrechen füllen.«

Für Jahrzehnte scheint der Zeitgeist den Geist der Zeit und

dessen Vernunft besiegt zu haben.

Doch selbst in diesen hasserfüllten und unsachlichen Publikationen finden sich Informationsbrocken. Bei Julius Mader klingt das so: »Neben diesen Spitzbuben und Dirnen gehören auch Gauner ›von Format‹ zur Gehlen-Armee. Trotz Gehlens Eingreifen und der Bemühungen des westdeutschen Rechtsanwalts Saathoff kam ein weiterer Beweis dafür an die Öffentlichkeit. Am 24. März 1960 stand Jochen Karger, geboren am 10. Februar 1910 in Jerichow bei Magdeburg, als Angeklagter vor dem erweiterten Göttinger Schöffengericht … Karger dürfte aus westdeutschen Bibliotheken bibliophile Kostbarkeiten im Werte von über 20 Millionen Mark gestohlen haben.«

Gut ein Jahr später, am 14. Mai 1961, bekommt die Ost-Berliner Akademie der Künste vom Beethoven-Haus in Bonn in aller Stille ein Konvolut von handschriftlichen Konversationsheften des Komponisten zurück, das zum Bestand der Staatsbibliothek Unter den Linden gehört. Wie sie nach dem Krieg an den Rhein gelangt sind, wird verschwiegen.

Eine Spurensuche.

Auf der quer in den Raum gestellten Anklagebank des Göttinger Gerichtes sitzt im März 1960 ein hagerer, mittelgroßer Mann, dem seine neunundvierzig Jahre durchaus anzusehen sind. Diesem Buchhaltertyp ist das Entwenden eines Radiergummis zuzutrauen, vielleicht auch ein Griff in die Portokasse. Doch er steht im Verdacht, der wahrscheinlich größte Bücherdieb der Kriminalgeschichte zu sein.

Mit dünner, leiser Stimme beantwortet er die Fragen zur Person: Geboren am 10. Februar 1910 in Jerichow bei Magdeburg, von Beruf Musikalienhändler, unverheiratet. Amtsgerichtsrat Bischof schaut ihn durchdringend an, hebt dann einen grauen bundesdeutschen Personalausweis hoch, ausgestellt 1953 in Wiesbaden. »Und wie kommt es dann zu diesem Ausweis?« Er lautet auf den Namen Dr. Jochen Karger und gibt den 16. Dezember 1910 als Geburtstag in Wüstenwaltersdorf in Schlesien an. Der Vorsitzende Richter will es nun genau wissen: »Ist das dann ein falscher Ausweis?« Der Angeklagte flüstert fast: »Es ist, wenn Sie so wollen, ein falscher echter Ausweis. Eine bestimmte Stelle hat das so veranlasst.«

Als sich Heiterkeit im Gerichtssaal bemerkbar macht, springt Kargers Verteidiger Saathoff auf und fordert, die Öffentlichkeit von der weiteren Verhandlung auszuschließen. Sein Mandant sei von 1948 bis 1953 für die geheimnisumwitterte »Organisation Gehlen« tätig gewesen und könne deshalb nicht ohne Weiteres über seinen Lebensweg sprechen. Die Staatssicherheit sei gefährdet.

Die »Staatssicherheit« also soll dem Kriminellen aus der Bredouille helfen, allerdings nicht die des Westens, sondern das damit befasste Ministerium im Osten. Von dort stammt nämlich der Vorwurf, Joachim Karger sei ein Gehlen-Agent. Ob das nur ein Propagandacoup oder eine Tatsache ist, bleibt ungeprüft. Ein Entlastungszeuge der inzwischen in den Bundesnachrichtendienst umgewandelten »Organisation Gehlen« tritt in der Verhandlung nicht auf.

In Göttingen schließt damals Amtsgerichtsrat Bischof für eine Stunde die Öffentlichkeit aus. Zeitzeugen berichten, danach wäre die Stimmung gegenüber dem Angeklagten schon »wesentlich freundlicher« gewesen.

Dennoch steht zunächst ein Delikt im Mittelpunkt, dass mit geheimdienstlichen Verwicklungen gar nichts zu tun zu haben scheint.

Im September 1959 war einer Praktikantin in der Göttinger Universitätsbibliothek ein Mann aufgefallen, den sie schon aus West-Berlin kannte. Dort war er bei den Bibliothekarinnen kein gern gesehener Gast, denn er stand im Verdacht, wertvolles Gedrucktes zu stehlen. Beweisen konnte man es ihm nicht. Wie jeder emsige Wissenschaftler bestellte er ein halbes Dutzend Folianten gleichzeitig, breitete sie auf seinem Lesetisch aus, dazu unzählige Zettel und Notizen, und so sah niemand, wenn ein Buch in einer im Anzug eingenähten Geheimtasche verschwand. Entdeckt wurde der Diebstahl meist erst Tage später – in den heiligen Hallen deutschen Geistes ist jegliche Hektik verpönt.

Bibliothekarinnen gelten gemeinhin eher als graue Mäuse mit wenig aufregendem Leben, deren Herz nur für die Bücher schlägt. »Zimelien« nennen sie liebevoll die besonders wertvollen alten Schriften und Drucke. Und genau auf diese schien es der Besucher nun auch in Göttingen abgesehen zu haben. Die Hüterinnen der gedruckten Schätze alarmieren die Polizei, und Karger wird auf frischer Tat ertappt. Routinemäßig lässt der mit dem Fall befasste Kommissar das Zimmer des Mannes im renommierten Gebbards Hotel durchsuchen. Dort finden sich gestohlene Bücher im Wert von geschätzten 20 000 Mark. Doch das ist nicht alles. Die Ermittler stoßen auf Chemikalien, mit denen sich die Bibliotheksstempel aus den Zimelien entfernen lassen, das entsprechende Werkzeug dazu findet sich, und es gibt eine heiße Spur nach West-Berlin. Dort lebt Kargers Freundin Lotte R. in einem Zimmer in Schöneberg, das bis unter die Decke mit Büchern gefüllt ist. Alle Eigentumshinweise sind getilgt, es fällt also schwer, festzustellen, wo überall gestohlen wurde.

Nun setzt die Landespolizei in Hannover einen Sonderbeauftragten ein. Schnell stellt er fest, dass Jochen Karger »unter der Maske eines weltfremden Musikwissenschaftlers, den nur Fleiß und Ehrgeiz in die wissenschaftlichen Bibliotheken treiben«, nach dem Krieg einen systematischen Raubzug durch die bibliophilen Schatzkammern in Ost und West unternommen hat. Seit 1953 handelte er als Inhaber des »Bayreuther Musikantiquariates«, einer Briefkastenfirma, mit den wertvollen Stücken. So brachte ihm der Verkauf des Originals von Wolfgang Amadeus Mozarts Klaviersonate in a-Moll in die USA die erkleckliche Summe von 10 000 Dollar ein, damals noch rund 40 000 DM, und sechs Bände des italienischen Komponisten Girolamo Frescobaldi gingen für je 15 - 20 000 DM weg.

Der »Antiquar« hatte einen hundertseitigen Katalog erstellt und in alle Welt verschickt. Neben diesem Katalog und den darin aufgeführten Kostbarkeiten gab es rund dreißig Mappen mit Notizen, die beschrieben, wo genau diese zu finden sind – Jochen Karger stahl auf Bestellung, wenn sich ein Kunde meldete.

Die Sache entwickelt sich bis zur Anklage, doch es ist die Zeit des Kalten Krieges, und die verfeindeten Parteien in Ost und West reden nicht miteinander. So bleibt zunächst verborgen, dass die eigentliche »Geschäftsgründung« des Jochen Karger bereits Jahre vorher in Ost-Berlin erfolgte. Eine Spur findet sich in der Zeitung *Der Tag* vom 30. Mai 1951. Das Blatt titelt: »Skandal in der Staatsbibliothek – SED-Bibliotheksdirektor mit Beethoven-Dokumenten verschwunden« und ätzt: »Bislang hat man im Osten ein eigentümliches Geschick entwickelt, wichtige wissenschaftliche Posten mit den jeweils unwissendsten Parteifreunden zu besetzen … Wahrscheinlich präsentiert man in Kürze einen neuen Direktor, der Beethoven nicht mehr von Paul Lincke unterscheiden kann.«

Jochen Karger konnte das durchaus. Den Coup in der Staatsbibliothek hatte er gründlich vorbereitet. Zunächst legte er sich einen Doktortitel und einen Doppelnamen zu und trat der DDR-Staatspartei SED bei. Als Genosse Dr. Jochen Karger-Liebow begann der gelernte Buchhändler seine Arbeit in der Musikabteilung der Bibliothek Unter den Linden. Er nutzt die aufgeheizte Stimmung im Berlin der frühen Fünfzigerjahre und ruft anonym die Frau des Chefs der Abteilung an: Sie möge ihrem Mann, den als bürgerlich-konservativen Wissenschaftler bekannten Dr. Peter Wackernagel, veranlassen, sofort nach Hause zu kommen und sich krankschreiben zu lassen. Eine Vorladung zu den Sowjets in Karlshorst sei zu erwarten. Das klang nach KGB und Sibirien – Wackernagel flieht nach West-Berlin. Im September 1950, nur acht Monate nach Aufnahme seiner Tätigkeit in der Deutschen Staatsbibliothek, ist Dr. Karger-Liebow der neue Direktor der Abteilung. Er braucht ein gutes halbes Jahr, dann sind die wertvollsten Handschriften von Buxtehude, Czerny, Mahler, Mendelssohn und vielen anderen in Kisten verstaut, darunter auch die noch vorhandenen 139 Konservationshefte, mit deren Hilfe sich der schwerhörige Beethoven ab etwa 1818 mit Freunden und Kollegen verständigte.

Am 1. Mai 1951 marschieren die Bibliotheksmitarbeiter geschlossen hinter einem riesigen Stalin-Bild auf dem nahen Marx-Engels-Platz. Während sie so für Weltfrieden und Sozialismus kämpfen, lädt der untreue Karger seine Schätze in einen Lieferwagen und verschwindet. Über den Flughafen Tempelhof setzt er sich gen Westen ab.

In Köln-Bonn gibt es ein ärgerliches Missgeschick. Ein Koffer fällt vom Gepäckwagen, er platzt auf, und die daraus hervorquellenden Handschriften müssen selbst den untalentiertesten Zöllner – zu jener Zeit haben sie noch ein Auge auf Berlin-Reisende – stutzig machen. Doch Dr. Karger-Liebow hat eine Erklärung parat: Er habe die Schätze vor dem Zugriff der kulturlosen Russen und ihrer ostdeutschen Vasallen retten wollen, natürlich unter Lebensgefahr. Schließlich gehörten sie ins Bonner Geburtshaus von Beethoven, und genau dorthin sei er auf dem Weg. Die Zollfahnder lassen Karger beobachten und stellen fest, dass er sich tatsächlich ins Beethoven-Haus begibt und dem dortigen Direktor, Professor Josef Schmidt-Görg, einige Handschriften des Komponisten aushändigt. Der quittiert dankbar, und angesichts dieser Quittung zweifelt niemand mehr an den edlen Absichten des vermeintlichen Kulturgutretters. Einige Kisten mit unersetzlichen Zimelien bleiben unbemerkt, und das Geschäft im Westen kann starten.

In Ost-Berlin fällt der Verlust von Beethovens Konversationsheften erst auf, als Carleton Smith, Direktor der National Arts Foundation in den USA, am 13. September 1951 um Einsicht bittet. Er muss vertröstet werden und bekommt stattdessen Bachs Matthäus-Passion im Original zu sehen. Die *New York Times* veröffentlicht am 15. September eine kurze Notiz: »Beethoven-Books are lost in Berlin«.

Dort bringt man das Verschwinden nun endlich mit dem Abgang von Direktor Karger alias Karger-Liebow in Verbindung. Handfeste Spuren gibt es jedoch nicht, und auch eine kleine Suchanzeige der DDR-Bibliothek, 1956 in der westdeutschen Fachzeitschrift *Die Musikforschung* geschaltet, bleibt ohne Echo. Professor Schmidt-Görg in Bonn schweigt eisern und antwortet noch 1958 auf eine entsprechende Anfrage: »Über in Bonn befindliche Konversationshefte Beethovens ist uns nichts bekannt.« Wie gesagt, es herrscht Kalter Krieg.

So kann Karger noch fast ein Jahrzehnt unbemerkt seine kriminellen Geschäfte betreiben, bis er in Göttingen in flagranti erwischt wird. In der im März 1960 stattfindenden Verhandlung kommt nicht nur heraus, dass Karger schon in den Dreißigerjahren wegen Urkundenfälschung und Eigentumsdelikten bestraft worden war und ab 1943 mit der berüchtigten SS-Division »Brandenburg« Sabotage verübte, sondern auch, dass es ein probates Mittel gibt, um alle denkbaren Verbrechen zu verschleiern: Sie müssen mit dem Dunst des Geheindienstlichen umgeben werden. Jochen Karger behauptet, alles im Auftrag der Organisation Gehlen getan zu haben. Dabei hilft ihm unbewusst die östliche Propagandasucht, denn die ohne jeglichen Beweis vorgebrachten Anschuldigungen aus Ost-Berlin, Karger sei West-Agent gewesen, sind bis heute die einzigen Belege, die seine selbst behauptete Spionagetätigkeit stützen. Die Stasi als Alibi. Ob Karger überhaupt jemals mit dem westdeutschen Nachrichtendienst Kontakt hatte, liegt völlig im Dunkeln, eventuell vorhandene BND-Akten bleiben der Öffentlichkeit vorenthalten.

Für Karger hatte der Geheimdienstnebel damals den Vorteil, dass es ihm so gelang, relativ ungeschoren aus der ganzen Sache herauszukommen. Immer wenn es vor Gericht eng wurde, reichte ein geraunte s »OG« – Organisation Gehlen –, um weitere unangenehme Fragen abzublocken. So wird er schließlich am 24. März 1960 zu gerade einmal 18 Monaten Haft wegen minder schwerer Buchdiebstahldelikte in Hannover, Wolfenbüttel und Göttingen verurteilt. Der Coup in der Ost-Berliner Staatsbibliothek bleibt unter der angeblich geheimdienstlichen Decke.

Allerdings ist der Prozess im Westen auch in der Ost-Berliner Staatsbibliothek Unter den Linden nicht unbemerkt geblieben. Deren neuer Direktor der Musikabteilung, Dr. Karl-Heinz Köhler, verlangt nun von seinem Bonner Kollegen Professor Josef Schmidt-Görg nachdrücklich Auskunft über die Beethoven-Handschriften. Schmidt-Görg schreibt am 13. September 1960 einen Brief, in dem es heißt, die »Sicherungsmaßnahmen« des Herrn Kollegen Karger-Liebow seien »berechtigt« gewesen, immerhin sei dieser ja unbehelligt mit den wertvollen Zimelien von Ost nach West gelangt. Und weiter: »Abgesehen davon scheint es mir nach den mit dem ehemaligen Leiter der Musikabteilung gemachten Erfahrungen und unter den derzeitigen Umständen nicht tunlich, die für die Wissenschaft und für die Allgemeinheit höchst wertvollen Objekte aus einem völlig sicheren Gewahrsam neuen Unsicherheiten auszusetzen.«

Das trifft die DDR ins Herz, denn sie will ein richtiger Staat sein und sich nicht von arroganten Westdeutschen sagen lassen, sie könne auf ihre Schätze nicht richtig aufpassen.

Also schießt das SED-Zentralorgan *Neues Deutschland* zwei Monate später zurück: »Der Bonner Staat fürchtete offensichtlich die Stärke unserer Argumentation und vereinnahmte auf kaltem Wege den Besitz der Berliner Staatlichen Museen und der Staatsbibliothek in der Stiftung ›Ehemals preußischer Kulturbesitz‹. Das findet seine unwürdige Parallele eigentlich nur in den Raubzügen der Göring und Himmler auf die Kunstschätze der ganzen Welt während des Zweiten Weltkrieges.« Und: »Unser Staat fürchtet die Wahrheit nicht, er braucht sie, schon um mit ihrer Leuchtkraft die moralische Verkommenheit der Bonner Gesellschaft und ihrer Kustoden vom Schlage Schmidt-Görgs zu entlarven.«

Jenseits des Propagandagetöses melden sich nun auch Personen zu Wort, die eine Lösung des Problems anmahnen. Der westdeutsche Komponist und Kompositionslehrer Wolfgang Fortner erinnert daran, dass ein Diebstahl trotz des Antikommunismus der Zeit eben nichts weiter als ein Diebstahl und dementsprechend zu behandeln ist. Intellektuelle in Ost und West vermitteln, und am 14. Mai 1961 kehren die 139 Konversationshefte Beethovens ohne großes Aufsehen in den Osten zurück. Die liberale *Zeit* mosert noch, dass der Bundesrepublik »ein beschämendes Kapitel des Kalten Krieges in Deutschland« erspart geblieben wäre, hätte man das Diebesgut gleich 1951 zurückgegeben, aber ansonsten scheinen alle zufrieden zu sein.

Jochen Karger alias Dr. Karger-Liebow muss sich am 6. Juli 1961 für weitere Buchdiebstähle verantworten. Auch der Coup vom 1. Mai 1951 wird nun verhandelt. Karger gibt alles zu. Dennoch endet der Prozess mit Freispruch und Einstellung des Verfahrens, denn Diebstähle sind nach fünf Jahren verjährt. Am 18. August 1961 verlässt der bis dahin größte Bücherdieb der deutschen Kriminalgeschichte das Gefängnis.

LEICHENSACHE B.

Johannes Baum ist tot. Nach seiner Ausbildung zum Flugzeugmechaniker im Flugzeugwerk Dresden arbeitete er am großen Traum der DDR vom eigenen Flugzeug. Alles schien zunächst gutzugehen. Am 4. Dezember 1958 hob die »152« zu ihrem Erstflug ab. Doch genau drei Monate später, am 4. März 1959, stürzt der Vogel nach 55 Minuten Testflug vom Himmel. Wenig später wird das Flugzeugbauprogramm völlig eingestellt.

Für Johannes Baum war schon vorher Schluss. Die Stasi bedränge ihn, hatte er seinem Vater erzählt. Deshalb ging er in den Westen, wo er Karriere gemacht zu haben schien; er habe mit Raketentriebwerken zu tun gehabt, meint sein Vater zu wissen. Genaues hat Johannes nie erzählt. Nur noch, dass es da inzwischen eine Frau in seinem Leben gebe, und dass er nicht zu Besuch nach Dresden kommen könne. Nicht nur wegen der Angst vor der Stasi, auch wegen des Bundesnachrichtendienstes, der ein Auge auf ihn geworfen habe – es war alles recht nebulös, was der Vater von seinem Sohn zu hören bekam.

Dann erhielt er einen Brief, aus Kairo, von der Touristenpolizei. Darin wurde über die »Leichensache B.« informiert und lapidar mitgeteilt, dass Johannes Baum mit zwei Freunden im Sommer 1963 bei einem Ausflug in die Wüste verunglückt sei. Die jungen Männer wären zu leichtsinnig gewesen, hieß es. Der Brief enthielt ein paar Fotos. Sie ließen erkennen, dass die Leichen in erheblicher Entfernung zum Jeep lagen.

Vater Baum kann sich darauf keinen Reim machen. Von Wüstenausflügen hatte ihm Johannes mehrfach berichtet, besonders unerfahren konnte er also nicht gewesen sein. Und dann ist da noch etwas. Auf einem abgerissenen Stück Packpapier hat sein Sohn ein Testament hinterlassen: »Mein letzter Wille. Ich, Johannes Baum, geboren am 23. 4. 1931 in Dresden, wohnhaft in Kairo-Zamalek, Sharia Azir Osman Nr. 6, verfüge hiermit für den Fall, dass mir etwas zustößt, dass mein gesamtes Eigentum, einschließlich meines gesamten Geldes, meine Freundin Jasmina erhalten soll. Meine Ehefrau Elvira erhält nichts. Kairo, 2. 6. 1963 – Johannes Baum.«

Die Umstände des Todes seines Sohnes erscheinen dem Vater mysteriös. Warum macht ein junger Mann ein Testament und dann auch noch auf einem abgerissenen Stück Packpapier? Einzige Erklärung: Er fühlte sich bedroht und hatte nicht viel Zeit. Und es war ihm offenbar wichtig, dass seine Frau Elvira nicht von seinem möglichen Tod profitierte. Über Elvira ist Johannes Baum nach Kairo gekommen, erinnert sich der Vater. Da war mal die Rede vom BND und einem Ledergeschäft in der ägyptischen Hauptstadt, das dem Geheimdienst angeblich als Tarnung diente. Vater Baum will Licht ins Dunkel bringen, doch er bekommt von den DDR-Behörden keine Reisegenehmigung.

In seiner Not wendet er sich an den Dresdner Elektromeister Walter Hannel. Er hat gehört, dass Hannel seit Jahren für den DDR-Außenhandel in Kairo die Elektrik an Getreidemühlen baut und betreut. Hannel führt ein kleines privates Unternehmen, und dass er seit 1959 regelmäßig an den Nil reiste, war schon eine kleine Sensation in der sozialistischen Planwirtschaft. Die konnte auf den Fachmann nicht verzichten,

und Hannel plant auch jetzt gerade wieder eine Reise. Baum bittet ihn um Hilfe. Wenigstens ein Grab müsste doch zu finden sein. Außerdem halten Landsleute in einem fernen Land immer zusammen; vielleicht weiß jemand etwas von Johannes Baum. Hannel sagt seine Hilfe zu.

Hier enden die einigermaßen gesicherten Tatsachen. Es gibt keine Akten zu dem Fall, nur Erinnerungen der Zeitzeugen. Die sind manchmal vage. Deshalb wäre eine erste Frage, ob es überhaupt Interessen der DDR in Ägypten gab, die auch die vermutete Stasi-Bedrängnis des Johannes Baum erklären könnten.

Solche Interessen lassen sich durchaus finden. Ägypten ist in jenen Jahren eines der Länder, das zwischen einer politischen Orientierung nach Osten oder Westen schwankt. Und es ist ein außerordentlich wichtiger Staat in Afrika. Wer Kairo auf seiner Seite hat, verfügt über einen Schlüssel zur arabischen Welt. Die Sowjetunion versucht, den ägyptischen Staatschef Gamal Abdel Nasser an sich zu binden; umfangreiche Lieferungen von Militärausrüstungen gehören dazu. Für die DDR geht es um noch etwas ganz anderes: Der kleinere deutsche Staat ist international nicht anerkannt. Ägypten könnte eines der ersten Länder neben den Sowjet-Satelliten werden, das diesen Schritt vollzieht. Seit 1957 unterhält die DDR ein Büro in Kairo, um die Anerkennung im arabischen Raum vorzubereiten. Ende 1963 signalisiert der ägyptische Staatschef, dass er unter Umständen Walter Ulbricht zum Staatsbesuch empfangen würde.

Diese Reise wird unter strengster Geheimhaltung vorbereitet, denn sie soll ein wichtiger Schritt auf dem Weg zum »diplomatischen Stalingrad« der Bundesrepublik werden. Die Bundesrepublik fühlt sich als Nachfolger des Deutschen Reiches, und eben deshalb muss sie ihr Verhältnis zu Israel in Ordnung bringen. Der erste Schritt dazu wäre die Anerkennung des jüdischen Staates. Die DDR nimmt einen prinzipiell anderen Standpunkt ein: Sie sei etwas völlig Neues, habe demzufolge mit den Nazi-Verbrechen an den Juden nichts zu tun und so auch keine Pflicht zur Wiedergutmachung. Ost-Berlin orientiert sich auf Ägypten. Wirtschafts- und Aufbauhilfe, wie sie Fachleute wie Walter Hannel leisten, gehören durchaus dazu.

Doch vor allem geht es um Informationen, und dafür ist die Staatssicherheit zuständig. Sie erleidet Anfang der Sechzigerjahre einen schweren Rückschlag. Stasi-Offizier Günter Männel läuft 1960 in den Westen über und nennt reihenweise Namen von Agenten im Nahen Osten, die er geführt haben will: Walter B. in Syrien, Kurt F. alias »Alfred« im Sudan, den ADN-Korrespondenten Lutz A. in Ägypten, Heinz P. unter dem Decknamen »Krantz« ebenfalls in Ägypten und Hermann Ö. alias »Hubert Anders« im Iran. Sie alle gelten nun als »verbrannt«.

Allein vor diesem Hintergrund ist der Versuch einer Stasi-Anbindung von Johannes Baum zumindest vorstellbar. Dass die Ost-Berliner Spione neben den verlorenen Agenten noch ein Ass am Nil im Ärmel haben, wird im Westen erst nach der Flucht von Stasi-Oberleutnant Werner Stiller 1979 bekannt.

Der Mann ist eine schillernde Persönlichkeit mit diversen geheimdienstlichen Verbindungen, und so soll er hier Dr. Alfonso de Roca heißen. Er gehörte zu den Ersten, die nach dem Krieg mit der Sowjetischen Besatzungszone und später der DDR Handel trieben. Sein Geschäft war der Verkauf von »Erika«-Schreibmaschinen mit arabischer Schrift. De Roca unterhielt ein Büro in der Schweiz und, gemeinsam mit seinem Bruder, eins in Kairo. Seit den Fünfzigerjahren arbeitete er nebenbei für die Stasi unter dem Decknamen »Faust«. Dabei leistete er manch wertvollen Dienst, wie z.B. die Einrichtung eines geheimen Kontos in der Schweiz, das für die Ansiedlung des Atomwissenschaftlers Rolf Dobbertin, Deckname »Sperber«, in Paris benötigt wurde. Stasi-Überläufer Werner Stiller erinnert sich: »Höchsten Wert gewann der vielseitige Mann jedoch erst, als sich der ägyptische Staatschef Nasser mehr und mehr in Richtung Osten profilierte. ›Doktor Faust‹ war ein Vertrauter des Herrschers am Nil und lieferte wichtige Informationen zur arabischen Politik.«

Bei der Stange hielt die Stasi ihren Spion mit einer zwar schmutzigen, aber nicht unüblichen Geheimdienstpraxis. Stasi-Oberleutnant Stiller: »›Faust‹ bevorzugte erlesene sexuelle Praktiken, was ihn seit Jahren immer wieder in die Arme einer gleich veranlagten Gespielin aus der DDR getrieben hatte. Das MfS hatte seine Veranlagung genutzt und dem Mädchen, das altersmäßig seine Enkeltochter sein konnte, ein Dauervisum für regelmäßige Ausreisen in den Westen zur Befriedigung des alten Genießers ausgestellt.«

Alfonso de Roca revanchierte sich erwartungsgemäß: »Jedenfalls hatte er bei der Vorbereitung des aufsehenerregenden Besuchs des damaligen DDR-Staatsratsvorsitzenden Walter Ulbricht Ende Februar, Anfang März 1965 in Ägypten mitgewirkt.« Soweit Werner Stiller zur damaligen Lage.

Fast zeitgleich, am 7. März 1965, nimmt die Bundesrepublik diplomatische Beziehungen zu Israel auf. Das geht mit dem Abbruch der Beziehungen zu den arabischen Staaten einher. Nun ist der BND gefragt, um dort das Ohr am Geschehen zu halten.

Doch zurück ins Jahr 1963. Walter Hannel fährt nach Kairo und sucht das bereits erwähnte Ledergeschäft. Tatsächlich gibt es dort eine Dependance einer Firma aus der Lederstadt Offenbach. Er fragt nach Elvira. Hobby-Detektiv Hannel: »Das machte alles einen merkwürdigen Eindruck. Die Leute drucksten herum, bestätigten dann aber, dass die Frau ›plötzlich‹ verschwunden sei.« Dann findet der Elektromeister aus Dresden auf dem Koptischen Friedhof in Kairo ein Kreuz, das den Namen Johannes Baum trägt. Fragen bringen ans Licht, dass die Abreise von Elvira kurz nach dem Verschwinden des jungen Mannes in der Wüste erfolgte. Dessen Freundin Jasmina bestätigt Hannel, dass sie etwas Geld und ein paar Kleidungsstücke von Johannes bekommen habe, viel sei jedoch nicht da gewesen, obwohl ihr Freund als Fachmann für Raketentriebwerke in Heliopolis gut verdient habe. Und dann macht sie noch zwei Bemerkungen, die Walter Hannel aufhorchen lassen: »Johannes kannte das Leben hier am Nil und hatte auch genügend Erfahrungen mit Touren in die Sahara. Er ist damals zwar gut ausgerüstet und mit einem technisch einwandfreien Jeep, aber überstürzt aufgebrochen. Er und seine beiden Freunden schienen auf der Flucht zu sein.«

So weit die Aussagen der Zeitzeugen. Walter Hannel kennt ein paar Leute, die in Heliopolis arbeiten, die DDR hat dort eine Lehrwerkstatt errichtet. Durch sie erfährt er, dass sich in dem Vorort Kairos die Rüstungsschmiede Nassers verbirgt.

In den weiß gekalkten Werkhallen zwischen den üppigen, dichten Dattelpalmhainen des Niltals und den gelblichbraunen Hügeln der arabischen Wüste werden Flugzeuge und Raketen entwickelt und produziert. Dabei helfen zeitweise bis zu fünfhundert deutsche Spezialisten mit bundesdeutschem Pass. In der Fabrik 333 werden »El-Kahir«-Raketen, Reichweite 560 Kilometer, und »El-Safir« mit 280 Kilometern Reichweite gebaut. In den Werken 36 und 135 bei Heluan entstehen Messerschmitt-Düsenjäger wie das Schlachtflugzeug HA 200 und der in Entwicklung befindliche Überschalljäger HA 300. Die gesamte Rüstung Ägyptens richtet sich damals gegen Israel.

Die Aufrüstung Ägyptens begann Anfang der Fünfzigerjahre, und viele Professoren und Ingenieure, deren Namen in keinem Telefonbuch standen, kamen aus Deutschland. Im Wirtschaftswunderland konnten sie nach dem Krieg nur Haushaltsgeräte und anderes, was für den Neustart ins Alltagsleben benötigt wurde, bauen. Ihre eigentlichen Fachkenntnisse aus der Zeit des Tüftelns an den »Wunderwaffen« der Nazis waren zu Hause nicht gefragt. Ganz anders in Ägypten. Per Chiffre-Anzeigen wurden »Fachkräfte jeder Art« für ein »Flugzeugwerk in Nordafrika« gesucht. Wer sich bewarb, bekam Antwort aus der Schweiz. Dort hatte der Ex-Ägypter Hassan Sayed Kamil mit stiller Unterstützung des ägyptischen Kriegsministeriums die Tarnfirmen Mechanical Cooperation (Meco) und MTP-AG (Maschinen, Turbinen, Pumpen) gegründet. Ziel: der Einkauf von Hitlers Wunderwaffenexperten. Eine erste Gruppe von 67 »Alemani«, allesamt ehemalige Offiziere der Wehrmacht, traf bereits 1950 unter Führung des Generals der Artillerie a. D. Wilhelm Farmbacher ein. Alle hatten Verträge, so der General in einem unbedachten Augenblick, »ohne amtliche Mitwirkung von Bonn, doch mit Empfehlung des Bundeswirtschaftsministeriums«.

Bald folgten der Raketeningenieur Rudolf Engel, vormals SS-Hauptsturmführer und Chef der SS-Raketenforschungsstätte Großendorf bei Danzig, und viele andere. Das alles bleibt nicht so geheim, wie es eigentlich sollte. Spätestens Ende der Fünfzigerjahre erfuhr der israelische Geheimdienst Mossad von der Bedrohung, und zwei Jahre vor der offiziellen »Aussöhnung« mit der Bundesrepublik im Jahr 1965 forderte die damalige israelische Außenministerin Golda Meir in der Knesseth: »Die deutsche Regierung kann nicht untätig bleiben, wenn achtzehn Jahre nach dem Sturz des Hitler-Regimes, das Millionen von Juden vernichtete, wieder einmal Angehörige dieses Volkes für Handlungen verantwortlich sind, die der Zerstörung des Staates Israel dienen.«

Bundeskanzler Konrad Adenauer meinte indessen, er habe verantwortlich gehandelt. Bereits im Winter 1960/61 fand ein bis heute geheim gehaltenes Treffen zwischen BND-Chef Reinhard Gehlen und Mossad-Chef Isser Harel in Pullach statt. Dort wurden die Weichen für die weitere Zusammenarbeit auf militärischem und geheimdienstlichem Gebiet gestellt.

Beide Seiten gingen mit großen Bedenken in die Verhandlungen. Für die Israelis waren die vielen ehemaligen Nazis und einstigen SS-Dienstgrade im inzwischen aus der Organisation Gehlen hervorgegangenen BND das Hindernis. Für viele Deutsche waren »die Juden« immer noch ein Feindbild. Dennoch gab es Interessen, die zur Verständigung zwangen: In Israel wuchs die Überzeugung, dass eine Zusammenarbeit mit Deutschland für die künftige Sicherheitspolitik des Landes unabdingbar sein würde, der BND wollte von den Kenntnissen israelischer Agenten in Ost-Europa profitieren.

Gehlen beauftragte General Wolfgang Langkau, Deckname »Langendorf«, als Verbindungsoffizier zu den Israelis zu fungieren. Auf israelischer Seite nahm diese Funktion der Mossad-Resident in Paris, Shlomo Cohen, wahr. Cohen, in Hamburg geboren, lebte als Maler Jacques Duclos viele Jahre in Ägypten, Bilder von ihm hängen im dortigen Nationalmuseum.

Im Zuge der Zusammenarbeit gab es u. a. beim BND eine Ausbildung für Mossad-Agenten, die in arabischen Staaten eingesetzt werden sollten. Das Wichtigste waren jedoch streng geheime Waffenlieferungen Deutschlands an Israel, z.B. amerikanischer M-48-Panzer.

Dann folgte ein Ereignis, das den Mossad für den BND nahezu unentbehrlich machte: Am 6. November 1961 wurde der ehemalige SS-Obersturmbannführer Heinz Felfe als KGB-Maulwurf im BND verhaftet. Damit verlor der westdeutsche Auslandsgeheimdienst eine große Zahl seiner Quellen hinter dem Eisernen Vorhang. Diese Lücke sollte mit Hilfe der Israelis geschlossen werden.

Als Gegenleistung schickte der BND zu dieser Zeit nicht nur eine Kopie des täglichen Lageberichtes für den Bundeskanzler an den Mossad, sondern bot ihm auch völlige freie Hand bei dessen geheimdienstlichen Aktivitäten in Deutschland an.

Vor diesem Hintergrund wurde es dem Mossad nun auch möglich, gegen die deutschen Raketenspezialisten in Ägypten aktiv zu werden. Mossad-Chef Harel wies seine Leute an, die wichtigsten Wissenschaftler aufzuspüren und »sie davon abzuhalten, ihre Arbeit zu vollenden«, so ein Zeitzeuge aus Israel. Dass dies vor allem mit Gewalt geschehen sollte, stand außer Frage.

Mossad-Agenten spionierten die Firma Internationale Raketen-Handelsgesellschaft m.b.H. (INTRA) in München aus, die als ägyptisches Tarnunternehmen die Arbeit der deutschen Experten in Ägypten koordinierte. Harel bat Premier Ben-Gurion, bei Adenauer zu protestieren. Das lehnte Ben-Gurion ab, weil er die deutschen Waffenlieferungen nicht aufs Spiel setzen wollte. Daraufhin trat Harel wütend zurück.

Sein Nachfolger wurde Meir Amit, der zuvor Chef des militärischen Geheimdienstes gewesen war. Er bildete Einsatzkommandos des Mossad, die eine Reihe von Anschlägen gegen Wissenschaftler ausführten, die am ägyptischen Raketenprogramm beteiligt waren. In diesem Zusammenhang verschwand z.B. INTRA-Chef Dr. Heinz Krug in der Mittagspause am 11. September 1962 spurlos aus seinem Büro in München. Sein Schicksal ist bis heute ungeklärt.

Und es gab zahlreiche weitere Vorkommnisse.

Am 7. Juli 1962 stürzt ein Charter-Flugzeug des Meco-Chefs Kamil ab. Kamil hatte in letzter Minute seine Reise umdisponiert, seine Frau, die Prinzessin von Mecklenburg, kommt ums Leben.

Am 27. November 1962 wird die Sekretärin des Raketenspezialisten Professor Wolfgang Pilz, bis 1945 in Peenemünde bei der V2 tätig, 1946 bis 1957 Entwickler der französischen Forschungsrakete »Veronique«, durch eine Briefbombe schwer verletzt.

Ebenfalls im November des Jahres explodiert ein als Buchsendung deklariertes Sprengstoffpaket in Heliopolis. Es ist an den Direktor der Raketenfabrik adressiert und kommt aus Hamburg. Fünf Ägypter sterben, sechs weitere werden verletzt.

Am 2. März 1963 werden Tochter und Sohn von Professor Paul Goercke, der ebenfalls in Peenemünde tätig gewesen war, in einem Basler Hotel von zwei israelischen Agenten bedrängt. Sie sollen ihren Vater zur Rückkehr nach Deutschland bewegen. Die Schweizer Kripo hört mit und verhaftet die Männer.

Ob sich auch der Tod von Johannes Baum in die Reihe dieser Gewaltakte einordnen lässt, ist nicht nachweisbar. Walter

Hannel hört aber in Kairo unter der Hand, dass sowohl der Benzin- als auch der Wassertank im Jeep der jungen Männer fein angebohrt gewesen sein sollen. Wer so etwas tut, will, dass seine Opfer zwar in die Wüste hineinfahren, aber nie wieder herauskommen. Trotz derartiger Zeugenaussagen beharrt die ägyptische Touristenpolizei darauf, dass die alleinige Unfallursache »Leichtsinn und Unachtsamkeit« gewesen seien.

All die geschilderten Anschläge können dem BND nicht verborgen geblieben sein. Er unternimmt jedoch nichts, um die Zusammenarbeit mit dem Mossad nicht zu gefährden.

Der wähnt sich auf dem Weg des Erfolges. Die Aktivitäten seiner Einsatzkommandos führen dazu, dass die meisten deutschen Wissenschaftler bis etwa 1964 Ägypten verlassen.

Im Dezember 1964 taucht jedoch eine neue Gruppe von etwa zwanzig Wissenschaftlern in Kairo auf, diesmal ausschließlich Raketenlenkungsexperten. Nach unbestätigten Aussagen sollen sie durch die deutschen Raketenspezialisten Pilz und Goerke nach Ägypten geholt worden sein.

In Israel herrscht Alarmstimmung, aber da es keine diplomatischen Beziehungen zur Bundesrepublik gibt, sieht man keinen politischen Weg zur Lösung des Problems und baut weiter auf Gewalt.

Die deutschen Raketenleute werden unter Druck gesetzt. Wieder gibt es Anschläge, Erpressungen und Drohungen. Das kann nicht ohne stillschweigende Billigung des BND erfolgt sein.

Ob Johannes Baum tatsächlich ein Opfer dieser Geheimdienstquerelen geworden ist, lässt sich ebenso wenig beweisen wie seine Verbindung zur Stasi. Was sich aber rekonstruieren lässt, sind die dargestellten Interessenlagen und Informationsbedürfnisse der verschiedensten Seiten. Dass die militärische Lage am Nil durchaus auch Jahre später noch von Bedeutung für die DDR ist, bestätigt Andreas Kabus, der neben seinem Job bei ADN für den Nachrichtendienst der NVA die Ohren offen hielt: Die NVA habe von einem ihrer Männer »in Kairo erfahren, an welchem Tag und zu welcher Stunde die Ägypter 1973 zum Angriff über den Suezkanal ansetzen wollten. Der Yom-Kippur-Krieg begann im Morgengrauen des 6. Oktober.«

In Israel richten die ägyptischen Raketen bei Weitem nicht die zuvor befürchteten Schäden an Menschen und Material an – wegen ihrer mangelhaften Navigationssysteme.

So hat der bis heute ungeklärte Tod des Johannes Baum, der an der Aufrüstung des Landes am Nil als Experte beteiligt war, vielleicht doch einen versöhnlichen Aspekt.

EINE ERFUNDENE AFFÄRE

Es sieht aus wie eine hundertmal gesehene Filmszene: Zwei Männer im grauen Flanell, den Stetson auf dem Kopf, begleiten Elizabeth Taylor auf dem New Yorker Flughafen diskret, aber unnachgiebig in ein Flugzeug. Doch es ist keine noble Lockheed Super Constellation oder gar der erst kürzlich in Dienst gestellte moderne Düsenjet Boeing 707. Nur ein grauer Luftwaffentransporter der US-Air-Force steht zum Transatlantikflug nach Old Germany bereit. Und es ist auch nicht Liz Taylor, die an diesem 21. August 1963 von den beiden FBI-Männern ins Flugzeug gesetzt wird, sondern eine Dame, die ihr zum Verwechseln ähnlich sieht. Ihre erzwungene Abreise hat der US-Justizminister Robert Kennedy persönlich verfügt. Die Frau heißt Ingrid Kowatsch, ist die Gattin eines nach Washington abgeordneten Feldwebels der Bundesluftwaffe und soll nun vor allem eines: unauffällig verschwinden.

Die Geschichte beginnt zwei Jahre zuvor. Feldwebel Rolf Kowatsch wird im April 1961 zum German Logistic Office in Washington versetzt. Unter dem Kommando von General Konrad Mühllehner wickelt die Dienststelle den Transport der von Deutschland in den USA gekauften Rüstungsgüter ab.

Der Feldwebel wird von seiner zweiten Frau Ingrid begleitet. Die beiden beziehen ein Haus in der Military Road in Arlington, nicht weit vom amerikanischen Heldenfriedhof gelegen. Es kostet 200 Dollar Miete, das sind damals immerhin 800 Mark, eine Menge Geld und fast der ganze Sold von Rolf. Deshalb entschließt sich Ingrid, etwas dazuzuverdienen. Sie ist siebenundzwanzig Jahre alt, 1,65 Meter groß und hat die Traummaße 88 – 65 – 85; was liegt da näher, als es als das zu versuchen, was heute »Model« genannt wird. Damals unterschied man noch zwischen Mannequins und Fotomodellen. Die schöne Ingrid träumte von den Titelseiten der großen Magazine.

Für den Job braucht es Beziehungen. Ingrid Kowatsch findet sie durch die Bekanntschaft mit Carol Tyler. Die Assistentin des Sekretärs der demokratischen Senatsfraktion Robert G. Baker ist eine stadtbekannte Schönheit in der amerikanischen Hauptstadt, stand sie doch einst für die Skulptur »Miss Frieden« Modell. Nun kümmert sie sich um die Vergnügungen der Washingtoner Society. Dort zieht Bobby Baker die Fäden, der neben seiner Arbeit im Senat auf dem Capitol Hill auch noch im Carroll Arms Hotel den exklusiven »Quorum Club« betreibt. Die Vergnügungsstätte ist bei Diplomaten, Regierungsmitgliedern und Wirtschaftslobbyisten dafür bekannt und berühmt, dass dort auch immer mal wieder Attraktionen »etwas außerhalb der Moral«, so zumindest die Klatschpresse, geboten werden. Ingrid Kowatsch ist bald ein gern gesehenes Mitglied im Club.

In den verschwiegenen Räumen im Caroll Arm wird Politik gemacht, denn Bobby Baker hat beste Kontakte über die Parteigrenzen hinweg. Im Senat sitzen damals hundert Senatoren, wegen seiner guten Verbindungen wird er unter der Hand gern »101. Senator« genannt.

Im Sommer 1963 bereitet Präsident Kennedy die Kampagne zu seiner Wiederwahl vor. Da gerät auf einmal Robert G. Baker ins Fadenkreuz der Presse. Er verdient offiziell 20 000 Dollar im Jahr, hat aber derweil ein beträchtliches Vermögen angehäuft. Die Republikaner, auf der Suche nach Munition für den Präsidentschaftswahlkampf im kommenden Jahr, wittern ihre Chance und verlangen eine Untersuchung. Es soll ergründet werden, ob sich der umtriebige Mitarbeiter der Demokraten eventuell habe korrumpieren lassen oder in andere dunkle Geschäfte verwickelt sein könnte. Das FBI übernimmt.

Damit gerät auch die deutsche Soldatenfrau Ingrid Kowatsch ins Visier, denn es war Bobby Baker, der sie in die Gesellschaft der amerikanischen Hauptstadt eingeführt hat.

Wo sollte sich bei einer solchen Frau Belastendes finden lassen, wenn nicht unter der Gürtellinie? Und so blühen bald die Gerüchte, die stets nach der neuesten Mode gekleidete Dame sei »Nymphomanin«, habe auf Partys »nackt in Sekt gebadet« und fahre in ihrem teuren Thunderbird-Cabrio für Bares in Washington von Party zu Party. Das FBI verhört sie und macht eine beunruhigende Entdeckung: Ingrid Kowatsch stammt aus der Ostzone! Sie wurde 1936 in Sachsen, in der Nähe von Riesa, geboren und kam erst Mitte der Fünfzigerjahre in den Westen. Nun ist sie plötzlich ein »Security risk«. Am 3. Juli 1963 lässt FBI-Chef J. Edgar Hoover verlauten, dass Ingrid Kowatsch möglicherweise sogar eine Spionin aus Ostdeutschland sei.

Natürlich greift das die Presse sofort auf und spekuliert, die junge Frau habe an führender Stelle »in der kommunistischen Jugendorganisation« gearbeitet, und ganz Schlaue verkünden, sie sei sogar »Sekretärin Walter Ulbrichts« gewesen. Den kennt in Amerika zwar kein Mensch, aber irgendwas hatten doch die Commis im Osten gerade verbrochen, klar »the Berlin Wall«!

Aber die Fallstricke der großen Politik sind lange nicht so brisant wie ein weiteres Gerücht, das das FBI streut: Bobby Baker habe Senatoren und anderen hohen Regierungsbeamten regelmäßig Callgirls zugeführt. Mit dabei: Ingrid Kowatsch, die wegen ihrer Ähnlichkeit mit Liz Taylor bei FKK-Poolpartys im Weißen Haus die Aufmerksamkeit des Präsidenten persönlich erregt habe.

Das birgt vor allem deshalb Zündstoff, weil das Kapitel Kennedy und die Frauen ein zu jener Zeit streng gehütetes, dunkles Geheimnis ist.

John F. Kennedy litt unter Morbus Addison, einer Unterfunktion der Nebennierenrinde. Die Krankheit führt zu chronischer Müdigkeit und kann unbehandelt tödlich verlaufen. Die Therapie erfolgt mit Testosteron und Cortison und hat eine gern verschwiegene Nebenwirkung: die Steigerung des Sexualtriebs. Bei einem Treffen auf den Bermudas im Dezember 1961 erzählt der Präsident seinem britischen Kollegen Harold Macmillan freimütig, dass er fürchterliche Kopfschmerzen bekomme, wenn er drei Tage lang keine Frau habe. Zu Hause sorgen zahllose Stars und Sternchen, aber auch die Pressesekretärin seiner Frau Jackie und zwei Sekretärinnen im Weißen Haus diskret dafür, die Migräne gar nicht erst aufkommen zu lassen.

Darüber wurde eigentlich nicht geredet, aber gerade Anfang 1963 erschütterte der sogenante Profumo-Skandal die westliche Welt. Der damalige britische Heeresminister John Profumo hatte eine Affäre mit dem Mannequin Christine Keeler. Die wiederum betrieb mit dem Promi-Arzt Stephen Ward und dessen Freundin Mandy Rice-Davies einen Prostitutionsring, in dem auch der sowjetische Marine-Attaché Jewgeni Iwanow im wahrsten Sinne des Wortes verkehrte. Als die freizügigen »Poolpartys« aufflogen, war schnell von Spionage die Rede. Ward beging Selbstmord. Keeler landete im Gefängnis, Profumo trat zurück und Iwanow reiste nach Hause.

Die Erinnerung an diese Geschichte war frisch, und als im Sommer 1963 das einundzwanzigjährige Callgirl Mariella Novotny – eine entfernte Verwandte des damaligen tschechischen Präsidenten – behauptete, bei ähnlichen Partys im Weißen Haus dabei gewesen zu sein, sprangen die Zeitungen an. So geriet die schöne Ingrid ins Visier der Geheimdienste.

Justizminister Robert Kennedy erfährt von der Gefahr etwaiger Enthüllungen über seinen Bruder von Hoovers Assistent Courtney Evans. Er wiegelt zwar ab und sagt, dass solch unbegründete Anschuldigungen gegen berühmte Persönlichkeiten »ganz normal« seien, doch Evans bemerkt, dass sich Bobby »den Namen extra notierte.« Der deutschen Botschaft wird nahegelegt, dass eine Rückkehr der Feldwebelsgattin nach Deutschland wegen ihres angeblich »unmoralischen Verhaltens« dringend erwünscht sei.

So bringt die Air Force Ingrid Kowatsch am 21. August 1963 zurück in die Heimat. LaVern Duffy, ein alter Bekannter Robert Kennedys, begleitet sie, und Gerüchte wollen wissen, dass er nicht nur einer ihrer Geliebten, sondern auch Transporteur eines erklecklichen Schweigegeldes des Kennedy-Clans war. Ingrid Kowatsch lehnt in Deutschland alle noch so großzügigen Angebote der Presse ab, über ihre Geschichte zu berichten. Selbstverständlich dementiert sie auch jedes Gerücht, jemals ein Partygirl Kennedys gewesen zu sein. Trotzdem reicht es für ein Haus und einen neuen BMW. Im September 1963 wird sie »aus alleiniger Schuld« – damals gibt es die Schuldzuweisung noch – geschieden und geht zu ihren Eltern nach Gut Oderberge in der Nähe Wuppertals. Der Militärische Abschirmdienst (MAD) ermittelt noch ein wenig, doch er bekommt keinerlei Erkenntnisse des FBI über den Verlauf der Affäre in Amerika zu Gesicht, und so werden die Akten bald geschlossen.

Die Gefahr eines öffentlichen Skandals ist dennoch nicht beseitigt, denn da ist ja noch Kowatsch-Freund und Förderer Bobby Baker. Ein Untersuchungsausschuss des Senats ermittelt gegen ihn. Es geht um Korruption, Stimmenschacher und seinen dubiosen »Quorum Club«. Am 7. Oktober 1963 legt Baker sein Amt als Sekretär der demokratischen Senatsfraktion nieder, um sich ganz auf den Kampf gegen diese Untersuchung konzentrieren zu können. Das scheint nötig, denn Senator John Williams, der republikanische Inquisitor in der Baker-Affäre, behauptet immer wieder: »Ich habe Beweise für alles!« Gehört die vermeintliche Zeugin K. dazu?

In diese gespannte Atmosphäre platzt am 26. Oktober ein Artikel des angesehenen Journalisten und Pulitzer-Preisträgers Clark Mollenhoff im *Des Moines Register.* Er wundert sich über die Ausweisung von Ingrid Kowatsch, verknüpft alles noch einmal mit den alten Party-Gerüchten, erzählt von ihrer ostdeutschen Herkunft und nennt auch Reizworte wie Ost-Spionage, Profumo und Keeler.

Am Montag, dem 28. Oktober 1963, notiert John F. Kennedys Sekretärin Evelyn Lincoln in ihrem Tagebuch: »Der Präsident kam herein und war ganz aufgeregt über die Zeitungsmeldungen wegen der Deutschen und anderer Prostituierten, die sich mit Regierungsbeamten, Kongressabgeordneten usw. eingelassen hätten … Er rief Senator Mike Mansfield in sein Büro, um darüber zu sprechen, wie man diese Meldung herunterspielen könnte.« Berater Kenneth O'Donnell wird beauftragt, sich von jedem Mitarbeiter des Weißen Hauses schriftlich bestätigen zu lassen, dass er nichts mit von Bobby Baker vermittelten Callgirls zu tun gehabt hat.

Endgültig den Rücken freihalten soll dem Präsidenten nun jedoch sein Bruder Robert. Wozu ist er Justizminister? Robert Kennedy spricht mit FBI-Chef Hoover und bittet ihn, etwaige

Untersuchungen des Senats in Sachen Ingrid Kowatsch nicht zu unterstützen. Er sei nämlich »sehr besorgt und der Präsident ebenfalls, über den möglichen Schaden, den die Vereinigten Staaten nehmen könnten, falls es auf dem Capitol Hill zu unverantwortlichen Schritten in Verbindung mit den Anschuldigungen im Fall Ingrid Kowatsch kommt.«

Der FBI-Chef schlägt vor, der Deutschen kein Einreisevisum zu erteilen, falls sie vor den Untersuchungsausschuss des Senats geladen werden würde. Damit wären erst einmal möglicherweise beabsichtigte Befragungen erschwert.

J. Edgar Hoover ist in diesen Monaten in einer schwierigen Lage: Einerseits ist er bereits jenseits der Pensionsgrenze, andererseits würde er gerne noch eine Weile seinen Job machen. Hoover weiß, dass das ganz allein von der Entscheidung John F. Kennedys abhängt. Der wiederum ist sich der Gefolgschaftstreue des FBI-Chefs nicht sicher und hält es durchaus für möglich, dass der ihn kurz vor seinem Ausscheiden noch gern »abgeschossen« hätte.

Doch zunächst einmal kommt Hoover dem Wunsch Robert Kennedys nach und führt ein Gespräch mit den Senatoren Mike Mansfield und Everett Dirksen. Der oberste Polizist der USA versichert den beiden Politikern, dass die Untersuchungen des FBI keinerlei Hinweise darauf erbracht hätten, dass Ingrid Kowatsch eine ostdeutsche Spionin oder jemals Gast im Weißen Haus gewesen sei.

Heute bestätigen auch inzwischen freigegebene Akten des FBI, dass Ingrid Kowatsch völlig unschuldig und wohl nur wegen ihrer auffälligen Attraktivität in die Mühlen der Geheimdienste und somit in den Sog einer internationalen Sicherheitsaffäre geraten war.

John F. Kennedy hingegen litt niemals unter Zweifeln, wenn es um seine Befähigung für das Amt des mächtigsten Mannes der westlichen Welt ging. Aber er wusste sehr genau, dass im prüden, bigotten Amerika die Stimmung auch schnell kippen kann, wenn zur richtigen Zeit am richtigen Ort die löchrige Decke der öffentlichen Moral gelüpft wird. Ob das, was dabei ans Tageslicht tritt, nun stimmt oder nicht, ist gar nicht so wichtig.

So gesehen endete die Affäre Ingrid Kowatsch erst mit den tödlichen Schüssen auf den 35. Präsidenten der Vereinigten Staaten von Amerika am 22. November 1963 in Dallas, Texas.

VERBRANNT UND FALLEN GELASSEN

Über 2600 Euro hat der alte Herr ausgegeben, um bei einem der vielen kleinen Verlage, die eigentlich nur von den Eitelkeiten ihrer Kunden leben, seine Erinnerungen in einer 141-Seiten-Broschüre drucken zu lassen. Er nennt sie *Verraten und verkauft* und wählt *Memoiren eines Unverbesserlichen* als Untertitel. Das klingt nicht danach, als wolle sich hier einer im Nachhinein mit den Abenteuern seines Lebens spreizen. Und dass solch ein Büchlein bei den jährlich rund 70 000 Neuerscheinungen in Deutschland kaum Beachtung findet, weiß Dieter Damm aus Magdeburg auch. Dennoch ist am 16. März 2005 im längst zur »sozialistischen Tageszeitung« gewandelten früheren SED-Zentralorgan *Neues Deutschland* eine Rezension zu lesen. Sie enthält den bemerkenswerten Satz »Damms Postlaufbahn war durch einige Jahre bei der Auslandsaufklärung der DDR unterbrochen (1957 bis 1964). Die Hauptverwaltung Aufklärung des MfS entdeckte und gewann den jungen, entwicklungsfähigen Kader und warb ihn für die operative Arbeit in der Bundesrepublik.«

Geschrieben hat das Wolfgang Hartmann, einst selbst »Hauptamtlicher inoffizieller Mitarbeiter« der Stasi und Agentenführer mehrerer DDR-Spione im Westen. Ein bisschen klingt das wie: Da haben wir dem Burschen mal eine Riesenchance gegeben, doch er hat sie nicht genutzt. Ganz nebenbei steht da nämlich auch der Satz: »Vernehmungen und zwei Jahre Haft waren eine schwierige Zeit.« Das macht neugierig.

Dieter Damm wird 1929 in Großwusterwitz, einem Dorf am Rande des Havellandes, geboren. »Uns Kindern war es nicht bewusst, dass wir zu den armen Familien im Dorf zählten«, erinnert er sich. Besser wird es erst, als der Vater, ein arbeitsloser Maschinenschlosser, 1937 beim Autobahnbau wieder Lohn und Brot findet. Hitler hatte Wort gehalten, doch das beeindruckt den alten Sozialdemokraten nicht, der schon damals den Weg in den Krieg sieht. An dessen Ende hat Dieter eines gelernt: »Frieden ist das Allerwichtigste im Leben.« Die DDR scheint ihm dafür zu stehen.

Als Zwanzigjähriger tritt Dieter Damm in die SED ein. Er arbeitet inzwischen bei der Post und gilt als zuverlässig. Deshalb darf er regelmäßig mit dem Interzonenzug in den Westen fahren – damals werden Brief- und Paketsendungen während der Fahrt im Postwagen sortiert, Postleitzahlen gibt es noch nicht.

Anfang der Fünfzigerjahre wird Dieter Damm ins Bahnpostamt Magdeburg versetzt. Er fühlt sich politisch zwar auf der richtigen Seite, doch fachlich hat der junge Bahnpostfahrer den erfahrenen, alt gedienten Postlern nichts entgegenzusetzen, wenn die von der einstmals legendären Ordnung unterm gelben Posthorn in den guten alten Zeiten schwärmen.

Dieter Damm will lernen, und die SED bietet ihm die Möglichkeit dazu. Einen Dreimonatskurs auf der Kreisparteischule halten die Genossen für ausreichend, um ihn am Tag nach dem Volksaufstand vom 17. Juni 1953 zum hauptamtlichen SED-Parteisekretär im Bahnpostamt zu machen. Nun ist der Vierundzwanzigjährige für die politische Führung von rund 250 Leuten zuständig. Obwohl er sich dagegen sperrt, »die graue Wirklichkeit durch die rosarote Brille zu betrachten«, scheint eine Parteikarriere vorgezeichnet. Nächste Stufe: Aufstieg in die SED-Kreisleitung Magdeburg.

Das passt Dieter Damm gar nicht, und sein Chef hilft ihm, sich zumindest zeitweilig dem »Ruf der Partei« zu entziehen. Er delegiert den jungen Mitarbeiter 1954 für drei Jahre zum Studium auf die Fachschule für Post- und Fernmeldewesen in Leipzig.

Ohne es zu bemerken, bleibt der Postler auch dort im Visier der »Kaderjäger«. Dieter Damm erinnert sich: »Einige Monate vor Studienabschluss wurde ich zur SED-Bezirksleitung Leipzig geladen. Ein Gesprächsthema wurde mir nicht genannt.« Beim Termin werden Namen gemurmelt, die Dieter Damm nicht versteht, und seine Gesprächspartner stellen sich als Mitarbeiter des Innenministeriums der DDR vor. »Sie kannten meine politische Einstellung und meinen Werdegang und unterbreiteten mir das Angebot, beim Ministerium des Innern eine Aufgabe zu übernehmen, bei der meine im Studium erworbenen Kenntnisse von Vorteil wären. Einzelheiten sollten dann in Berlin erläutert werden.«

Dort erfährt Dieter Damm eine unerwartete Neuigkeit: »Mir wurde nämlich offenbart, dass ich künftig Mitarbeiter des Ministeriums für Staatssicherheit sei … Kurze Zeit später erlebte ich eine weitere Überraschung, als man mir mitteilte, dass ich für die Aufklärungsarbeit vorgesehen sei, konkret für einen Einsatz in Westdeutschland. Ich musste wieder schlucken, identifizierte mich aber schnell mit den neuen Anforderungen.« Dieter Damm ist ein disziplinierter Genosse, so hat er es gelernt.

Auch nach dem XX. Parteitag 1956 in Moskau und der Attacke Nikita Chruschtschows gegen seinen Ziehvater Josef Wissarionowitsch Stalin bleibt die politische Ausbildung der Schwerpunkt auf der Aufklärerschule in Gransee. Das bedauert Dieter Damm später: »Sicher wäre es nützlicher gewesen, zu lernen, wie man sich in Extremsituationen verhalten soll, etwa bei Verhaftungen und Verhören oder bei unerwarteten Kontakten im Einsatzgebiet mit ehemaligen DDR-Bürgern, die republikflüchtig waren.« Doch bald ist er mit der Schule ausgesöhnt, denn dort lernt er die Bürokraft Inge kennen, die in der Wirtschaftsabteilung arbeitet. Inge ist bereits durch die Stasi-Kadermühlen gegangen, und so haben die Genossen dann auch nichts dagegen, als Dieter Damm sagt, er ginge nur in den Westen, wenn er seine Verlobte mitnehmen dürfe.

Inzwischen gibt es auch praktische Übungen für den Einsatz im Feindesland. Funken, Chiffrieren und das Abschütteln von Verfolgern gehören dazu. Geübt wird mitten in Ost-Berlin. Damm: »Am schwierigsten war es am Alexanderplatz, weil dort die S- und U-Bahnsteige sowie das Kaufhaus einbezogen waren.«

Und dann wird es richtig spannend, denn Dieter Damm soll im Westen in die Haut eines anderen schlüpfen. Die Stasi hat dafür den Schweißer Herbert Pfeiffer ausgewählt, im Juli 1926 in Halle an der Saale geboren. Pfeiffer war gegen Kriegsende in der Pfalz in französische Kriegsgefangenschaft geraten und hatte sich gegen vorzeitige Entlassung aus dem Gefangenenlager Rivesaltes bei Perpignan als Zivilarbeiter in Frankreich verpflichtet. So schuftete er bis Mitte der Fünfzigerjahre auf einem Bauernhof in dem Dörfchen Villardonnel im Departement Carcassonne.

Dieter Damm lernt im VEB Eisenwerk Wildau das Schweißen, besucht unter einem Vorwand Pfeiffers Vater, um etwas über »seine« Familie zu erfahren, und macht sich fünf Wochen lang mit seiner »Heimatstadt« Halle vertraut. Dann fährt er nach Frankreich. Vor Ort soll er Herbert Pfeiffers frühere Wirkungsstätten kennenlernen. Sprachprobleme hat er nicht, denn Französisch ist die traditionelle internationale Post-Sprache. Schließlich hatten die Genossen ja gesagt, er würde seine Post-Ausbildung gut gebrauchen können. Der echte Pfeiffer lebt derweil sein genormtes DDR-Leben und spürt wahrscheinlich nicht einmal, dass ihn die Stasi im Auge behält, um unangenehme Überraschungen zu vermeiden.

Ausgerüstet mit 2000 West-Mark, dem Soldbuch Pfeiffers, einem vom deutschen Konsulat in Marseille auf den ehemaligen Kriegsgefangenen ausgestellten Pass – für die »richtigen« Bilder hatte die Stasi gesorgt – und einigen privaten Fotos der Familie, trifft Dieter Damm am 6. November 1959, aus Lyon kommend, in Mannheim ein. Die Stadtverwaltung stellt ihm ohne Probleme einen Bundespersonalausweis aus, und er findet schnell einen Job im Elektromotorenwerk Brown, Boverie & Cie (BBC). Dort merken die Kollegen allerdings, dass es mit seinen Schweißkünsten nicht weit her ist, aber Arbeitskräfte werden gebraucht und Dieter wechselt als Kranfahrer in die Stanzerei und schiebt dort drei Schichten. Es ist Wirtschaftswunderzeit, aber der Zuzügler hat nicht gerade einen Hauptgewinn gezogen: »Bei meiner Berufswahl nach Abschluss der Volksschule hatte ich jede Arbeit abgelehnt, die mit großem Lärm verbunden war – und nun war ich da voll hineingeraten. Aber was opfert man nicht alles im Dienst für eine gerechte Sache …« Dieter Damm hatte nicht nur seine Lektionen in Ost-Berlin gelernt, sondern auch seinen Glauben an den Sozialismus verinnerlicht.

In der DDR wird derweil seine Verlobte Inge auf ihr Doppelleben vorbereitet. Sie soll in die Rolle einer Frau namens Annemarie Scheibe schlüpfen, im August 1930 in Leisnig geboren. Das Mädchen hatte beim Bombenangriff auf Dresden seine ganze Familie verloren und arbeitete später in der örtlichen Molkerei, die einem Schweizer gehörte. Der nahm sie 1946 mit in seinen Heimatbetrieb nach Zürich. Danach, 1951 bis 1960, fand sie verschiedene Tätigkeiten in der Schweiz; der Stasi lagen originale Arbeitszeugnisse vor. Ihr Plan: Inge sollte als Annemarie Scheibe 1960 in St. Gallen zufällig Herbert Pfeiffer kennenlernen und ihm der Liebe wegen in die Bundesrepublik folgen. Die echte Annemarie Scheibe war längst in die DDR zurückgekehrt und lebte dort, von der Stasi rundherum abgeschirmt.

Nun ist alles gerichtet. Dieter und Inge heiraten am 23. Juli 1960 während eines Treffaufenthaltes in Zehdenick unter ihren richtigen Personalien. Für die Verwandten und Bekannten heißt es, die beiden gingen zu einem Auslandseinsatz an die DDR-Handelsmission in Bulgarien. In Wirklichkeit reisen sie jedoch in die Schweiz und »lernen sich kennen«. Ende September 1960 folgt die verliebte Annemarie ihrem Herbert nach Deutschland. Acht Wochen später wird vor dem Standesamt Mannheim-Käfertal erneut geheiratet, diesmal als Annemarie Scheibe und Herbert Pfeiffer.

Dieter Damm weiß, dass bei dieser Verbindung von Anfang an nicht nur Amor seine Pfeile im Spiel gehabt hat. Trotzdem sagt er später: »Es war nicht nur eine dienstliche Zwangsverpflichtung, sondern auch Liebe.« Und er nennt den Grund, weshalb er es für Liebe hielt: »Ich war froh, nicht mehr als Einzelkämpfer dem Klassengegner gegenüberstehen zu müssen.« Genau diese Verbindung von politischer Zuverlässigkeit und der Aufrichtigkeit seiner Gefühle wird ihm später die größte Enttäuschung seines Lebens bereiten.

Zunächst lässt sich alles gut an. Dieter Damm, derweil zum Unterleutnant der Stasi mit einem Monatsgehalt von 700 Ost-Mark befördert, ist nun »Resident« im Westen: »So eine Art Dispatcher, Anlaufstelle, Dreh- und Angelpunkt für andere Mitarbeiter.« Um für diese geheime Arbeit genügend Zeit zu haben, wechselt er von BBC in den Schuhgroßhandel »Rita«. Sein erster Informant ist ein leitender Zivilangestellter im Munitionsdepot der 7. US-Army in Miesau, Kreis Kaiserslautern. Er berichtet über den Bestand und die Bewegungen von Waffen und militärischen Ausrüstungen. Im Sommer 1961 vertraut ihm die Stasi eine zweite Spionin an: Christa G., Deckname »Heidi«.

Nach einer Weile Arbeit als Hausangestellte hatte Christa G. inzwischen einen Posten bei American Express. Hier waren die persönlichen Daten vieler US-Army-Angehörigen gespeichert, es gab Auskünfte über Verdienst und Kredite, Standorte und Verbindungen in die Heimat. Ideal für jeden Datensammler.

Doch Dieter Damm hat kein gutes Gefühl: »Ich spürte nichts von einer gemeinsamen geistigen Grundhaltung. Mir schien es, dass sie nur aus Geschäftstüchtigkeit mit dem MfS zusammenarbeitete.«

Er täuscht sich offenbar nicht. Wie aus heiterem Himmel wird der »Resident« am 29. November 1962 verhaftet. Bis heute ist Damm fest davon überzeugt, dass »Heidi« ihn verraten hat.

Es folgen Verhöre, und die unterscheiden sich in Ost und West nicht groß voneinander. Dem Delinquenten werden in aller Regel zwei Alternativen eingeräumt: Entweder er packt aus und lässt sich möglicherweise »umdrehen«, oder er wandert für etliche Jahre in den Knast. Dieter Damm will ein Held sein und schweigt. Das geht genau so lange gut, bis seine Widersacher seinen schwachen Punkt erkannt haben: »Da die Herren Vernehmer immer wieder genüsslich vom schlechten

Gesundheitszustand meiner Frau berichteten, drängte sich für mich bald eine Frage in den Vordergrund: Wie erreiche ich, dass meine Frau nicht eine jahrelange Haft ertragen musste? Ich ging von einer Mindesthaftzeit von fünf Jahren aus, die bei ihr schwerste gesundheitliche Folgen bewirken könnten.« Deshalb offenbart er sich schließlich als Mitarbeiter des Ministeriums für Staatssicherheit der DDR.

Die Reaktion der Stasi erfolgt auf dem Fuße, überbracht von einem Rechtsanwalt: »Das Erste, worüber er mich informierte, war, dass meine Frau auf Grund meiner Offenbarung jeglichen Kontakt zu mir abgebrochen habe.« Die nächsten Jahre hört Dieter Damm nichts von ihr. Auch der Anwalt stellt sich stur. Damm: »Ich hatte den Eindruck, dass er entsprechenden Anweisungen folgen musste.«

Am 8. August 1963 wird Dieter Damm zu drei Jahren Haft, seine Frau Inge zu einem Jahr verurteilt. Sie darf das Gefängnis bereits am 1. September verlassen und reist in die DDR zurück, er sitzt 22 Monate im Westen ab.

Nach seiner Haftentlassung erwartet ihn am Grenzübergang Marienborn sein Führungsoffizier. Er ist allein gekommen. Dieter Damm: »Es gab eine Begrüßung, eine kurze Umarmung, einen Blumenstrauß. Dann war auch schon Schluss mit lustig. Bereits auf der Fahrt bis Berlin hagelte es jede Menge Vorwürfe.« Dort dann der nächste Schock: »Gleich nach meiner Ankunft begegnete ich meiner Frau. Abweisend, kalt wie ein Eisberg, eröffnete sie mir sofort, dass sie sich von mir scheiden lassen würde.«

Für seinen gesamten Verdienst im West-Knast, 150 D-Mark, hatte der Heimkehrer ein goldenes Armband für Inge gekauft. Es bleibt in seiner Hosentasche.

Dieter Damm ist in den Verdacht geraten, ein Verräter zu sein. »Wochenlang musste ich ausführlichen Rapport erstatten und ellenlange Berichte schreiben. Manchmal kam ich mir vor wie bei einem Verhör beim Klassenfeind.«

Dennoch scheint er Glück im Unglück zu haben, denn die abschließende Einschätzung seines Abteilungsleiters – des späteren Chefs der Stasi-Spionage Werner Großmann, damals noch Major – fällt milde aus: »Zur Einschätzung wurde von dem Genossen Major Großmann angeführt, dass Damm sehr weich veranlagt ist und seine Einsätze in Westdeutschland nicht zweckmäßig waren. Es handelt sich bei Damm, Dieter, doch nicht um einen Genossen, der bewusst Verrat geübt hat. Er bleibt deshalb Genosse und wurde nicht bestraft. Als Angehöriger des MfS wurde er jedoch entlassen.«

Dieter Damm wird mit Hilfe der Stasi wieder Postler und bekommt eine Wohnung in Kleinmachnow. Natürlich muss er sich zum Schweigen verpflichten und wird überwacht. »Nach meiner Rückkehr war ich nur Schikanen ausgesetzt«, sagt er dreißig Jahre später und zieht eine bittere Bilanz: »Die Genossen lassen mich bis heute ihre Verachtung spüren. Aber das sind alles Leute, die nie im Einsatz im Westen waren, sondern immer nur hier warm und sicher am Schreibtisch gesessen haben.« Im Gegensatz zu ihnen schluckt er jeden Tag neunzehn verschiedene Tabletten, denn seine Nerven sind ruiniert. Die Haftfolgen sind nie anerkannt oder gar als solche behandelt worden. Zum Abschied bei der Stasi bekam Dieter Damm damals einen Ferienscheck für 14 Tage Urlaub in Altenberg im Erzgebirge. Das war alles.

Als er nach dem Ende der DDR seinen früheren Chef Werner Großmann, der nicht müde wird, bis heute auf die Solidarität der Genossen zu pochen, auf seine Schicksal hin anspricht, ist dem die ganze Sache furchtbar peinlich. Damm: »Ich hatte den Eindruck, dass er recht froh war, als ich wieder verschwand.«

Er bleibt ein Außenseiter im Kreis der Stasi-Veteranen. Der Vorwurf des angeblichen Verrats trifft ihn bis tief ins Innerste.

Trotz alledem meint Dieter Damm, dass er damals das Richtige getan hat. Auch seinen Glauben, dass es doch noch eine bessere Welt als die, in der wir leben, geben könnte, hat er nicht verloren. Und so scheint es schon fast trotzig, wenn er sich als »Unverbesserlichen« bezeichnet. Für die Zeit im Dienste der Stasi hat er jedoch eine eindeutige Bilanz gezogen: »Sieben Jahre meines Lebens wurden einfach als ein Nichts abgetan.«

IN TREUE FEST

»Alter Herr bis zum Schluss, Held, Ritterkreuzträger, Eichenlaub, Deutsches Kreuz in Gold ...« Der Mann mit der roten Nase unter der grünen Mütze der schlagenden Verbindung Markomannia gerät ins Bellen: »Otto Skorzeny – die Verräter vom 20. Juli hat er festgesetzt. Wissen Sie das überhaupt? Hauptsturmführer damals, saß schon im Urlauberzug, Anhalter Bahnhof. Nachts um eins rausgeholt. Mit seiner SS-Truppe Ordnung im OKH gemacht!«

Der berüchtigte Nazi-Scherge als Held? »Scarface«, das Narbengesicht, wie ihn die Alliierten nannten. Keine Kriegswunde, sondern ein langer Schmiss auf der linken Wange: Erinnerung an den Paukboden bei den traditionsreichen Markomannen. Bei seinen Kommandounternehmen blieb der SS-Offizier der »Leibstandarte Adolf Hitler« unverletzt: Im September 1943 die Befreiung Mussolinis, wenig später dann das »Unternehmen Panzerfaust« in Ungarn und die Sabotageaktionen in amerikanischen Uniformen während der Ardennen-Offensive – Otto Skorzeny war bei den Nazis der Mann fürs Grobe.

Das Abtauchen nach dem Krieg in den Alpen als Rolf O. Steinbauer nützt nicht viel, die Alliierten stellen ihn als Kriegsverbrecher vor Gericht, doch er wird am 9. September 1947 freigesprochen. Einer Bestrafung durch deutsche Behörden entzieht sich Skorzeny durch Flucht aus dem Darmstädter Gefängnis am 27. Juli 1948. Der Kommandant des Hauses leistet ihm dabei Hilfe – auf die alten Kameraden ist eben Verlass. Es geht über Paris und Spanien nach Argentinien; Anfang der Fünfzigerjahre kehrt er nach Spanien zurück. General Franco sorgt für seine Sicherheit, zudem hat ihn inzwischen ein deutsches Gericht »in absentia« endgültig »entnazifiziert« und als »minderbelastet« eingestuft. Doch das Leben im spanischen

Asyl als Unternehmer – unter anderem als Generalvertreter der österreichischen VOEST, vormals »Hermann-Göring-Werke« – ist lukrativ. Und dann sind da noch die Beraterverträge mit dem argentinischen Präsidenten Juan Perón und dem ägyptischen Staatschef Gamal Abdel Nasser. Der Obersturmbannführer a. D. bleibt in Treue fest – bei der Beisetzung seiner Urne im Sommer 1975 auf dem Döblinger Friedhof in Wien salutieren die alten Kameraden zwar zitternd mit morschen Knochen, aber stramm ausgestrecktem rechten Arm.

Kann solch ein Mann auch die Stasi interessant sein? »Ja«, sagt der frühere Oberstleutnant Günter Bernhard. »Wir haben immer nach Beispielen Ausschau gehalten, die zeigen, wie im Westen die braune Sauce weiter brodelt. Natürlich war da auch ein guter Schuss Desinformation drin, aber ein solch bekannter Mann wie Skorzeny wäre ein ideales Demonstrationsobjekt gewesen.« Deshalb suchen die Genossen in Ost-Berlin nach einem Weg, an ihn heranzukommen. Dieser Zugang führt über etliche Umwege und eröffnet sich der Stasi durch einen Zufall.

Anfang 1963 reißen empörte israelische Schüler auf dem Kölner Barbarossaplatz Werbeplakate für einen Roman mit dem Titel *Standarten-Oberjunker Norman* von einem eigens damit dekorierten Bus. Die Aktion macht Schlagzeilen in der lokalen Presse. In dem Buch schildert Autor »Günter Werdorf«, im wahren Leben der Hamburger Verwaltungsangestellte und frühere Untersturmführer der Waffen-SS Werner Nixdorf, die schönen Kriegserlebnisse der SS-Panzer-Division »Wiking«. Das kann man zwar billiger in den einschlägigen Landser-Heften am Kiosk um die Ecke haben, trotzdem mag niemand öffentliche Auseinandersetzungen um die guten Geschäfte mit den verstaubten Kriegserinnerungen. Nun haben aufgeregte Passanten an der Sache Anstoß genommen und den nächsten Schutzmann alarmiert. Der Vorfall kommt vor den Staatsanwalt, das Buch wandert auf den Index. Dort steht es bis heute.

Verlegt hat es damals Herbert Köhler in seinem Siegburger Ring-Verlag in der Reihe *Für Deutschland*. Köhler war bei Kriegsende selbst bei der Panzer-Truppe und Untersturmführer der Waffen-SS. Er war der Meinung, mit solch einem Buch könne man endlich einmal klarstellen, dass die tapferen Männer an der Front mit den SS-Bewachern der KZs nichts gemein hätten. Der vom allsonntäglichen Fernseh-»Frühschoppen«

bekannte Journalist Werner Höfer – dessen einstige Jubelelogen auf die braune Kulturpolitik erst 1987 öffentlich werden – bezeichnet Köhler im Westdeutschen Rundfunk schlicht als Rechtsradikalen und Antisemiten.

Das will Herbert Köhler nicht auf sich sitzen lassen, denn immerhin hat seine Familie 1941 Juden zur Flucht verholfen, und sein Vater kam im KZ Großschweidnitz ums Leben. Dennoch schlägt der besonders eifrige Kölner Oberstaatsanwalt Ludwig Koehler zu: 3521 Exemplare des *Standarten-Oberjunker Norman* werden beschlagnahmt, 8647 Bücher der ebenfalls im Ring-Verlag verlegten Werke *Lebe gefährlich* und

9158 Schwarten *Wir kämpften – wir verloren* von Otto Skorzeny kommen hinzu. Sie alle gelten nun nach Paragraph 93 Strafgesetzbuch als »verfassungsverräterische Publikationen«. Verleger Köhler wird angeklagt.

In seiner Not wendet der sich an seinen Schwager, den Juraprofessor Wolfgang Schmieder in Dresden, und bittet um juristischen Rat. Doch der wohnt in der DDR, und die Stasi liest den Brief heimlich mit. Oberstleutnant Bernhard: »Als Erstes habe ich den Professor in Dresden als inoffiziellen Mitarbeiter verpflichtet.« Dessen Auftrag: Wolfgang Schmieder soll seinem Schwager im Westen mitteilen, dass ihm in der DDR sicher geholfen werde könne.

Dann filzt die Stasi ihre NS-Archive. Ein Oberstaatsanwalt wie Ludwig Koehler in Köln, 1901 in Ostpreußen geboren und jetzt, mit dreiundsechzig Jahren, so betont antifaschistisch – da kann doch was nicht stimmen! Und tatsächlich, die Stasi wird schnell fündig. Im Dritten Reich wirkte der Herr Staatsanwalt am berüchtigten Volksgerichtshof in Berlin. Am 4. März 1942 schickte er den Grubenarbeiter Hermann Wrobel wegen »Vorbereitung zum Hochverrat« unters Fallbeil. Einziger Beweis: Ein paar Zündschnüre, wie im Bergbau üblich.

Herbert Köhler wird nun 1965 in die DDR eingeladen. Er trifft auf einen Herrn Rolf Weimar, der sich als Staatssekretär vorstellt, und dessen zwei Mitarbeiter. In Wahrheit sind alle drei Stasi-Offiziere, befasst mit »Desinformation« im Westen. Dazu brauchen sie vor Ort Einflussagenten. Journalisten, Fernsehleute und Verleger sind besonders geeignet, weil sie DDR-Werke in den Medien lancieren können. Das Prinzip ist einfach: Im Kern sind die Informationen meist richtig, Details werden aber so verschoben oder in andere Zusammenhänge gestellt, dass das gewünschte Bild entsteht.

Der Kölner Verleger ist für die »Hilfe« dankbar. Er bringt die Geschichten über den braunen Juristen an die Öffentlichkeit. Nun steht auf einmal nicht mehr er, sondern Oberstaatsanwalt Ludwig Koehler am Pranger. Köhler gegen Koehler.

Nach diesem Erfolg sprechen die Ost-Berliner mit ihrem neuen Freund Klartext, und Herbert Köhler verpflichtet sich ihnen als Spion im Westen. Deckname »Caesar«.

Doch der Verleger hat die Nase voll von den ständigen Gerichtsterminen und zieht noch 1965 mit seiner Familie nach Kairo. Von dort will er unbelästigt weiter seine braune Stahlhelmliteratur verbreiten. Natürlich bleibt er auch mit der Stasi in Kontakt. Ein Kurier, in der DDR als Kinderbuchautor bekannt, hält die Verbindung. Als die Genossen ihn fragen, wie er gerade auf Kairo gekommen ist, weist Herbert Köhler ein Foto vor. Es zeigt ihn gemeinsam mit Otto Skorzeny, einem »alten Freund«. Der hat an den wiederum mit ihm befreundeten Staatschef Ägyptens einen Brief geschrieben und gebeten, dem Kameraden behilflich zu sein. Nasser überlässt Köhler die Villa des ehemaligen britischen Gouverneurs in der Nähe der Pyramiden als Wohnsitz.

Oberstleutnant Bernhard, inzwischen »Caesars« Führungsoffizier: »Wir waren elektrisiert. Wenn wir über Köhler an Skorzeny herangekommen wären, hätten wir einen Fuß in der Tür der konspirativ agierenden Nazi-Vereinigungen gehabt.«

Doch zunächst wird die Munition aus den Stasi-Archiven verschossen. Bernhard: »In der Gouverneursvilla gab es ein völlig leeres Zimmer, nur ein riesiger Schreibtisch stand drin. Dort saß ›Caesar‹ dann und gab seine Pressekonferenzen mit unserem Material.« Unterm Strich werden vier weitere Kölner Oberstaatsanwälte wegen ihrer Nazi-Vergangenheit abgeschossen.

In Kairo versucht derweil der ägyptische Geheimdienst, an Herbert Köhler heranzukommen. Er hat Kontakt zu den deutschen Raketenexperten, die für Nassers Rüstung gegen Israel arbeiten. Stasi-Offizier Bernhard: »›Caesar‹ berichtete uns, dass ihn ein Mann namens Machmut Kalil angesprochen habe. Uns sagte der Name nichts, und dass unser Mann es meldete, sprach nur für seine Treue.« Dennoch wird es bald etwas eng um Herbert Köhler in Kairo. Aber das hat mit einer anderen Geschichte zu tun.

Am 22. Februar 1965 wird in Ägypten der israelische Spion Wolfgang Lotz festgenommen. Unter dem Deckmantel eines ehemaligen Wehrmachtsoffiziers und nun deutschen Geschäftsmannes hatte er die ägyptische Raketenrüstung ausgeforscht. Bei der Einschleusung in die so genannte »Deutsche Kolonie« am Nil war ihm der Bundesnachrichtendienst behilflich. Jetzt wird Lotz nicht nur zu einer lebenslangen Freiheitsstrafe verurteilt – nach drei Jahren tauscht man ihn dann aber doch gegen 5000 ägyptische Kriegsgefangene in Israel aus – sondern es gibt politische Verwicklungen mit der Bundesrepublik. Der als Industrievertreter getarnte Resident des BND, Gerhard Bauch, wird verhaftet und kommt erst nach mehreren Interventionen aus Pullach wieder frei. BND-Chef Reinhard Gehlen hatte ihm vor der Abreise nach Kairo ein silbernes Tablett mit dem Spruch: »Sei klug wie die Schlangen und ohne Falsch wie die Tauben« geschenkt. Nun meint Bauch, der Dienst habe ihm eben diesen Falsch angetan, denn er wurde über Lotz im Unklaren gelassen und landete so fast am Galgen. Frustriert demissioniert er beim BND. In Kairo wollen derweil Gerüchte wissen, Herbert Köhler wäre der Nachfolger von Wolfgang Lotz.

Wiederum ist es Otto Skorzeny, auch beim ägyptischen Geheimdienst als Berater hoch geschätzt, der die Sache in Ordnung bringt. Mit solchen Beziehungen im Rücken kann »Caesar« der Stasi treu bleiben. Als ihn ein Herr Dr. Ernst von der westdeutschen Botschaft anspricht und eine Verpflichtung für den BND anbietet, winkt er ab und meldet es in Ost-Berlin.

Zwei Jahre später muss Herbert Köhler mit seiner Familie Kairo verlassen. Einer seiner Söhne hat eine lebensgefährliche Leberinfektion bekommen. Nach einem kurzen Zwischenstopp in Österreich zieht er in die Gegend von Alicante in Spanien. Dort verhilft ihm der allseits beliebte und verehrte Otto Skorzeny zu einer neuen Existenz.

Nun ist »Caesar« zwar ganz dicht dran am Stasi-Objekt der Begierde, doch das alte SS-Motto »Unsere Ehre heißt Treue« ist wohl doch stärker als die Bindung an den Geheimdienst. So richtig kommt die Stasi jedenfalls nicht an Skorzeny heran. Dennoch bleibt ihr »Caesar« nützlich. Als Textilkaufmann beliefert er bis 1989 die ostdeutschen »Exquisit«-Ladenkette mit Mode aus Belgien und Holland.

Mit Günter Bernhard trifft sich der braune Spion zum letzten Mal im Wendeherbst. »Mach's gut, wir sehen uns dann in der Freiheit wieder«, juxt der Stasi-Offizier. Doch die gibt es nur für ihn.

Gegen IM »Caesar« ermittelt schon bald die Bundesanwaltschaft in Karlsruhe unter dem Aktenzeichen 3 Bjs 1414/93-4. Obwohl seine Stasi-Registriernummer XV 620/66 das Jahr 1966 als Datum der Anwerbung ausweist, geht man sogar von fünfunddreißig Jahren im DDR-Sold aus. Angesichts solcher Vorwürfe will Herbert Köhler nichts riskieren. Er geht ins Exil nach Österreich. Von dort wird an Deutschland nicht ausgeliefert.

An seinem Haus, gerade einmal sechzig Kilometer hinter der Grenze, gibt es kein Namensschild. Im gepflegten Garten ein Swimmingpool, sauberer Kies ringsum, nur der wütende Hausherr in Knickerbockern passt nicht zur Idylle: »Ich lass mich von der deutschen Justiz doch nicht als Lump und Vaterlandsverräter behandeln«, schnaubt der alte Mann. Und die Stasi? »Alles Quatsch, alles Irrtum.« Rachsüchtige Staatsanwälte mit Nazi-Vergangenheit und notorisch lügende Stasi-Offiziere seien Schuld an der ganzen Misere. Die Waffen-SS? »Das hat Bundeskanzler Adenauer schon vor fünfzig Jahren klargestellt.«

Stimmt. Am 3. Dezember 1952 gab der Bundeskanzler vor dem Deutschen Bundestag eine »Ehrenerklärung für die deutschen Soldaten im Zweiten Weltkrieg« ab. Daraufhin fragte Paul Hausser, SS-Oberst-Gruppenführer und Generaloberst der Waffen-SS, damals Vorsitzender der »Hilfsgemeinschaft auf Gegenseitigkeit der Soldaten der ehemaligen Waffen-SS« (HIAG) an, was denn mit seinen Männern wäre. Die Antwort: »Sehr geehrter Herr Generaloberst! Einer Anregung nachkommend, teile ich mit, dass die von mir in meiner Rede vom 3. Dezember 1952 vor dem Deutschen Bundestag abgegebene Ehrenerklärung für die Soldaten der früheren deutschen Wehrmacht auch die Angehörigen der Waffen-SS umfasst, soweit sie ausschließlich als Soldaten ehrenvoll für Deutschland gekämpft haben. Mit dem Ausdruck vorzüglicher Hochachtung bin ich Ihr ... gez. Adenauer.«

EIN UNVERDROSSENER KUNDSCHAFTER

Eiskalter Januarwind bläst über den Platz am Ende der Gudrunstraße vor der »Gedenkstätte der Sozialisten« in Berlin-Friedrichsfelde. Ein kleiner älterer Mann mit blau gefrorenen Händen verteilt Handzettel, auf denen Gerechtigkeit für die West-Spione der untergegangenen DDR gefordert wird. Dieter Popp hat dafür ein Eckchen am Infotisch der Kommunistischen Plattform der Partei Die Linke eingeräumt bekommen. Dort stand er schon, als die noch Partei des Demokratischen Sozialismus hieß, und er wird es wahrscheinlich immer noch tun, wenn er nur noch im Rollstuhl zur Demonstration zu Ehren von Karl Liebknecht und Rosa Luxemburg erscheinen kann. Sie findet jedes Jahr am zweiten Januarwochenende statt. Am 15. Januar 1919 wurden die Mitbegründer der Kommunistischen Partei in Deutschland ermordet.

Nur wenige Interessierte greifen nach seinen Zetteln. Viele gehen vorbei. Das scheint den Mann ebenso wenig zu stören wie das inzwischen bunt gemischte Völkchen von linken Parteigängern, über nostalgische DDR-Bundjackenträger mit Prinz-Heinrich-Mütze bis hin zu den tätowierten und gepiercten jungen Leuten, die sich gern »autonom« nennen.

Die kleine Tribüne mit dem unauffällig heizbaren Mittelteil für die Greise der einstigen DDR-Führung ist schon lange verschwunden. An ihren wärmenden Bogner-Anoraks aus dem Westen waren noch schnell die Schildchen abgetrennt worden, bevor sie sich dem Volk präsentierten, damals in der DDR. Manch vorbeimarschierendem Untertan schien das ein Symbol für die kleinen alltäglichen DDR-Lügen zu sein. Die Diskrepanz zwischen Anspruch und Realität.

Dieter Popp war in jenen Jahren nicht bei den Demonstrationen dabei. Er kommt aus dem Westen, und in die DDR zu reisen, der er als unerschütterlich überzeugter Kommunist diente, wäre viel zu gefährlich gewesen. Dieter Popp war Top-Spion für den Militärischen Nachrichtendienst der Nationalen Volksarmee der DDR. Nach dem dritten Gespräch will er, dass hier sein richtiger Name genannt wird. Nicht weil er eitel ist, sondern weil er zu seiner Vergangenheit stehen möchte. Deshalb mag er auch nicht Spion genannt werden, ihm scheint der Begriff »Kundschafter« angemessener. Einer, der Kunde schafft, so wie die Kundschafter Moses, die einst ins Gelobte Land zogen. Das lateinische »spicare«, das Aus- und Erspähen des Spions, klingt ihm eher kriminell – ein Wort für die Gegner, die ihrerseits ebenso meinten, auf der richtigen Seite zu stehen.

Dieter Popp gehört zu jenen, die für den inzwischen vergessenen Kalten Krieg nach der deutschen Einheit im Westen im Gefängnis büßen mussten. Vier von sechs Jahren, zu denen er am 23. Dezember 1991 verurteilt worden war. Das empfand er als Siegerjustiz, an seinen Überzeugungen änderte es nichts. Dieter Popp blieb im Glauben fest, im Glauben an den Kommunismus als lichte Zukunft der Menschheit. Das ist sein gutes Recht, doch es provoziert Fragen.

Die Straßen rings um den Zentralfriedhof Berlin-Friedrichsfelde tragen Namen nach Volker, Kriemhild, Dietlinde und Rüdiger. Auch den des Verräters Hagen. Ist Dieter Popp nicht so wie sie alle, der sprichwörtlichen Nibelungentreue verpflichtet?

Worte wie Treue und Glauben mag er nicht hören. Er spricht lieber von Überzeugung. Überzeugungen haben ihre Wurzeln. Bei Dieter Popp liegen sie im Elternhaus.

Der Junge war sechs Jahre alt, als seine Familie 1944 in Berlin-Reinickendorf ausgebombt wurde. Die Mutter mit ihren vier Kindern zog nach Fürstenberg an der Havel. Der Vater, Kaufmann und seit 1931 Kommunist, diente an der Ostfront. Sein Großvater, also Dieters Urgroßvater, Chirurg in Chemnitz, war aus dem Operationssaal heraus verhaftet und drei Wochen später von den Nazis im KZ Buchenwald umgebracht worden. Dieters Opa, Entwicklungsingenieur in Berlin, zog von Arbeitsplatz zu Arbeitsplatz, weil er seine Frau, die als »Halbjüdin« galt, nicht verlassen wollte. Die Haltung, sich gegen die Mächtigen zu wenden, stellt sich Dieter Popp in vierter Generation als Charakterfestigkeit dar.

Dann Fürstenberg, das Haus am Schwedtsee. Am Ufer gegenüber lag das KZ Ravensbrück. Fast Hunderttausend Frauen und Kinder wurden hier ermordet und verbrannt. Ein Verbrechen von solch unfassbarem Ausmaß ist nicht theoretisch zu begreifen. Doch Dieter Popp hat die kahlköpfig geschorenen Frauen gesehen, wenn sie in Fünferreihen durch die Straßen der Stadt getrieben wurden. Ihm fiel der zufriedene Blick der biederen Bürger neben ihm auf, die die ausgemergelten Gestalten betrachteten, als seien sie ihre persönlichen Gefangenen. Wer sollte da die ersehnte Alternative sein wenn nicht die Kommunisten, die sich anschickten, das Land zu befreien. Die Befreier kamen in den erdbraunen Uniformen der sowjetischen Truppen.

»Mein Vater diente an der Ostfront und hat dort für die Rote Armee im Untergrund gearbeitet«, erzählt Dieter Popp. »Nach dem Zusammentreffen der Sowjets mit den Amerikanern bei Torgau kam er durch Zufall für 14 Tage in amerikanischer Kriegsgefangenschaft. Das ist ihm später von Berijas Geheimpolizei als unerlaubter ›Westkontakt‹ angelastet und zum Verhängnis geworden.«

Der Vater gründet in Neustrelitz, wohin die Familie nach dem Krieg gezogen war, die SED mit. Aber er versteckt auch eine aus dem KZ entlassene SPD-Genossin. Es ist die Zeit der »Säuberungen«, Popps Vater wird von den Russen verhaftet. Seine kommunistische Überzeugung kann das nicht erschüttern; Kommunismus ist für ihn Gerechtigkeit, auf dem Weg dorthin gibt es Stolpersteine, die Genossen können nichts dafür. Trotzdem siedelt die Familie per Havelkahn nach West-Berlin, nach Charlottenburg um. Das ist 1950. Der Vater will die nächste Verhaftungswelle der Russen nicht abwarten, immerhin verdächtigt man ihn immer noch des Verrats wegen der zwei Wochen in US-Gewahrsam.

Dieter sucht nach politischer Orientierung. »Als die Kommunisten 1956 im Westen verboten wurden, habe ich das als Achtzehnjähriger nicht verstanden. Was hatte das mit Demokratie zu tun, warum die Angst vor diesen Leuten?«

Vor Dieter sollte niemand Angst haben. Beruflich orientiert er sich sehr bürgerlich und wird Versicherungsvertreter und Anlageberater. Neben dem eher trockenen Job taucht er in die schillernde Intellektuellenszene West-Berlins ein. Es ist der Beginn dessen, was später unter der Jahreszahl ’68 einen Geschichtsabschnitt markieren wird. Die Standpunkte sind links, die Forderung nach Abschaffung der ebenso verkrusteten wie bigotten bürgerlichen Gesellschaft der inzwischen restaurierten Bundesrepublik das Geringste. Nur das Wie ist nicht ganz klar, und Dieter Popp, der Versicherungsangestellte, diskutiert es in den verschiedensten politischen Zirkeln kräftig mit. Von Revolution und vom Kommunismus reden damals viele.

Vielleicht ist es sogar ein riesiges Glück für ihn, dass er 1968 auch Gesprächspartner aus der DDR findet. Die Bewegung im Westen radikalisiert sich und steht im Begriff, sich zu spalten. Irgendwann muss man sich für einen Weg entscheiden. Im Garten eines Philologieprofessors in Berlin-Halensee lernt Dieter Popp die spätere RAF-Terroristin Ulrike Meinhof kennen. Popp: »Das war ein völlig harmloses politisches Kaffeekränzchen.« Doch es ist die Zeit, in der solche Begegnungen für manche mit dem Finger am Abzug der Maschinenpistole enden.

Vielleicht rettet Dieter Popp aber auch seine Veranlagung, Männer zu lieben. In das martialische und machohafte Gehabe der späteren Terroristen passt kein empfindsamer Schwuler.

Jedenfalls kam das Angebot aus dem Osten gerade recht: »Arbeite für uns, dann kannst du dem System die Stirn bieten, ohne Krawall, aber effektiv.« Es war der Militärische Nachrichtendienst der NVA, der es unterbreitete. Für einen ruhigen, zurückhaltenden Mann wie Dieter Popp eine ihm ideal erscheinende Alternative. Er hatte eine Nische im deutsch-deutschen Geheimdienstkrieg gefunden. Popp: »Es gab in der DDR einiges, was mir auch nicht gefiel. Deshalb war es eine bewusste Entscheidung, für die Armee und nicht für den Staatssicherheitsdienst zu arbeiten. Ich wollte etwas Konkretes für den Erhalt des Friedens tun.«

Der beruht damals auf dem ausbalancierten Kräfteverhältnis der Blöcke, das viele das Gleichgewicht des Schreckens nennen. Das Bild nährt eine einfache Vorstellung: Wird die eine Waagschale zu schwer, muss etwas in die andere gefüllt werden. Zum Beispiel Informationen.

Genau dafür sorgt Dieter Popp nun als »Asriel« gemeinsam mit seinem Partner »Aurikel«. Der heißt Egon St. und arbeitet in einer Autohandlung. 1970 bewirbt Egon sich auf Anraten Dieters mit einem extra erbetenen Empfehlungsschreiben seines ehemaligen Bundeswehr-Kompaniechefs aus Hammelburg auf der Bonner Hardthöhe und wird Bürohilfskraft im Geschäftszimmer des Planungsstabes im Bundesverteidigungsministerium. Das klingt bescheiden, eröffnet aber Informationszugänge wie die des Ministers persönlich. »Asriel«: »Laut Urteil hatte

Egon Umgang mit Dokumenten bis zum Geheimhaltungsgrad ›Streng geheim, NATO-secret und US-top secret‹.«

»Aurikel« besorgt die Dokumente, »Asriel« fotografiert sie, und ein Kurier schafft alles zum Führungsoffizier »Akropolis« in die Oberspreestraße nach Ost-Berlin. Der Mann muss ein Primelfreund gewesen sein, denn Asriel und Aurikel gehören zur Familie der Primelgewächse. Und er hatte Humor: Auf Deutsch werden Primeln auch Schlüsselblumen genannt.

Seine Schlüsselblumen in Bonn sind auch privat ein Paar. Das ist damals noch mit Versteckspiel und Tarnung verbunden, denn bis zur ersten Strafrechtsreform 1969 gelten in der Bundesrepublik die Paragraphen 175 und 175a in der Fassung der Nationalsozialisten und stellen Homosexualität unter Strafe. Die Nazis steckten Homosexuelle unter dem rosa Winkel ins KZ – Dieter Popp weiß, was das heißt. Was in Agentengeschichten immer so leicht als »Doppelleben« beschrieben wird, dürfte auf ihn nicht zutreffen. Seine Bedrohung erwuchs aus der Gesellschaft, in der er lebte, seine Motivation war es, eben diese Gesellschaft zu verändern. Die Arbeit für die DDR stellt sich eher als ein Weg dar, auf dem Dieter Popp Zufriedenheit und Bestätigung in seiner bürgerlichen Existenz suchte.

Das scheint zu gelingen. Popp: »In den ersten Jahre konnten wir Reaktionen der DDR und des Warschauer Vertrages beobachten. Später ließ das dann nach.« Ab da trösten sich die beiden mit ihrer Professionalität: »Es gab Dokumente, die lagen in Ost-Berlin schon auf dem Tisch, bevor sie der Minister hier zu sehen bekam«, sagt »Asriel«, und: »Manchmal schmunzelte ich, wenn in der Tagesschau Nachrichten verkündet wurden, deren Hintergrund ich besser kannte.«

Der Kommunist im Westen glaubt sich mit den vermeintlichen Kommunisten im Osten fest verbunden. Dass für die Machterhalt stets wichtiger als eine lichte Zukunft ist, will er nicht sehen. Vielleicht kann er es auch nicht. Glauben ist immer auch mit dem Verdrängen von Fragen verbunden. Als die Macht wackelt, kann es für Dieter Popp deshalb nur eine Erklärung geben: Verrat. Nicht das System ist untauglich, sondern die unfähigen Macher sind schuld.

Der Hauptverantwortliche heißt für ihn Michail Gorbatschow und sitzt in Moskau. Der Verantwortliche für den Verrat an Poppe ist beim Verfassungsschutz derweil als »Glasschüssel« registriert, ein ehemaliger Offizier aus dem Militärischen Nachrichtendienst der Nationalen Volksarmee der DDR mit Stasi-Wurzeln. Am 14. Mai 1990 wird Dieter Popp verhaftet.

Sein Lebensgefährte Egon St. war am 22. August 1989 im Alter von vierundvierzig Jahren an einem Herzinfarkt verstorben. Eigentlich wollten die beiden mit dem BMW von Dieter Popp gerade auf eine Urlaubsreise in die Schweiz: »Egon war schon vorgefahren und starb plötzlich. Ich brachte ihn im Zinksarg nach Hause zurück.« Das später ein »Geheimdienstexperte« behauptet, er habe an Aids gelitten, ist eine ebensolche Legende wie die, nach der die beiden nur als homosexuelles Romeo-Pärchen agiert hätten. Popp: »Wir haben es beide aus politischen Gründen gemacht. Ohne die hätte es keine zwanzig Jahre lang gehalten. Die Zeitungen faselten mal etwas von einem dreiundfünfzigjährigen Adonis – das war ich … Wie soll so etwas gehen?« Auch Untersuchungsrichter Detter und Strafrichter Wagner halten sich an die Absprache und stellen die sexuelle Disposition der beiden nicht in den Mittelpunkt ihrer Suche nach deren Motiven.

Für Dieter Popp war es wichtig, dass sein Freund mit allen Ehren beigesetzt wurde. Zweihundert Soldaten gaben ihm das letzte Geleit. Nach seiner Enttarnung konnte er sich vor den Partner stellen und für alles Verantwortung übernehmen.

Dass sich die Schlüsselblumen aus Bonn als Bundesbürger nach den Gesetzen ihres Landes strafbar gemacht haben, akzeptiert Dieter Popp nicht. Für ihn ist es einfach »Siegerjustiz«, die nun zelebriert wird. Der Kalte Krieg ist vorbei, jetzt sitzen die Gewinner über die Verlierer zu Gericht.

Seine Erfahrungen mit der Justiz müssen ihn in dieser Auffassung bestärkt haben. Er trifft auf einen aus seiner Sicht fanatischen Antikommunismus in genau der Form, wie er sich ihn immer vorgestellt hat. Popp: »Der für mich zuständige Bundesanwalt hat mir immer wieder gesagt: Sie sind mein persönlicher Gefangener. Ich sorge dafür, dass Sie aus der Sache nie wieder herauskommen.« Der einstige Spion, der sich als »Kundschafter für den Frieden« fühlt, sagt noch heute: »Das war persönlicher Hass, Hass gegen meine Person, der mir da entgegenschlug.« Die angeblich ausgestreckte Hand zur Resozialisierung hat Dieter Popp nicht wahrgenommen, im Gegenteil. »Wäre ich drei Jahre später aufgeflogen, hätte ich vielleicht nur zwei Jahre auf Bewährung bekommen. Ich war ja nicht im Objekt tätig, und außerdem hatte sich da die Spionagehysterie schon etwas gelegt.«

Das Urteil wird am Tag vor Heiligabend 1991 verkündet und lautet auf sechs Jahre. Popp: »Wir, die verurteilten Kundschafter, wurden in den meisten JVAs und von der Bundesanwaltschaft schlechter behandelt als Mörder, Totschläger und Vergewaltiger. Selbstverständlich wurden wir auch von einander isoliert – gerade so, als hätten wir nach der Einheit noch konspirieren können!«

Auch die Solidarität der einstigen Genossen lässt zu wünschen übrig. Popp: »Einige Mitarbeiter der Armee-Aufklärung belasteten mich in der Hauptverhandlung in einer Weise, die ich nie für möglich gehalten hätte. Einiges war frei erfunden, andere hofften durch Gefälligkeitsaussagen auf mildere Strafen für sich selbst. Wieder andere schickten ihre Mitstreiter im Westen schlicht und einfach für ein Kopfgeld in den Kahn.« Besonders verletzt ihn ein Brief von Gregor Gysi, damals bereits für die SED-Nachfolgepartei PDS im Bundestag, an zwei Kundschafter: »›Sie haben doch gewusst, dass das strafbar ist, was sie da gemacht haben …‹, schrieb er. Auch solch eine Äußerung ist eine Kriminalisierung. Sie hat mich sehr gekränkt.« Der Frust sitzt ihm bis heute in den Knochen: »Hans Modrow geht mir aus dem Weg, als ehemaliger DDR-Ministerpräsident war er damals zu ängstlich, etwas für uns zu tun. Immerhin saßen ja auch West-Spione im Osten im Gefängnis. Er hätte genügend Faustpfänder gehabt!«

Dieter Popp will sich nicht kriminalisieren lassen. Er fühlt sich allein gelassen. Seinen Glauben erschüttert das nicht. Als Popp nach vier Jahren freikommt, gründet er mit anderen ehemaligen DDR-Agenten den Verein »Kundschafter des Friedens fordern Recht«. Die Gruppe kämpft seit sechzehn Jahren erfolglos um die Rehabilitierung der DDR-Spione im Westen. Ihre Mitgliederzahl hat sich inzwischen etwa halbiert, weil viele derweil das Zeitliche gesegnet haben. Trotzdem, auch wenn die Gefängnisstrafen inzwischen verbüßt sind, bleiben die Wunden auf der Seele. Dieter Popp: »Es ist doch einfach ungerecht, wenn die West-Spione im Osten heute als Helden gelten und die Ost-Kundschafter im Westen als Kriminelle!«

Und er hat noch eine offene Rechnung mit »Glasschüssel«. Dieter Popp behauptet öffentlich, der untreue Offizier habe 300 000 DM Kopfgeld und eine monatliche Rente von 3000 DM für die von ihm Verratenen bekommen. Es sollen mehr als fünf Dutzend gewesen sein. »Natürliche waren diese Zahlen eine Provokation, aber es wurde nie dementiert. Dann hätte man ja die richtigen Summen nennen müssen. Ich weiß lediglich, dass er Geld bekommen hat, natürlich nicht so viel.« Dass es trotzdem für einen geruhsamen Lebensabend reicht, sieht »Asriel« am Zaun des Grundstücks »des Verräters« in Berlin-Karlshorst. Er fragt den gärtnernden, alten Mann wie ein zufälliger Passant nach dem Weg. »Geoutet habe ich mich nicht – wozu?« Ende 2010 starb »Glasschüssel«. An seinem Grab sprach NVA-Generaloberst Fritz Streletz von den vergangenen Kampfzeiten. Kundschafter »Asriel« sah keinen Grund, seinem Verräter auch noch die sprichwörtliche letzte Ehre zu erweisen.

Geht es hingegen um seine Überzeugungen, nimmt Dieter Popp bis heute kein Blatt vor den Mund. Immer wieder ist von ihm in Zeitungen zu lesen, hin und wieder ist er im Fernsehen zu sehen. Auch wenn seine Bilanz dann manchmal nur die ist, wieder einmal »am Nasenring vorgeführt« worden zu sein, tröstet sich der sonst so wenig opportunistische Mann mit Pragmatismus: »Wenigstens kann ich für diesen Preis öffentlich sagen, dass es einfach ungerecht ist, die ehemaligen Kundschafter der DDR zu bestrafen und die einstigen Spione des Westens zu belohnen.« Dass es inzwischen auch bei der Partei Die Linke einsam um ihn geworden ist, nimmt er mit der stoischen Ruhe des »Trotz alledem!« zur Kenntnis. Wieder geht es dort um Macht und Einfluss, um Parlamentsessel und Diäten. Dinge, die Dieter Popp nicht interessieren. Er glaubt, dass der »richtige« Sozialismus noch kommt und die Zukunft dann zum Kommunismus führt. Und dass er das Seinige für diesen Weg getan hat und trotz der Jahre hinter Gittern weiter tut.

Man muss nicht seiner Meinung sein. Trotzdem bleibt er ein Mann, dem eines Tages eine Träne nachzuweinen ist.

DAS ZERSETZTE GENIE

Am 29. Dezember 1962 erscheint in der DDR zu Ehren von »5 Jahre sowjetische Weltraumflüge« ein attraktiver Briefmarkenblock. Die acht zusammenhängenden Marken im Nennwert von fünf bis fünfzig Pfennigen zeigen groß den farbigen Globus mit deutlich erkennbaren Kontinenten vor einem blauen Hintergrund und klein rechts unten den Mond. Umrahmt wird das Ganze von den Köpfen der Kosmonauten Juri Gagarin, German Titow und dem Gespann Andrijan Nikolaew und Pawel Popowitsch, alle im Raumanzug. Links unten sind die »Weltraumhunde« Belka und Strelka zu sehen, drei Sputniks kreisen um die Erde, die Mondfahrzeuge Lunik 1, 2 und 3 sind unterwegs, die erste interplanetarische Station und ihre Flugbahn abgebildet.

Das alles ist so fein und detailliert gemalt, dass es nicht nur den Briefmarkensammler, sondern auch den Technikfreund erfreut. Der erkennt beim genauen Hinsehen sogar einen Schweif der Raketen, der auf dem Globus in der Sowjetunion, in der Nähe des Kaspischen Meeres endet. Dort liegt auch der Startplatz der Raketen, Baikonur, damals einer der geheimsten Orte im sozialistischen Riesenreich. Niemand sollte wissen, wo sich der Bahnhof ins All befindet. Und nun das. In einer Auflage von 1,1 Millionen Stück sind die streng geheimen Informationen an jedem Postschalter der DDR zu kaufen! Weil der Block etwa handtellergroß und im Offsetdruck ausgeführt ist, kann man alles wie auf einer kleinen Landkarte erkennen.

Der Mann, der den Briefmarkenblock entworfen hat, heißt Hans-Georg Ullmann, ist damals dreißig Jahre alt und freischaffender Grafiker in der DDR. Er malt die riesigen Politikerköpfe, die gern bei Demonstrationen mitgeführt werden, und die dazugehörigen Parolen. Das reicht ihm bald nicht mehr, und so spezialisiert sich Hans-Georg Ullmann auf die Anfertigung von Schaubildern für das Deutsche Zentralinstitut für Lehrmittel.

Es sind die Jahre, in denen erstmals ein Sputnik aus dem Weltall piept und der erste Mensch zu den Sternen aufsteigt. Hans-Georg Ullmann ist ein gründlicher Mensch. Er will wissen, wie das alles technisch funktioniert. »Ich habe mich dann ausführlich mit Astronomie, der Relativitätstheorie und der

Berechnung von Flugbahnen befasst, denn irgendwoher mussten die Raketen ja kommen«, so Ullmann.

Ob *Neues Deutschland* oder *Neue Berliner Illustrierte*, DDR-Standardwerke wie *Weltall – Erde – Mensch*, das eine Weile jeder Jugendweihling als Geschenk bekam, oder Weltraumvorträge der Gesellschaft zur Verbreitung wissenschaftlicher Kenntnisse – ging es ums All, waren die Illustrationen von Hans-Georg Ullmann unverzichtbar. Damit machte er auf sich aufmerksam. »Nachdem ich Anfang 1959 die Flugbahn von Lunik 1 so exakt rekonstruiert hatte, dass man auf den geheimen Startort schließen konnte, hatte ich in der Raumfahrtszene eine Menge Bewunderer, aber es gab auch ein paar Leute, die nachfragten, woher ich denn die unbekannten Informationen hätte und ob es da vielleicht geheime Drähte gäbe.« Die gibt es nicht, aber das glauben ihm manche nicht.

Hans-Georg Ullmann belässt es beileibe nicht nur bei Zeichnungen. Der Chef der Gesellschaft für Weltraumforschung und Raumfahrt, Prof. Dr. Ralf Joachim, erinnert sich dreißig Jahre später: »Herr Ullmann erfand auch Funktionsmodelle, so einen Satellitenbahnschreiber, der patentiert wurde. Er baute ebenfalls verschiede Modelle zur dynamischen Demonstration der Newtonschen Gravitationsgesetze und der Keplerschen Planetenbahngesetze, die noch heute in Berlin im Gebrauch sind.«

Die Gestaltung von Postwertzeichen dient dem Grafiker immer mal wieder dazu, seine Erkenntnisse zu publizieren. Ullmann: »Als meine Briefmarke zu Gagarins Raumflug seine Wostok 1 fast genau darstellte, wurde das Aufsehen noch größer.«

Nun will auch die Stasi wissen, woher das malende und bastelnde Genie seine Informationen hat. Sie schickt ihren inoffiziellen Mitarbeiter »Henry« vor. Im Hauptberuf arbeitet Karl-Heinz E. als Luft- und Raumfahrtjournalist und Buchautor. Ullmann: »E. stellte mir sehr bald spitzige Fragen, angeblich, um mich für eine Zusammenarbeit zu gewinnen. In Wirklichkeit wollte er mich aushorchen.«

Parallel dazu erfolgt ein Versuch, Hans-Georg Ullmann geheimdienstlich einzubinden. Zwei Männer laden ihn zum Gespräch und erklären weitschweifig, wie sich die arme DDR gegen den Klassenfeind im Westen wehren muss. Dazu könne auch der Grafiker beitragen: Er soll seine in Düsseldorf lebende Schwester für den geheimen Nachrichtendienst der Nationalen Volksarmee der DDR anwerben. Das will Ullmann nicht. Aber wie kommt er aus dieser Geschichte heraus?

»Ich habe mich einfach dekonspiriert. Ich habe eine offizielle schriftliche Anfrage an die Stasi-Zentrale in der Ost-Berliner Normannenstraße gestellt und darin beschrieben, dass mich zwei geheimnisvolle Männer anwerben wollten, und gefragt, ob das so alles seine Ordnung habe.« Der Trick amüsiert Hans-Georg Ullmann heute noch: »Die waren sofort da, und ich habe mich dumm gestellt. ›Genossen, der Klassenfeind schläft ja bekanntlich nicht, woher soll ich wissen, dass die Agentenwerber nicht aus dem Westen kommen!‹ Jedenfalls musste ich dann sofort eine Schweigeerklärung unterschreiben, und danach habe ich weder von der Stasi noch von der NVA je wieder etwas gehört.«

Aber Ullmann hat sie gespürt. Anfang der Sechzigerjahre bleiben wie aus heiterem Himmel die Aufträge aus. »Plötzlich hatte ich nur noch vierzig Prozent meiner früheren Einkünfte. Alle von mir gesuchten Auswege aus dieser Not – Hypothek aufs Haus, Kredit und sogar der Umzug ins Elternhaus – wurden mir verbaut.«

Doch in jenen Jahren gibt es nicht nur Schatten für Hans-Georg Ullmann. Er ist verliebt. Auf der Hochzeit eines Freundes hatte er dessen Schwägerin kennengelernt. Er hilft der angehenden Ärztin bei deren Doktorarbeit mit Illustrationen. Sie planen eine gemeinsame Zukunft. Ullmann: »Die äußeren Umstände ließen dies aber nicht zu.«

Obwohl die beiden später einen gemeinsamen Sohn und eine Tochter haben, sorgt die Stasi dafür, dass die Beziehung in die Brüche geht.

Hans-Georg Ullmann meint Jahre später, den Grund dafür zu kennen: »Sie gehörte zum MfS-Nachwuchs und lernte auf einmal ›rein zufällig‹ einen hohen Stasi-Offizier kennen, den sie dann auch heiratete. Das MfS hatte meiner Frau eine steile Karriere versprochen, wenn sie sich von mir trennt.« Da er damals all diese Zusammenhänge noch nicht durchschaute, hat das für ihn fatale Folgen: »Dummerweise hatte ich eine Einwilligung zur Adoption meiner Kinder gegeben. Danach durfte ich sie dann nicht einmal mehr aus der Ferne sehen.«

Der Grafiker ist verzweifelt: Familie kaputt, keine richtige Arbeit mehr – einen Ausweg sieht er nur noch in der Flucht in den Westen. Er besinnt sich seiner Fähigkeiten und beginnt, einen Flugapparat zu bauen. »Ich hatte mich für einen Autogiro entschieden, ein Tragschrauber, der von seinem antriebslosen Rotor in der Luft gehalten und mit einem kleinen Motor voranbewegt wird. Er ist leicht, braucht wenig Platz und ist nicht so schwer zu fliegen wie ein Hubschrauber.« Doch Hans-Georg Ullmann hat nicht das Zeug zum tollkühnen Himmelsstürmer. Er fürchtet, dass sein Plan entdeckt wird. »Deshalb entschied ich mich dann, lieber den längeren Weg in den Westen durchs Gefängnis zu nehmen.«

Inzwischen schreiben wir das Jahr 1968, und die Russen und ihre Verbündeten marschieren in die Tschechoslowakei ein. Angeblich bedroht »die Konterrevolution« dort den Sozialismus. Für Hans-Georg Ullmann ist das eine so fadenscheinige wie unhaltbare Ausrede, dass er seinen Frust darüber auf Zeichenblätter bringt. Die Karikaturen werden niemals veröffentlicht, trotzdem verhaftet ihn die Stasi am 7. Januar 1969 wegen der Zeichnungen. Gleichzeitig geschehen einige Dinge, die für Hans-Georg Ullmann bis heute ungeklärt sind: Das Exposé eines Buches, das er schreiben will, verschwindet spurlos, seine Grafiken sind weg, auch sein Werkzeug scheint sich plötzlich in Luft aufgelöst zu haben.

An das über Jahre bewiesene Genie Hans-Georg Ullmanns mag die Stasi nicht glauben. Für sie kann jemand, der die »sozialistische Bruderhilfe« für das Nachbarland karikiert, nur geisteskrank sein. Sie steckt den Grafiker in die Psychiatrie im sächsischen Waldheim. Doch der Mann ist nicht verrückt, und so landet er vor Gericht. »Staatsfeindliche Hetze« lautet der Vorwurf. Experten prüfen nun auch die Pläne für Ullmanns selbst konstruierten Tragschrauber. Erstaunt stellen sie fest: Ebenso wie »Little Nelly«, der »Hubschrauber aus dem Koffer« des Geheimagenten James Bond im Film *Man lebt nur zweimal*, wäre das Gerät des DDR-Tüftlers flugfähig gewesen. Also kommt noch der Vorwurf der »Vorbereitung zur Republikflucht« hinzu – beides zusammen macht dann eine Gesamtstrafe von fünfeinhalb Jahren Gefängnis.

Am 8. Januar 1972 wird Hans-Georg Ullmann von der Bundesrepublik freigekauft. Er geht in den Westen, in die Gegend um Aachen. Hauptsache weit weg von der Vergangenheit, vom Osten, von allem. Doch er kann nicht fliehen. Im Westen streut die Stasi Gerüchte, der Grafiker sei als Geld- und Briefmarkenfälscher tätig gewesen, im Osten ermittelt sie gegen ihn wegen Spionage. Hans-Georg Ullmann ist erst vierzig, als er äußerlich frei im Westen ankommt, aber innerlich gelingt es ihm nie, sich von der Zersetzung durch die Stasi zu befreien. Natürlich, das Zeichnen und Tüfteln hat er nicht verlernt, aber der Schwung ist raus. Er überlegt oft und lange, was er im Leben falsch gemacht hat. Er kann sich die Frage nicht beantworten.

Heute lebt Hans-Georg Ullmann in der Uckermark. Das zersetzte Genie ist inzwischen zu müde, um immer noch zu kämpfen: »Stasi-Akten sind gezielt vernichtet worden, Mitwisser schweigen, bei den Behörden werde ich inzwischen nur noch abgewimmelt.« Dabei will der Mann doch nur wissen, wer insgeheim in seinem Leben die Fäden gezogen hat. Die Stolpersteine im Beruf, die Liebesaffäre seiner Frau mit dem Stasi-Offizier, der Anwerbeversuch durch den Armee-Geheimdienst, die hässlichen Gerüchte im Westen – wie hängt das alles zusammen? Ullmann: »Ich habe mit meinen verschiedenen Frauen elf Kinder und neunzehn Enkel. Sie haben ein Recht darauf, zu wissen, wie und weshalb ihr Vater beziehungsweise Großvater seine Existenz, seine Familie und all seine Habe durch die Stasi verlor. Wenn ich es mir recht überlege, sind auch meine Nachkommen noch Stasi-Opfer.« Es ist noch lange nicht vorbei.

DER TRAUM VOM GOTTHARD

Am Anfang war das Wort. Doch es war nicht das Wort des Herrn, sondern das von Achim. Und der Herr Kruspe sprach: Lasst uns die Eisenbahn am Sankt Gotthard bauen. Es werde Licht, und es ward Licht – in der Werkstatt der Modellbahner beim VEB Starkstromanlagenbau Leipzig. Die Männer um Achim Kruspe wussten, dass sie es nicht in sieben Tagen schaffen würden. Schließlich waren sie nicht Gott, aber DDR-Bastler standen dem Allmächtigen nicht wesentlich nach. Außerdem scheint die gefühlte Länge eines Modellbauer-Tages ohnehin um die vierundvierzig Stunden zu betragen: zwanzig Stunden bauen, der Rest für Arbeit, Essen und Schlafen.

Wichtig waren den Leipziger Flachlandtirolern vor allem die Berge, und deshalb richtete sich ihr Blick zuerst gen Osten. Die Transsibirische Eisenbahn, da müsste doch was zu machen sein. Alles kein Problem, meinten die Funktionäre vom zentralen DDR-Modellbauverband »Friedrich List« und schrieben Briefe ins Freundesland. Man brauche mal eben die Gleispläne, Geländeprofile, Fotos von der Strecke, Pläne der Hochbauten uns so weiter ... Der Wunsch blieb unerfüllt. Alles geheim! Also auf zum Sankt Gotthard! Doch wie überzeugt man einen misstrauischen, gottlosen Parteisekretär, dass es unbedingt eine Bahnstrecke im Feindesland sein muss? Wenn auch nur im Maßstab von 1 zu 120. TT sagt der Fachmann, Table Train.

Da kam Achim Kruspe die Erleuchtung. War nicht Lenin mal in der Schweiz? Genau. Und was hat er da gemacht? Die fleißigen Mineure am Sankt Gotthard hat er bewundert und gesagt: So wie hier, so müssen wir die Transsib bauen. Die Elektrifizierung ist beispielhaft! Obwohl niemand im Parteilehrjahr außer vom Kommunismus, der ja Sowjetmacht plus Elektrifizierung sein soll, von Lenin je etwas über Strom gelesen hatte, überzeugte das. Wer wollte schon zugeben, doch nicht alle der in der DDR erschienenen zweiundvierzig Bände des »Klassikers« studiert zu haben. Außerdem stand fest: Von der Sowjetunion lernen, heißt siegen lernen. Und so öffneten sich die segnenden Hände des »Kultur- und Sozialfonds« im VEB Starkstromanlagenbau für den göttlichen Schweizer Berg. Zwar nicht mit üppigem Nektar und Ambrosia, aber immerhin mit bescheidenen, doch verlässlichen Gaben von Manna.

Dennoch: Die Erde bzw. die Modellbahnplatte in Leipzig war wüst und leer. Bevor sie einmal ihre endgültige Dimension von 16,10 Metern Länge, zwei Metern Breite und 2,35 Metern Höhe erreichen sollte, mussten Informationen her. Nicht irgendwelche, sondern solche, die genau die Nordrampe des Gotthard und das Urner Reusstal beschrieben. Schließlich sollten die 232,5 Meter Gleise von Gurtnellen über Wassen bis nach Göschenen reichen.

»Als wir 1969 anfingen, hielten uns viele Modellbahnfreunde für totale Spinner«, erinnert sich Gisbert Hausmann, der kurz nach Baubeginn zur Gotthard-Gruppe stieß. »Wer genau arbeiten will, muss sich schnell mal als ›Pufferküsser‹ oder ›Nietenzähler‹ benennen lassen, aber wir wollten ja nicht irgendwas bauen.« Geht nicht für gelernte DDR-Bürger? Das wollen wir doch mal sehen! Ob Verkehrsmuseum Dresden oder Deutsche Bücherei Leipzig, eine Menge Informationen ließen sich schon mal in der DDR finden, denn die Genehmigung einer Studienreise in die Alpen war am Mauerland illusorisch. Für das Gebirgsmassiv aus Braunkohle, Gips und Schaumstoff langte es. Das unnachahmliche DDR-Klopapier wurde zu Felsspalten, gefärbte Alu-Folie zu klaren Gebirgsbächen.

Für ein naturgetreues Modell reichte das nicht. Doch da war ja noch die Messe, zweimal im Jahr in Leipzig. Gisbert Hausmann: »Wir sprachen Leute von Schweizer Firmen an, von Sulzer oder BBC, die uns dann Prospekte, Kataloge, Typenskizzen, Fotos und Zeitschriften mitbrachten.« Es entstanden Freundschaften und nach und nach ein Netz von rund hundert Informanten. Die Engel der Schöpfung.

All das blieb der ungläubigen Stasi nicht verborgen. Der ehemalige Oberstleutnant Günter B., jahrelang bei der Messe dabei: »Solche harmlosen Spinner waren uns gar nicht so unrecht. Wir haben die Messen ja genutzt, um Kontakte zu machen. Wenn da dann auch Leute dabei waren, die wirklich nichts anderes, als Informationen für ihr Hobby wollten, war das für uns die beste Tarnung.«

Trotzdem beobachteten die Teufel aus der »Runden Ecke«, dem stadtbekannten Leipziger Stasi-Hauptquartier, von Anfang an das sündige Treiben. Als Gisbert Hausmann 1957 ein Paket aus Amerika mit Modellbauplänen für einen Convair-Jet bekommt, war sie bereits dabei. Hausmann: »Der Empfang des Pakets war der erste Punkt in meiner Stasi-Akte.« Da war er fünfzehn. Im Laufe der Jahre brachte es seine Akte auf 800 Seiten. Dafür, dass die Männer mit den großen Ohren dem Schöpfungsakt keinen Riegel vorschoben, hat Wolf T., früher Offizier in der Hauptabteilung XX der MfS-Bezirksbehörde Leipzig, eine einleuchtende Erklärung: »Es gingen ja keine Informationen raus, es kamen welche herein. Das hatten wir über die 26 im Griff.« »Die 26« war die Postkontrolle. Und dann gab es ja auch noch die »inoffiziellen Mitarbeiter« im Betrieb, der Nachbarschaft und wohl auch im Club bei den Modellbauern selbst. Wissen wollte das damals niemand und heute erst recht nicht. Was konnte der Teufel schon der Schöpfung anhaben, und war es nicht immer noch der Glaube, der Berge versetzte?

Ihn haben die Männer trotz aller Sorgen nie verloren. Wenn Gott am fünften Tag die Meerestiere und Vögel erschaffen hatte, ging es bei ihnen darum, Autos aus den Sechzigerjahren zu finden, die Lage der Gräber an der Kirche von Wassen zu bestimmen und das Silikon-Flüsschen am Pfaffensprung naturgetreu hinzukriegen. Und wie sieht eigentlich eine Lawinengalerie aus? Zum Beispiel die am Entschigtal?

Für solche Dinge war Rainer Nowotny der richtige Mann, ein Erzengel für die Modellbauer. Der West-Berliner reiste beruflich oft in die Schweiz. Bald hatte er die detaillierten Checklisten der Leipziger Modellbahnfreunde mit dabei. Dann ging es mit dem Zollstock von Haus zu Haus, Leute wurden befragt und immer wieder Fotos geschossen. Insgesamt mehr als 800 Dias.

Das wiederum blieb dem Schweizer Luzifer, dem Staatsschutz, nicht verborgen. Das Alpenland ist zwar nicht sehr kriegerisch, aber es wollte gerüstet sein. Peter Veleff, Untersuchungsrichter und Generalsekretär der Militärdirektion des Kantons Zürich: »Während des Kalten Krieges hatten viele unserer Bürger das mulmige Gefühl, von östlichen Geheimdiensten unterwandert zu sein. In den Militärstäben, in denen ich tätig war, vermuteten wir, dass aus sprachlichen Gründen im Rahmen der Warschauer Vertragsstaaten speziell die Geheimdienste der DDR gegen die Schweiz aktiv eingesetzt worden sein könnten.«

Für diesen Verdacht gibt es gute Gründe. Im September 1973 wird in Effretikon im Kanton Zürich das Ehepaar Hans-Günther und Gisela Wolf verhaftet. Seit 1967 spionieren die beiden unter dem Namen »Kälin« für den Nachrichtendienst der Nationalen Volksarmee der DDR in der Schweiz. Der Staatsschutz findet ein Dokument mit dem Spionageauftrag und dort heißt es unter anderem: »Zu welchen Komplexen muss eine kontinuierliche Informationslieferung erreicht werden? – 1. Militärisch und militärpolitisch: Planung, Organisation und praktische Erprobung der Landesverteidigung.«

Bei der Beantwortung genau dieser Fragen spielt der Sankt Gotthard eine wichtige Rolle. Im Innern des mächtigen Felsmassivs lagert ein großer Teil der strategischen Reserven an Treibstoffen der Armee. Ein Höllenfeuer im Wartestand sozusagen.

Für Rainer Nowotny wären seine Touren an den Sankt Gotthard beinahe zum Abstieg ins Fegefeuer geworden. 1974 wird er oberhalb vom Göschener beim Fotografieren erwischt. Militärgebiet! Und er hat auch noch die Leipziger Listen mit den benötigten Blickwinkeln und Positionen dabei. Es folgen Verhöre in Luzern und Zürich. Schließlich lassen sich die Schweizer Spionagejäger davon überzeugen, dass alles harmlos ist.

Zum Glück hatte Nowotny keine vertraulichen Materialien im Gepäck, denn auch die fanden sich inzwischen im Archiv der Leipziger Modellbauer: Ob Blaupausen von der Schweizerischen Industriegesellschaft (SIG) Neuhausen, die neben Schienenfahrzeugen auch Waffen fertigt, oder technische Pläne vom Bahnhof Wassen, die sogar den Verlauf der Telefonleitungen zeigten, es war alles da.

Ein Problem blieb dennoch: das rollende Material. Klar war, dass auch hier die eigene Schöpfung helfen musste, doch woher die Unterlagen nehmen? Da half ein ganz besonderer Zufall. Gisbert Hausmann erzählt: »Mein Vater war im Krieg im Elsass, wohnte dort im Haus des Bahnhofsangestellten Paul Hugenschmied. Der wiederum arbeitete für die französische Resistance. Vater warnte ihn einmal vor einer SS-Razzia.« Der Dank dafür kommt dreißig Jahre später: 1973 taucht Paul Hugenschmied auf der Leipziger Messe auf – als Vertreter einer französischen Schienenfahrzeugfirma. Hausmann: »Er wurde einer unserer wichtigsten West-Kontakte.«

Der Modelleisenbahner muss einen Schutzengel haben, denn solche Verbindungen wie die zu Hugenschmied sind es, die auch die Stasi brennend interessieren. Der frühere Oberstleutnant Günter B.: »Dass bei einer solch traditionell gewachsenen Bekanntschaft die Leipziger Genossen nicht eingehakt haben, ist ein unverzeihlicher handwerklicher Fehler!« Zumindest im Blick hatten sie die Sache aber doch. Hausmann: »Allein achtzig Seiten meiner Stasi-Akte beschäftigen sich mit Paul.«

Die Jahre vergingen und die kleine Schweizer Welt wuchs. In der Bibel heißt es: »So wurden vollendet Himmel und Erde mit ihrem ganzen Heer.« Und die Erbauer sahen alles an, was sie gemacht hatten, und sie sahen, dass es gut war. Das bestätigen ihnen auch die Besucher bei den traditionellen Weihnachtsausstellungen im Zelt vor dem Leipziger Gewandhaus. 1983 kam ein Mann wieder und wieder. Fasziniert verfolgte er eine surrende E-Lok, »das Krokodil«. Achim Kruspe hatte es sozusagen aus dem Nichts erschaffen. Jetzt erkannte der Mann die Nummer und outete sich als Schweizer Lokführer: »Jahrelang habe ich genau dieses Krokodil gefahren!« Und dann zeigt er den Leipzigern auf ihrer Anlage die Fenster eines Hauses, in dem er seine Hochzeitsnacht verbracht hatte.

So vergingen die Jahre, und bald schien sich draußen, in der kleinen DDR, der Untergang von Sodom und Gomorrha zu wiederholen. Und es war Leipzig, wo zwar nicht die Trompeten von Jerichow, sondern die Rufe »Wir sind das Volk« ertönten.

Das Volk waren auch die Modellbauer vom Sankt Gotthard, doch sie waren ein ganz besonderes Völkchen. Irgendwie hatten sie einen Teil ihres Lebens nicht in dem engen Land zwischen Elbe und Oder, sondern in ihrer Phantasie in der Schweiz verbracht. Deshalb war das, was nun manchem als Vertreibung aus dem Paradies erschien, für sie der Einzug ins gelobte Land. Endlich konnten sie sich ihre Modellbahn im Original ansehen! Zu Fuß liefen sie die Strecke ab, die Gräber an der Kirche in Wassen wurden nachgezählt und die Muster der Göschener Pflastersteine überprüft. Die Schweiz stimmte. Ihre jahrzehntelangen Reisen ins Traumland hatten sich gelohnt.

Und deshalb gehen sie auch heute noch weiter. Abfahrt jeden Dienstag, Punkt 16 Uhr in Leipzig.

RADIO RASENDES EUROPA

Eine Hitparade brauchte damals kein Mensch. 1970, da waren einfach alle Titel Hits. Ob nun »Down on the Corner« oder «El condor pasa«, »Dynamite Woman« vom Sir Douglas Quintet oder Mungo Jerry mit »In the Summertime« – was da aus den Stern-Kofferheulen mit solch schönen Namen wie Elite, Berolina oder, ganz modern, Contura 2500 dröhnte, war einfach erste Sahne. Klar, auf den Tanzböden gab es Probleme. Sechzig zu vierzig. Sechzig Prozent der Titel aus den Bruderländern, vierzig West. Aber auch das ließ sich regeln: Da war dann eben für die Listen der »Anstalt zur Wahrung der Aufführungsrechte« (AWA) das amerikanische »Cotton Fields« der Song der Baumwollarbeiter, »Under the Boardwalk« die Ballade eines schwarzen Obdachlosen und »The House of the Rising Sun« das Lied eines armen Schneiders aus New Orleans. Für die AWA ging sogar Heino mit seiner kleinen Bar in Mexiko noch als Seemannslied durch. Und wenn es ganz dicke kam, spielten eben angeblich die »Roten Gitarren« aus Polen wieder mal eine »Eigenkomposition«. Dank euch, Czerwone gitary.

Im Radio gab es das Problem von sechzig zu vierzig nicht. Bloß mit dem Empfang war es so eine Sache. Luxemburg jaulte, RIAS und SFB reichten auf UKW nicht ewig weit, und für die Europawelle Saar kurz nach sechs am Abend brauchte man gutes Wetter.

Für Dieter Loll aus Premnitz war das alles kein Problem. Er machte einfach sein eigenes Radio. Der Einundzwanzigjährige studierte schon ein paar Jahre an der Technischen Universität in Dresden, da war so ein Sender schnell gebaut. Nur die Aufnahmen, die brauchten ihre Zeit. Man musste ja immer die Sendungen erwischen, in die nicht gerade Camillo oder Lord Knud reinquatschten. Zwei Finger auf den Knöpfen und dann los. Dieter erinnert sich: »Ich habe überall die Hits rausgefischt. NDR, SFB, RIAS, aber auch vom Londoner Rundfunk, BFBS oder AFN.« Da kam im Laufe der Zeit einiges zusammen: »Zum Schluss hatte ich fünfundzwanzig Bänder, alle beidseitig bespielt. Musik war mein Leben. Seit Mutters Tod gab es für mich nur noch zwei wichtige Sachen: Rock und Elektronik.«

Im Kreis seiner Kumpels war Dieter natürlich der King. Besonders, weil sie auch hin und wieder mal die Moderation aufs Band sprechen durften. Das hörte sich dann so an: »Hier spricht Radio Rasendes Europa am verkanteten Wegrand. Ihr hört die heißeste Musik der Sechziger und Siebzigerjahre! – Wir trinken keine Cola – wir wollen die Kinks mit – Lola!« Das ging ab, da war Lord Knud auch nicht besser.

So ein Band lief drei Stunden ohne Pause. Stimmte auch noch das Wetter, setzte sich Dieter auf sein Fahrrad und fuhr zum Premnitzer See oder an die Havel. Aus jedem Radio kamen seine Hits. Im Sommer 1970 war sein Piratensender bei den Rockfans aus Premnitz die beliebteste Station weit und breit.

Natürlich wissen nur wenige, wer dahintersteckt, und Dieter schiebt sich auch nicht gern in den Vordergrund. Aber dass er der Piratenfunker ist – genauso wie die Jungs von Radio Caroline auf der Nordsee –, das sollte der eine oder andere schon wissen. Schon wegen der Weiber! »Wenn ich hörte, dass mehrere Jugendliche meinen Sender drauf hatten, sagte ich: ›Wenn dieser Titel zu Ende ist, kommen die Stones mit dem und dem, und dann folgt das und das.‹ Da hieß es dann: ›Quatsch, das kannst du ja gar nicht wissen!‹ Aber wenn meine Vorhersagen eintrafen, war das Staunen groß.«

Gestaunt wird derweil auch in der Kreisdienststelle der Staatssicherheit in Premnitz. Die ohnehin in alle Richtungen lauschenden Genossen notieren: »Am 1.7.1970 wurde inoffiziell bekannt, dass auf Mittelwelle 1650 kHz ein unbekannter Sender im Raum Premnitz-Milow arbeitet, der eine Reichweite von ca. 10 km aufweist.«

Wenn es im Stasi-Rotwelsch heißt, »wurde inoffiziell bekannt«, dann steckt in aller Regel ein Spitzel dahinter, bei der Firma Horch und Guck »IM«, Inoffizieller Mitarbeiter genannt. Dieter Loll entdeckt ihn erst Jahrzehnte später: »Ein ehemaliger Schulkamerad von der EOS (Erweiterten Oberschule – K.B.) war Stasi-IM. In diesem Sommer besuchte er mich zu Hause und sah natürlich, dass in meinem Zimmer große Röhren herumstanden, die ich in einem Bastlerladen in Dresden gekauft hatte. Diese Röhren waren aber Thyratrons, das sind Gleichrichter-Röhren, und keine Senderöhren. Und nur ihm, keinem anderen Menschen, hatte ich aus Jux erzählt, dass diese Röhren Senderöhren wären mit ziemlich großer Leistung.«

Das meldete der falsche Freund umgehend der Stasi. Die stand offenbar unter Druck, denn ganz in der Nähe von Premnitz unterhielten die Russen eine große Abhörstation. Der dürfte der flotte Piratenfunk nicht entgangen sein, und wahrscheinlich haben »die Freunde« dann »die Organe« scharf gemacht, endlich Ordnung zu schaffen.

Dass es einfach nur um Musik und Spaß geht, wird gar nicht erst erwogen. Ein politischer Hintergrund muss her, und der Spitzel hilft: »Inoffiziell wurde eingeschätzt, dass der Sender vorwiegend in den Kreisen der Jugendlichen der BBS (Betriebsberufsschule – K.B.) des Chemiefaserwerkes Premnitz und anderen Konzentrationspunkten von dekadenten Jugendlichen gehört wird (…) Durch Einleitung von operativen Maßnahmen konnte ermittelt werden, dass dieser Sender einen fest umrissenen Hörerkreis aufweist, dazu gehört der überwiegende Teil der Lehrlinge der BBS des Chemiefaserwerkes Premnitz, die in eine solche Begeisterung für diesen Sender ausbrachen, dass sie die Sendungen des DDR-Rundfunks ablehnten.«

Was folgt, sind sieben Tage Stasi-Routine, dann klopfen die Greifer an Dieter Lolls Dachkammer in der Milower Straße. Vier Mann, einer hält ein noch dudelndes »Micky«-Radio in der Hand. Ein anderer wirft einen fachmännischen Blick auf die vierzig Meter lange Sendeantenne aus Kupferdraht im Garten. Die Sendung endet ohne Abmoderation; die Drifters sind gerade bei »Oh when the sun beats down and brings the tar up on the roof …« Doch es ist nicht die Sonne, die »hinunterschlägt« und den Teer zum Schmelzen bringt, es ist die Stasi, die zuschlägt und sich anschickt, Dieter Lolls Leben zu zerstören. Es ist der 7. Juli 1970.

Die Männer bringen Loll ins Chemiefaserwerk, Zimmer 52 in der Hauptverwaltung. Es folgt ein Verhör bis in die Nacht um drei, dann geht es nach Rathenow und schließlich weiter ins Stasi-Gefängnis Potsdam. Endstation Lindenhotel. In Dieters Kopf kreisen die Gedanken. Was wollten die eigentlich von ihm? So schlimm würde es schon nicht werden. Ein Kommilitone in Dresden hatte auch mal solch einen Sender gebaut; als sie ihn erwischten, kostete das 500 Mark Geldstrafe … Der junge Mann taumelt zwischen Hoffnung und Verzweiflung.

In den folgenden Verhören halten ihm die Stasi-Vernehmer vor, er hätte Nazi-Propaganda verbreitet und das Horst-Wessel-Lied gespielt. Loll: »Das kannte ich überhaupt nicht!« Der Vorwurf ist vom Tisch, nachdem die Stasi akribisch alle fünfundzwanzig Tonbänder in den verschiedensten Geschwindigkeiten abgehört hat.

Doch der nächste Verdacht folgt auf dem Fuße: Dieter Loll habe mit seinem Sender Kontakt zum Westen aufnehmen wollen, wird ihm vorgeworfen. Die Stasi-Spezialisten haben eine

Sendeleistung von 20 Watt ermittelt. Fachmann Loll kann darüber nur innerlich grinsen: »Ich hatte die Leistung zwar nicht mit einem richtigen Messgerät gemessen, das besaß ich damals noch nicht, aber immerhin eine 100-Watt-Glühbirne zum völligen Aufleuchten gebracht.« Er behält seine Weisheit für sich, denn sie hätte den Verdacht gegen ihn nur bestärkt. Doch was eigentlich könnte er in den Westen funken? Vielleicht, wie man Funkgeräte baut, doch das wusste man dort wohl schon – jedenfalls kann die Stasi auch diesen Vorwurf nicht erhärten.

Bleibt nur noch die »innere Konterrevolution«. Dieter Loll wolle eine Gruppe »dekadenter Jugendlicher« um sich scharen, halten ihm die Stasi-Leute nun vor. Der Verdächtigte versucht, sich zu entlasten: »Ich nannte dann die Namen meiner Kumpels, die hätten sie ja ohnehin bald herausgefunden, und sagte, dass keinen anderen irgendeine Schuld trifft. Denn ich war ja derjenige, der den Sender gebaut hatte, meine Kumpels verfügten gar nicht über die notwendigen Kenntnisse und Fertigkeiten.« Das bestätigen dann auch die Verhöre der Betroffenen.

Am 7. September 1970 wird Dieter Loll aus der Stasi-U-Haft entlassen. Man sagt ihm, dass er vor Gericht gestellt würde. Der junge Mann meint immer noch, so schlimm könne es nicht kommen, und setzt sein Studium in Dresden fort.

Am 4. November 1970 verhandelt das Bezirksgericht Potsdam gegen »Loll, Dieter wegen Beeinträchtigung der Sicherheit im Funkverkehr«. Der § 205 des Strafgesetzbuches der DDR sagt dazu: »Wer ohne die erforderliche Genehmigung oder entgegen den Bedingungen einer Genehmigung Funkanlagen errichtet oder betreibt oder Sender herstellt, veräußert oder besitzt, wird mit öffentlichem Tadel, Geldstrafe, Verurteilung auf Bewährung oder mit Freiheitsstrafe bis zu zwei Jahren bestraft.«

Dieter Loll bekommt ein Jahr Haft ohne Bewährung. Seine Berufung gegen dieses Urteil wird vom Obersten Gericht der DDR »als offensichtlich unbegründet« verworfen, ein Bittbrief an den Generalstaatsanwalt abgelehnt. Loll: »Es sollte eben ein Exempel statuiert werden.« Der Piratenfunker verbüßt die nach Abzug der U-Haft noch ausstehenden zehn Monate Haft für einen harmlosen Jugendstreich im Haftarbeitslager Riesa. Die Männer mit den gelben Streifen auf den blau eingefärbten, ausgemusterten Armee-Uniformen müssen im Stahlwerk

Sklavendienste an den lautesten, heißesten und dreckigsten Arbeitsplätzen leisten. Dieter Loll arrangiert sich mit den rauen Lebensbedingungen und den vorwiegend kriminellen Mitgefangenen und sitzt seine Strafe bis zum letzten Tag ab.

Nach der Entlassung wird ihm ein Job als Betriebsschlosser im Chemiefaserwerk Premnitz zugewiesen. Mit der Verurteilung hatte er seinen Studienplatz an der TU Dresden verloren, nun ist er für die Wartung und Pflege der Maschinen in der Konerei zuständig.

Natürlich bemüht sich Dieter Loll um die Wiederaufnahme seines Studiums. Für das Diplom fehlen ihm nur noch ein sechs-

monatiges Praktikum und ein Spezialstudium von einem Jahr. Doch alle Anläufe bleiben ohne Erfolg. Er möge sich »in der sozialistischen Produktion bewähren«, wird ihm beschieden.

Das tut er. Der Schlosser kann bald gute Beurteilungen vorweisen, er macht Neuerer- und Verbesserungsvorschläge und qualifiziert sich. Loll: »Doch ich bekam stets nur Absagen.«

Ohne es zu ahnen, ist der junge Mann Opfer einer perfiden DDR-Praxis geworden, der des »Durchstellens«. In jedem Rechtsstaat wird eine Straftat über kurz oder lang vergessen, wenn für sie gebüßt wurde. Nicht so in der DDR. Auch hier geht es um die Wiedereingliederung in die Gesellschaft, doch das ist das Vordergründige. Verdeckt bleibt der Delinquent an der langen Leine. »Die Partei«, »die Organe« oder ganz einfach auch nur irgendein mächtiger Funktionär bestimmen, wie der Rest seines Lebens verläuft. Dazu genügt oft schon ein einfacher Telefonanruf des richtigen Mannes bei der richtigen Stelle. Über Dieter Loll hatte irgendjemand den Stab gebrochen und festgelegt: »Der wird kein Ingenieur.«

Der Mann spürt die Gummiwände, gegen die er immer wieder stößt und die er sich nicht erklären kann. »Mit den Jahren begrub ich die Hoffnung, mein Studium doch noch beenden zu können«, sagt Dieter Loll. Er sucht sich seine Nische und findet sie, als im Chemiefaserwerk im Rahmen der »Konsumgüterproduktion« eine Fertigung für Magnetbandkassetten eingerichtet wird. Dort hat er wenigstens ein bisschen mit Elektronik zu tun, und bald ist er für die Abteilung unentbehrlich.

Dann verschwindet die DDR und mit ihr der VEB Chemiefaserwerk Friedrich Engels. In der auf ihn folgenden Märkischen Faser AG braucht niemand mehr eine Produktion von Tonbandkassetten. Dieter Loll wird arbeitslos. Statt zu resignieren, erkundigt er sich an der Fachhochschule Brandenburg nach Studienmöglichkeiten. Ja, sein Grundstudium in Dresden wird anerkannt, er könne sofort einsteigen. Dieter Loll ist fünfundvierzig Jahre alt und wird wieder Student. Zwei Jahre lang büffelt er Elektrische Energietechnik. Alles sieht nun doch noch nach einem Happy End aus. 1996 bekommt er sein Diplom. Dieter Loll hat es geschafft. Er ist Diplom-Ingenieur!

Doch wer braucht schon einen siebenundvierzigjährigen Berufsanfänger und das auch noch in Premnitz? Die Märkische Faser AG ist 2001 pleite, es folgt eine GmbH, die die Polyestersparte auffängt – Dieter Loll fängt niemand mehr auf.

Seine kleine Familie ist längst zerbrochen. Eine richtige Arbeit gibt es nicht mehr. Was bleibt, ist Hartz IV und das Hobby als Amateurfunker. Stundenlang hört Dieter Loll in den Äther, holt sich die Stimmen von Fremden ins Haus, denn die Freunde von einst sind rar geworden.

Nur den früheren Schulkameraden und ehemaligen Stasi-IM trifft er hin und wieder auf der Straße. Er hat ein nobles Büro in der Stadt mit einem glänzenden Schild – so wie Freiberufler eben für sich werben, wenn der Laden laufen soll. Und das tut er.

Nur manchmal noch hört der einstige Piratenfunker von Premnitz ein wenig in seine alten Bänder hinein. »Poor Boy« von den Lords zum Beispiel: »Life is very hard to stay, yeah, yeah …« Es könnte das Lied seines Lebens sein.

IM FADENKREUZ

Erich Jäger ist ein unbescholtener Mann. Auch Annabella Schulz hat sich nie etwas zuschulden kommen lassen. Das könnte sie sich gar nicht leisten, schließlich ist sie Sekretärin bei Egon Bahr, und der führt geheime Verhandlungen mit dem Osten. Trotzdem geraten Jäger und Schulz, die sich nicht einmal kennen, ins Fadenkreuz der westdeutschen Spionageabwehr. Das hat zwar sehr unterschiedliche, aber letztlich fatale Folgen für die in falschen Verdacht Geratenen.

Hintergrund der ganzen Geschichte ist einer der brisantesten Spionagefälle des Kalten Krieges.

Am 24. April 1974 klingelt Kriminalhauptkommissar Nikolaus Federau vom Bundeskriminalamt an der Haustür der Ubierstraße 107 in Bad Godesberg. Es ist früh am Morgen dieses Mittwochs, genau 6.32 Uhr, und der Polizist hat zwar ein paar Männer dabei, doch nicht einmal seine Pistole eingesteckt. Die Aktion läuft unter dem Decknamen »Tango«. Die Bewohner des Hauses, Günter Guillaume und seine Frau Christel, sind unter Spionageverdacht geraten. Vorsichtshalber wollen die Männer auch erst einmal Oma Erna Boom mitnehmen und natürlich die Wohnung durchsuchen. Sie brauchen Beweise für ihren Verdacht gegen den Referenten von Bundeskanzler Willy Brandt, denn die sind bislang noch sehr dünn.

Und alle anderen Spuren auch. Bei einer Routine-Überwachung im Februar 1973 aus Anlass des Wechsels von Günter Guillaume ins sicherheitsrelevante Kanzleramt hatten die Fahnder festgestellt, dass Christel Guillaume regelmäßig eine Wohnung in der benachbarten Max-Planck-Straße 14 in Bad Godesberg aufsuchte. Dort wohnt Familie Jäger. Und dann gab es noch ein bisschen Kantinengerede über den flotten Günter, der dem weiblichen Geschlecht nicht abhold war und wohl ein Auge auf Annabella Schulz geworfen hatte. Das sind vage Ermittlungsansätze, und wäre an jenem Morgen nicht eine spontane Aussage des »Meisterspions« höchstselbst den Polizisten zur Hilfe gekommen, hätten sie ihn wahrscheinlich am Abend wieder nach Hause schicken müssen.

Stolz und lauthals erklärt Günter Guillaume bei seiner Verhaftung: »Ich bin Bürger der DDR und ihr Offizier – respektieren Sie das!«

Markus Wolf, sein Chef bei der Stasi in Ost-Berlin, ist entsetzt: »Als mir das zu Ohren kam, traute ich meinen Sinnen nicht. Guillaume hatte damit ein Schuldbekenntnis abgelegt, ohne überhaupt beschuldigt gewesen zu sein. Mit diesem Bekenntnis erlöste er die Bonner Abwehr und die Strafverfolgungsbehörden aus großer Beweisnot und ersparte ihnen das peinliche Schauspiel, ohne stichhaltige Beweise einen Prozess zu führen.«

Guillaumes Opfer, Bundeskanzler Willy Brandt, bestätigt die fatalen Folgen dieser Aussage: »Günter Guillaume hatte sich als ›Bürger der DDR und ihr Offizier‹ offenbart und denen, die ihn überführten, durch die Selbstanzeige das Geschäft einigermaßen erleichtert. Was die Fahnder gerichtsverwertbar parat hatten, ließ zu wünschen übrig.«

Dazu gehört auch die »Spur Jäger«. Erich Jäger arbeitete als Registrator in der Landesvertretung Hessens in Bonn und war ein Kollege von Christel Guillaume. Er sprach exzellent Französisch, und Frau Guillaume bat ihn, ihr ein paar Stunden Konversationsunterricht zu geben. Das tat er. Am 24. April werden Erich Jäger und seine Frau Adelheid verhaftet. Der Verdacht: Sie seien die Agentenführer des Ehepaars Guillaume. Erich Jäger beteuert: »Ich habe Günter Guillaume persönlich nie kennengelernt. Ich kenne nur seine Frau.« Man glaubt ihm kein Wort. Dabei waren die Jägers eine Weile sogar ziemlich sauer darüber, dass es nie zu einem persönlichen Kontakt mit Günter kam. Immer wieder wurde eine Einladung bei den Guillaumes in Aussicht gestellt, aber zustande kam sie nicht. Stattdessen die Ausrede: »Günter hat doch so viel zu tun.« Erich und seine Frau Adelheid vermuteten, sie als kleine Angestellte wären nicht gesellschaftsfähig für das Ehepaar auf der steilen Karriereleiter. So etwas schmerzt.

Für die Ermittler stellt sich alles ganz anders dar. Vor vielen Jahren hatten sie einen Stasi-Funkspruch abgefangen, in dem von den Agenten »G« und »J« die Rede war. »G« hatten sie nun erwischt, doch wer war »J«? Plötzlich schienen auf Erich Jäger eine Reihe von Rasterfahndungsmerkmalen zuzutreffen, an die bislang niemand gedacht hatte. Ebenso wie Familie Guillaume war er 1956 mit seiner Frau aus der DDR in die Bundesrepublik gekommen. Angeblich hatte er acht Jahre in Bautzen gesessen und dort, im Gefängnis, Französisch gelernt. So gut, dass er von Einheimischen nicht zu unterscheiden war. Im Westen arbeitete er in der Botschaft Burmas, dann in den Mehlemer Ringsdorff-Werken, bis er 1969 den Job in der hessischen Vertretung fand. Für einen Ost-Spion wäre das ein typischer Weg, meinen die Ermittler. Doch der Mann leugnet hartnäckig.

Auch Annabella Schulz hat sich nichts vorzuwerfen. Ein Flirt im Vorzimmer mit Günter, vielleicht auch ein wenig mehr, aber Seitensprünge sind ja nicht strafbar. Die aufgeregte Öffentlichkeit kennt hingegen keine Diskretion. *Bild* verkündet am 1. Mai 1974 per Schlagzeile: »Bahr-Sekretärin Geliebte des Spions –

Intime Briefe gefunden – Sie sollte mit Gaus nach Ost-Berlin«. Christel Guillaume erfährt davon im Gefängnis und ist sauer.

Die Überlegungen der Ermittler sind sachlicher. Sie vermuten, dass Günter Guillaume von der Stasi als »Langzeitagent« in die Bundesrepublik geschickt wurde und nicht ahnen konnte, dass er einmal an der Seite von Willy Brandt landen würde. Also versuchte er lange vorher, Bekanntschaften zu knüpfen, die einmal der Stasi nützlich werden würden, und setzte seinen männlichen Charme nicht bei Verkäuferinnen oder Kellnerinnen, sondern bei den Sekretärinnen in verschiedenen wichtigen Behörden ein.

Doch auch das ist letztlich alles nur eine Vermutung.

Dennoch verkündet Bundesinnenminister Hans-Dietrich Genscher bereits am 26. April 1974 voller Stolz im Deutschen Bundestag, nicht nur Guillaume sei überführt, sondern auch »der Ring, dem er angehört, zerschlagen«. Derweil sind achtundvierzig Stunden seit der Verhaftung der Jägers vergangen, und das Ehepaar muss entlassen werden. Nun steht der Minister ziemlich im Regen. Verzweifelt postieren sich seine Leute von der »Sicherungsgruppe Bonn« vor dem Haus der Jägers in Bad Godesberg. Irgendwelche Beweise müssen doch zu finden sein. Und tatsächlich beobachten sie Erstaunliches. In der Nacht zum Freitag habe in der Wohnung Erich Jägers zwischen drei und vier Uhr morgens Licht gebrannt und aus dem Schornstein seien Funken gestoben. Die Verdächtigen könnten also Beweismaterial vernichtet haben. Jäger streitet ab. Er besitze einen Ölofen, darin könne man kein Papier verbrennen. Das bestätigt dann auch der zu Rate gezogene Schornsteinfeger – die Ermittler hatten versehentlich die falsche Wohnung observiert.

Ohne Ergebnis bleibt derweil auch das mehr oder weniger diskrete Wühlen in der Vergangenheit von Annabella Schulz. Gewiss, sie hatte während der komplizierten Verhandlungen des Grundlagenvertrages der Bundesrepublik mit der DDR mit brisanten und geheimen Papieren zu tun. Dass sie die jedoch an Günter Guillaume weitergeleitet hätte, ist nicht einmal im Ansatz zu beweisen.

Auch mit Erich Jäger kommen die Ermittler nicht voran. Freimütig erzählt er, dass er Christel Guillaume, die seit 1970 als Empfangsdame in der Hessen-Vertretung arbeitete, in

Französisch unterrichtet habe, aber sonst kann er nicht viel berichten. Blumen brachte sie öfters mit, als Wiedergutmachung, »weil die Frau Guillaume so viel rauchte, Marke Stuyvesant, und das ja in die Gardinen geht.« Und vielleicht noch, dass die Guillaumes den Jägers Anfang 1974 irgendwie verändert schienen. »Wir hatten beide den Eindruck, dass in der Familie oder irgendetwas anderes nicht mehr ganz so läuft.«

Wohl wahr, aber Kriminalhauptkommissar Härter genügt das alles nicht. Er macht Erich Jäger ein Angebot: »Das Einfachste ist doch, Sie geben zu, dass Sie Führungsoffizier von Guillaume waren. Der hat zugegeben, er war Hauptmann bei der Nationalen Volksarmee. Wenn Sie nun sagen, Sie waren Major, ist die Sache für uns in Ordnung. Vielleicht liegt drüben im Panzerschrank schon ein Orden für Sie.«

Um seinen Orden muss derweil wohl Günter Guillaume bangen, denn inzwischen ist auch ihm klar, dass sein stolzer Ausruf, er sei Offizier, ein fataler Irrtum war. Er schreibt einen Brief an seinen Chef Markus Wolf, der nicht sehr heldenhaft klingt: »Was auf mein Fehlverhalten zurückzuführen ist, lässt mich hier nicht zur Ruhe kommen. Wenn es überhaupt möglich ist, so bitte ich die Partei und Sie als meinen Vorgesetzten um Nachsicht für mein Verschulden.« Markus Wolf bleibt hart: »Das war ein unverzeihlicher Fehler. Als Spion muss man jederzeit damit rechnen, dass man festgenommen wird. Unsere Leute wurden deshalb in dieser Hinsicht stets sorgfältig geschult. Wir schärften ihnen ein, nichts als Name, Anschrift und Geburtsdatum anzugeben, zu verlangen, dass man die DDR-Vertretung in Bonn verständige, und sich ansonsten in eisernes Schweigen zu hüllen.« Das tut der »Kundschafter« fürderhin, und so bekommt er ein paar Jahre später dann doch noch seine Orden.

Erich Jäger muss sich lange vorher allerlei Fragen gefallen lassen. Was er am 17. November 1973 in der Polizeiwache in der Bonner Zeppelinstraße gemacht habe und weshalb er im April 1974 vor einem Baum verweilte. Einmal hatte Jäger einen gefundenen Fünfzigmarkschein bei der Polizei abgegeben, das andere Mal einen Zettel gelesen, auf dem frische Ostereier angepriesen wurden.

Den Ermittlern kann er aber dennoch eine interessante Sache erzählen: Nicht nur Frau Guillaume hatte bei ihm Sprachunterricht, sondern auch Ruth B., Sekretärin im Kanzleramt, und das ausgerechnet auch noch bei Günter Guillaume. Sie war die Tochter des Hausmeisters der Hessen-Vertretung, und über sie war Christel Guillaume erst auf die Idee gekommen, Erich Jäger zu bitten, auch mit ihr französisch zu parlieren. Diese Verbindung war völlig neu für die Ermittler. Nicht nur eine peinliche, sondern eine unverzeihliche Panne.

Solche Fehlleistungen sind bei den Ermittlungen gegen Annabella Schulz nicht zu verzeichnen. Doch das Misstrauen um sie macht sie einsam. Am Kreuter, einer Bonner Wohngegend, in der auch andere Bundesbedienstete leben, wird es ruhig um sie. Bei der Arbeit wird sie von den Kollegen gemieden. Günter Gaus erinnert sich: »Bevor ich 1974 Ständiger Vertreter der Bundesrepublik bei der DDR wurde, hatte ich als Staatssekretär im Bundeskanzleramt seit 1973 eine Sekretärin im Vorzimmer, mit der Guillaume ein Verhältnis angeknüpft hatte. Mit seiner Enttarnung wurde das bekannt, es war ihr nichts nachzuweisen, aber sie wurde auf einen weniger heiklen Posten versetzt« Was ist aus ihr geworden? »Sie hat Selbstmord begangen.«

Für Erich Jäger endet die Geschichte nicht so tragisch. Kurze Zeit nach seiner 48-Stunden-Haft bekommt er Post von der Polizei: »Eine Rechnung über eine Mark für Frühstück und 80 Pfennig für Übernachtung in der Zelle der Bonner Polizeiwache an der Kölnstraße.«

EIN STRAHLENDER VERDACHT

Wer in der Welt der lauten Töne Gedichte schreibt, hat etwas zu sagen. Ist er von Beruf noch dazu ein eigentlich nüchterner Naturwissenschaftler, werden die Verse schnell Ausdruck für das, was nicht ausgesprochen werden kann. Oder darf.

Manfred Ladwich ist kein ängstlicher Mann, und er ist auch nicht dumm. Als Physiker bei Carl Zeiss in Jena hat er einen Beruf, der von Fachkenntnis statt vom Fähnchenschwenken lebt, und deshalb wird er das, was er zu sagen hat, nicht mit vorgestreckter, nackter Brust tun, um auch ja jeden Pfeil auf sich zu lenken. Und zu sagen hat Manfred Ladwich allerhand, denn er lebt in der DDR und er hält die Augen offen. Also schreibt der Mann Gedichte. Veröffentlicht werden sie nicht, aber das ficht ihn nicht an. Ladwich will ja nicht das Poesiealbum der »Kampfreserve der Partei« füllen, er will einfach das aufs Papier bringen, was ihn bewegt.

Und das will er dort, wo er lebt und mit dem, was er tut. Zum 44. Geburtstag – das ist im Jahr 1975 – wünscht er sich:

Ich möchte in meinem Leben
noch viel Leben leben,
möchte fest im Boden wurzeln
und nicht am Boden kleben.

Ich möchte im Lichte fliegen,
die Welt zu überschauen,
die Torheit zu besiegen,
an neuen Bildern bauen.

Das ist eine Liebeserklärung, ein Angebot von Herz und Hand an sein Land und seine Arbeit. Denn auch wenn es noch »Torheit zu besiegen« gilt, sagt das wohl nur jemand, der etwas voranbringen will.

Manfred Ladwich entwickelt bei Carl Zeiss medizinische Geräte, macht Erfindungen und sammelt Patente. Er ist zufrieden: »Ich war sehr frei in meiner Arbeit. Ich habe Vorschläge unterbreitet und konnte sie dann meist auch realisieren.«

Doch in einem Land, das meint, seine Untertanen zu permanenten Liebesbekundungen dem eigenen Handeln gegenüber – offiziell »kluge Politik der Partei« genannt – zwingen zu müssen, reicht das nicht. Wer sich etwas ausdenkt, Neues gar noch, soll gefälligst daran denken, dass ringsum Feinde sitzen!

In der Praxis manifestiert sich das in Banalitäten. Man möge alle Kontakte in den Westen abbrechen, wird da gefordert. Die einen tun es, die anderen nicht, und wieder andere sagen, sie würden es tun, machen es dann aber doch nicht – all das ist kein Problem, solange nicht darüber geredet oder gar das Ansinnen bezweifelt wird.

Genau das tut aber Manfred Ladwich. Er hat Familie und Freunde im Westen, die er wegen einer von vielen Verwaltungsanordnungen nicht verlieren will. Aber die Sache ärgert ihn auch ob des Übergriffs ins Private. Ladwich: »Ich habe das mehr aus Prinzip abgelehnt.«

Das hat Folgen. Der Physiker erfährt in DDR-typischer Weise von Kollegen nebenbei davon. »Du hast hier keine Aufstiegschancen mehr«, bekommt er zu hören. »Das ständige Misstrauen habe ich da längst gespürt«, sagt er heute rückblickend.

Damals schreibt er einen Vierzeiler, den er »Resignation« nennt:

Das Land der Griechen mit der Seele suchend,
sitze ich an meinem Platz,
und still des Tages Ketten fluchend,
betrüge ich mich mit Ersatz.

Ob die Leute bei der Stasi, die Manfred Ladwich längst im Auge haben, die Suche nach dem »Land der Griechen« als Wunsch nach Demokratie verstehen – und Demokratie heißt auch, sagen dürfen, was man denkt – oder nur als das allgemeine Maulen eines Mannes, dem noch zwanzig Jahre bis zur Reisemündigkeit als Rentner fehlen, weiß man nicht. Aber sie spüren, dass mit dem Mann etwas nicht stimmt. Und mit Gedichten geheime Gedanken verbrämen, das können die Genossen doch auch. Das klingt dann zum Beispiel beim Auftritt des »Zirkels Schreibender Tschekisten« auf einer der zahlreichen »Kulturveranstaltungen« so:

Wir beugen vor, wir klären auf.
Wir greifen zu, wir hauen drauf.
Wir dringen ein, wir greifen an.
Wir kennen weder Strafgesetz noch Angst ...

Der Mann muss doch zu fassen sein, es müssen nur »Beweise« her.

Die Stasi stellt Manfred Ladwich eine Falle, von der er erst zwanzig Jahre später erfährt: »Man hat mir eine Arbeitsakte auf den Schreibtisch gelegt, in der ›versehentlich‹ Bemerkungen zu militärischen Zusammenhängen standen. Dieses Papier war mit radioaktivem Cäsium getränkt. Hätte ich sie irgendwohin weitergegeben, hätte man mittels Geigerzähler mühelos den

Weg verfolgen können.« Von all dem ahnt der Physiker damals jedoch nichts. Er erkennt aber schnell den Unsinn der inkriminierenden Bemerkungen, bei denen es um Planvorgaben für den Bau eines Gerätes zur Ausbildung von Jagdfliegern geht, woran sich die Forscher schon mehrfach erfolglos versucht haben. Ladwich packt die Unterlagen zusammen und legt sie in eine Schreibtischschublade seines Chefs.

Der mag ein paar schwierige Gespräche mit seinen Stasi-Genossen gehabt haben, denen er als Inoffizieller Mitarbeiter IM »Schwarz« diente, denn immerhin kam der Tipp auf den Forscher mit den »Westverbindungen« von ihm. Und dabei hatte die Stasi alles so gründlich »konspirativ« vorbereitet: Die Ermittlung lief als »Zollvergehen«, denn hin und wieder schickte Manfred Ladwich auch mal ein Manuskript in den Westen.

Erst nach Öffnung der Stasi-Akten, Mitte der Neunzigerjahre, erfährt er: »Die hielten mich für den Kopf einer ganzen Agentengruppe!«

Zwanzig Jahre zuvor verläuft schließlich alles im Sande. Manfred Ladwich hat sich in seiner DDR-Nische eingerichtet. Dass er bei Carl Zeiss keine Karriere machen kann, weiß er, aber es gibt schließlich wichtigere Dinge im Leben.

Mit dem Ende der DDR geht auch seine Berufstätigkeit zu Ende – dann klingelt plötzlich das Telefon. Es meldet sich eine Mitarbeiterin der neuen Bundesbehörde zur Verwaltung der inzwischen zugänglichen Stasi-Akten. In Berlin sei in der Hinterlassenschaft des Staatssicherheitsdienstes der DDR eine Akte über den Forscher in Jena entdeckt worden, die sehr persönliche Dinge beinhalte. Man müsse darüber sprechen, es gehe um die Gesundheit. Und sicher gäbe es auch ein Echo in der Presse, die Sache sei so brisant, dass sie früher oder später ohnehin an die Öffentlichkeit gelangen würde.

Manfred Ladwich spricht mit der Frau aus Berlin und erfährt so von der Jahre zurückliegenden radioaktiven Attacke gegen ihn. »Mit Cäsium zerstrahlt!« Das ist eine Schlagzeile, die sich nicht einmal ein mittelmäßiger Lokaljournalist entgehen lassen würde.

Der Physiker sieht alles eher gelassen. Dass er in der DDR den unsichtbaren schwarzen Punkt des Verdachtes trug, hatte er all die Jahre gespürt. Neu war lediglich, wie die Falle funktionieren sollte. Ein perfider, aber nach all dem, was inzwischen von »inneren Zusammenhalt« des selbst ernannten Arbeiter- und Bauern-Staates bekannt war, keineswegs völlig überraschender Plan. Als Naturwissenschaftler weiß er, dass alles viel dramatischer klingt, als es ist: »Die Dosis, die da eine Rolle spielte, wäre keine ernsthafte Bedrohung gewesen. Das wäre so viel gewesen, wie es ein Arbeiter eines Kernkraftwerkes in einem Jahr abbekommt.«

Viel mehr interessiert ihn jedoch, was Menschen aus seinem Umfeld, die er ja gekannt haben muss und die ihm vordergründig ein freundliches Gesicht zeigten, veranlasst haben mag, ihn zu denunzieren. Not wäre eine Erklärung, Bedrängnis – doch die prägten nicht unbedingt die DDR-Jahre. Manfred Ladwich vermutet den »Zeitgeist«, der alles beherrschte:

Wie kommt's, dass über lange Zeiten
der Ungeist herrschen kann?
Man sieht ihn wohl, wer mag's bestreiten,
als legitimen Zeitgeist an.

Natürlich kennt Manfred Ladwich den Namen seines persönlichen »Ungeistes«. Wer dieser »IM Schwarz«, der ihn bei der Stasi anschwärzte, jedoch war, erzählt er keinem der Journalisten. Warum auch?

Doch das Schweigen Manfred Ladwichs genügt »IM Schwarz« nicht. Er hat sich aus dem öffentlichen Dienst mit seinen Nachfragen zur Vergangenheit in die private Wirtschaft geflüchtet, doch die Angst ist geblieben. Also geht »IM Schwarz« zum Gericht, um auch eine künftige Nennung seines Namens – seine Stasi-Genossen sagten dazu »Klarnamen« – vorsorglich verbieten zu lassen.

Als Manfred Ladwich den Denunzianten eines Tages zufällig in Jena trifft – die Stadt ist klein und irgendwann läuft man sich immer mal über den Weg –, sagt der dem früheren Kollegen: »Es tut mir leid, dass ich dir damals ein Bein gestellt habe.« Mehr nicht. Keine Entschuldigung. Keine Erklärung.

Manfred Ladwich ärgert sich kaum noch darüber. Warum sollte er jemanden zertreten, der sich selbst zum Wurm gemacht hat und nun den Dreck verdauen muss, den er jahrelang fraß?

Der Physiker macht einfach das, was er immer getan hat. er schreibt ein Gedicht. Dabei bedient er sich des naturwissenschaftlichen »P« als Symbol für die Konstante, denn der Buchstabe hat zufällig mit dem Namen des Mannes zu tun, dem seine Konstante der duckmäuserischen Anpassung mit dem Ende von DDR und Stasi verloren gegangen ist. Es ist keine Anklage, nur eine Feststellung:

Es glaubt der P,
ich glaubte einst, er sei ein Schuft gewesen,
er irrt,
ich glaub' es immer noch.

»DANN GEHT DOCH RÜBER ...«

Vielleicht war der Ort der Verabredung etwas zu umständlich beschrieben: der kleine Italiener, Ecke Lindenstraße, Ritterstraße, nicht »Der alte Fritz« oder der Jugoslawe gegenüber .... »Wenn ich nicht mal den Treffpunkt in einer Berliner Kneipe finde, wäre das ja wohl noch nachträglich ein entlastendes Element für eine Top-Spionin!«, sagt die Frau am Telefon trocken.

Rechtsanwältin Lilian Pröpster, die eigentlich längst deutsche Generalkonsulin in Hermannstadt, Sibiu, in Rumänien sein sollte. Wenige Tage vor der geplanten Abreise in Richtung Balkan, am 1. Dezember 1993, nimmt sie ein Kommissar vom Bundeskriminalamt im Referat 118 des Auswärtigen Amtes, der Sicherheitsabteilung, fest. Es ist das Ende der Vortragenden Legationsrätin und DDR-Spionin »Angelika«. Sie ist neununddreißig. Begonnen hatte alles achtzehn Jahre früher, im Sommer 1975 in Potsdam.

Für den Sozialistischen Hochschulbund (SHB) reist Lilian Pröpster auf Einladung der FDJ in die preußische Schlösserstadt. Sie ist begeistert: »Das war eine ganz tolle Veranstaltung mit allerhand Besichtigungen, Diskussionen und einem richtig guten Kulturprogramm.« Die Jurastudentin ahnt nicht, dass die DDR-Blauhemden für solche Begegnungen extra geschult wurden, z.B. in Lagern wie am Hölzernen See zwischen Berlin und dem Spreewald gelegen. Es schien alles recht locker:

»Wir aus dem Westen hatten auch Gelegenheit, uns darzustellen, und man zeigte sich an unseren Problemen sehr interessiert. Ich konnte mich auch ohne Weiteres mal selbstständig machen und ohne den ganzen Pulk in Potsdam oder Berlin umsehen, ohne dass jemand fragte, wo ich gewesen war.«

Das musste wohl auch niemand. Eine Personenobservation braucht acht Mann, wenn der Beobachtete sie garantiert nicht bemerken soll. Die DDR ließ sich eben nicht nur das Sommerlager etwas kosten. Lilian Pröpster: »Ich hatte den Eindruck, dass man es in der DDR sehr gut aushalten konnte.«

Einige Wochen später klingeln an der Frankfurter Wohnung der Studentin zwei junge Männer, so um die dreißig. Sie kämen aus der DDR, vom »Institut für Imperialismusforschung«, sagen sie, und sie wollten für Forschungszwecke etwas über das Studium im Westen und dessen Begleitumstände erfahren. Das war genau das Thema, das auch Lilian als politisch engagierte Studentin umtrieb. Seit ein paar Jahren gab es das Bundesausbildungsförderungsgesetz, BAföG genannt, das auch für junge Leute aus ärmeren Familien den Weg an die Unis öffnete. Es war noch nicht lange her, dass die Reichsfürsorgeverordnung von 1924 die Hilfe für begabte, aber mittellose Studenten im Westen regelte. »Kriegsfolgengeschädigte« wurden gefördert, und es gab ein paar Modelle auf Länderebene, doch für das BAföG musste erst einmal das Grundgesetz geändert werden.

Da war die DDR doch ganz anders aufgestellt. Ein Staat der Arbeiter und Bauern eben – Lilian Pröpster hielt das für den gerechteren Weg. Als sie im November 1975 nach Ost-Berlin eingeladen wird, um über all das noch einmal zu diskutieren und vor allem auch ihre wertvollen Erfahrungen einzubringen, zögert sie nicht, auch wenn das in jenen Jahren durchaus keine alltägliche Reise ist. Treffpunkt: Weltzeituhr am Alexanderplatz.

Dass die Orte auf der Uhr für normale DDR-Bürger unerreichbar ferne Sehnsuchtsziele sind, fällt ihr nicht auf. Die Gastgeber sind nett und um sie besorgt. Statt ins »Institut« gehen sie mit ihr in den Tierpark in Friedrichsfelde. Im Westen gebe es doch seit Januar 1972 den Radikalenerlass, der festlegt, dass Bewerber für den Öffentlichen Dienst vom Verfassungsschutz überprüft werden. Sie wollen der jungen Frau diesen Weg nicht unabsichtlich verbauen, sagen ihre Begleiter. Obwohl Lilian Pröpster noch gar keine konkreten beruflichen Pläne hat, ist sie für diese Fürsorge dankbar. Es folgen weitere Besuche in Ost-Berlin, ohne das Lilians Bekannte im Westen etwas davon erfahren – »Sie wissen schon, der Radikalenerlass …«

Eines Tages, im Februar 1976, lädt der inzwischen zum Freund gewordene Begleiter die junge Frau nach Strausberg ein. Dort sitzt das Verteidigungsministerium der DDR, weil deren Hauptstadt Berlin ja immer noch unter der Kontrolle der Vier Mächte steht und deshalb kein deutsches Militär beherbergen darf. Auch so eine Ungerechtigkeit, gegen die sich die DDR wehren muss.

Beim Wehren, beim Schaffen von mehr Gerechtigkeit, könne sie helfen, sagt ihr der Mann, nachdem sie ohne jede Kontrolle in eine Kaserne gefahren waren und in einem Offizierskasino opulent gespeist hatten. Er sei vom Ministerium für Staatssicherheit. Die Genossen haben ihn beauftragt, Lilian Pröpster zu fragen, ob sie Kundschafterin der DDR im Westen werden will. Sie sagt ohne zu zögern Ja.

Das kommt nicht von ungefähr. Für manche Linke im Westen war die DDR in jenen Jahren das Land ihrer Träume. Endlich international anerkannt, Mitglied der UNO, 1975 gleichberechtigt am Tisch der Konferenz für Sicherheit und Zusammenarbeit von Helsinki, in vielen Ländern der Dritten Welt engagiert – der kleinere deutsche Staat hatte sich über Jahre durchgebissen. Das verdiente Anerkennung. Und auch im Innern ging es vorwärts. Erich Honecker verkündete eine Politik, die sich an einer Verbesserung des Lebensstandards messen lassen wollte, der sture Moskauer Statthalter Ulbricht verschwand von der Bildfläche. Es sah nach Bewegung aus.

Dies war umso mehr der Fall, verglich man es mit der langsam wieder einsetzenden Erstarrung nach dem studentischen Aufbegehren im Westen. Lilian hatte die Kämpfe um den Namen ihrer Frankfurter Uni miterlebt, Karl Marx unterlag Johann Wolfgang von Goethe. Die Aufbruchstimmung war verflogen, alles schien in eine Sackgasse geraten zu sein. Die Konturen zwischen Kriminalität und Revolution wurden unscharf, und der Blick über die Grenzen offenbarte Bedrohliches: »Ich hatte das Problem, dass unter der Oberfläche der

Abrüstung und Entspannung die fortschrittlichen Bewegungen im Westen, in Frankreich, in Portugal, in Chile usw., scheiterten und teilweise auch gewaltsam unterdrückt wurden.«

Die sozialdemokratisch geprägte junge Frau schien ihre politische Heimat verloren zu haben: »Das ›Mehr Demokratie wagen‹ von Willy Brandt war längst verpufft«, sagt sie und dass »ihre« Partei ihrer Studentenorganisation, dem Sozialistischen Hochschulbund, der einmal der Sozialdemokratische Hochschulbund gewesen war, Anfang der Siebzigerjahre zuerst das Geld und 1972 per Gerichtsbeschluss auch noch den Namen entzogen hatte, war schon kaum noch der Rede wert.

Die Frage, wer hier wen verraten soll, relativiert sich in der Sicht der Beteiligten. Lilian Pröpster sucht eine Alternative zu einem Umfeld, das ihr damals so erscheint: »Es gab nur noch Berufsverbote und RAF-Hysterie, und wenn man den Mund aufmachte, hieß es: ›Geht doch nach drüben, wenn es euch hier nicht passt!‹ Voilà, das ließ sich doch machen.«

So wurde sie für die Hauptverwaltung A der Stasi (HVA) die Agentin »Angelika«. Dreißig Jahre später sagt sie: »Ich bin der HVA eigentlich wie eine reife Frucht in den Schoß gefallen.« Bereut hat sie das nicht.

In einer konspirativen Wohnung in der Wisbyer Straße 44 a in Berlin-Pankow unterschreibt Lilian Pröpster Anfang 1976 ihre schriftliche Verpflichtungserklärung. »Ich habe darauf Wert gelegt, dass mein politisches Motiv klar genannt wurde. Finanzielle Gründe gab es für mich nicht.«

War es dennoch nur ein Deal, der von Anfang an auf Vertrauensbruch basierte und auf Verrat baute? Kaum, denn Geheimdienste suchen nach Überzeugungen bei den Menschen, die sie rekrutieren, und bieten dafür politische und persönliche Geborgenheit. Söldner werden nur genommen, wenn es gar nicht anders geht.

Für »Angelika« begann mit der Unterschrift bei der Stasi das Hineinwachsen in eine Doppelrolle. Sie musste ihr sozialdemokratisch bestimmtes Handeln bremsen und konservative Positionen vorgeben, denn noch war längst nicht klar, in welche Richtung der berufliche Weg führen würde. Im Nachhinein mag das als innere Spaltung erscheinen, damals war es jedoch ein Verhalten, das auch ohne jeglichen Kontakt zur Stasi hätte stattfinden können. Für viele Menschen geht der Einstieg ins Berufsleben mit einer – oft unbewussten – Abwägung einher, inwieweit künftig Opportunismus und Pragmatismus das Leben bestimmen dürfen. Diese Frage stellte sich auch für Lilian Pröpster. »In vielen einsamen Stunden legte ich für mich Standpunkte fest, die ich gerade noch für vertretbar hielt.« Verbogen hat sie sich dabei nicht. Auch nicht für die Stasi.

Wollte die Stasi bei »Angelika« und anderen Agenten im Westen, die aus politischen Gründen zur Kooperation bereit waren, erfolgreich bleiben, galt es, die Loyalität der Partner zu erhalten und diese nahezu unmerklich in eine Loyalität zur DDR umzuwandeln. Mit den den eigenen Bürgern gegenüber praktizierten Beschränkungen, die im Zweifelsfall auch schnell zu Bedrohungen werden konnten, war das nicht zu machen. Es funktionierte nur, wenn sich auch die DDR-Seite als kritikfähig präsentierte. Doch dabei gab es zwei Axiome. Erstens: Langfristig gibt es keine andere gesellschaftliche Entwicklung als den Sieg des Sozialismus auf der ganzen Welt. Zweitens: Alle auftretenden Probleme auf dem Weg dorthin sind nur den konkreten politischen Umständen geschuldet und somit überwindbar.

An einer solch langen Leine lässt es sich laufen, auch für fortschrittliche Intellektuelle im Westen. Viele von ihnen erklären ihre damalige Spionage heute mit dem Gefühl, politisch an der Gestaltung der Beziehungen mitgewirkt, ja sogar so etwas wie eine Beraterfunktion ausgefüllt zu haben. Dieses Gefühl wurde gezielt gefördert. Zum Beispiel mit Orden. Wenn ich für eine Seite ein Held bin, kann ich für die andere kein Verbrecher sein –das Gute gewollt zu haben, das müsste doch wenigstens anerkannt werden!

Im Osten ist die Art und Weise der Führung der West-Agenten der Hintergrund für die stets gepflegte Spaltung des Geheimdienstes in die »elitäre« Aufklärung und die eher dumpfe geheimpolizeiliche Überwachung der eigenen Untertanen. Gern vergessen wird dabei, dass die Sicherung der Macht immer Priorität vor der Entwicklung der Idee hatte.

Der weitere Lebensweg der Lilian Pröpster ist schnell erzählt: Sie macht 1979 und 1981 ihre juristischen Staatsexamen, qualifiziert sich für den Auswärtigen Dienst und wird Beamtin. Es folgen diplomatische Missionen in Südostasien und in Paris, stets begleitet von Treffen mit den Stasi-Offizieren aus Ost-Berlin. All das ist im Empfinden von »Angelika« kein

Doppelleben, bei dem man den einen verraten muss, um dem anderen zu dienen. Es ist ein Leben, in dem sie ihre eigenen Träume, ihre politische Position mit der Arbeit, die sie zu leisten hat, in Übereinstimmung bringen kann. Es ist kein Leben voller Angst und Misstrauen, kein Leben im Leiden. Vielleicht gibt es einen einzigen Schatten: Die junge Frau bleibt allein, geht keine langfristige Partnerschaft ein. »Ich wollte da niemanden mit hineinziehen.« Doch so denken viele andere aus völlig anderen Gründen auch. Aus den Fugen gerät ihr Leben erst, als der Ostblock zerbricht.

Lilian Pröpster: »Für mich war es eine große Enttäuschung, dass 1990 das ganze sozialistische Weltsystem auseinander fiel. Dabei hatte ich mich immer als Teil der weltweiten Bewegung gefühlt, zu der die sozialistischen Staaten und die fortschrittlichen Menschen im Westen gehörten. Die DDR war darin aus praktischen Gründen für die Aufklärung der BRD zuständig.«

Nun waren all jene, die diese Position für richtig erachteten, verschwunden. Es blieben nur die anderen. Die Schubladen hatten das Leben wieder. Es dauerte noch ein paar Jahre, bis Lilian Pröpster in die ihre gesteckt wurde. Dass sie während dieser Zeit Wellen von Angst und Hoffnung, trotzigem Beharren und vielleicht auch kritischer Einsicht durchstehen musste, mag nur der Vollständigkeit halber erwähnt sein. Am 28. April 1994 verurteilte das Oberlandesgericht Düsseldorf die Frau wegen geheimdienstlicher Agententätigkeit im besonders schweren Fall zu zwei Jahren Haft auf Bewährung, zwei Jahren Verlust der bürgerlichen Ehrenrechte, wie z.B. des aktiven und passiven Wahlrechts, und zur Übernahme der Gerichtskosten von 13 000 DM.

Es war ein faires Urteil, das den Zeitläufen Rechnung trug und Lilian Pröpster nicht ins Gefängnis führte. Dennoch folgen Jahre der Verzweiflung, bis sich eine neue Perspektive als Anwältin eröffnet.

Dass der Versuch, das richtige Leben im falschen zu suchen, zum »besonders schweren Fall« von Verrat in Lilian Pröpsters Leben wurde, war nicht vorhersehbar. Adorno meint, es gebe kein richtiges Leben im falschen, für »Angelika« war es zumindest den Versuch wert. Das hatten die Richter nicht zu bewerten. Für sie blieb nur die kriminelle Seite einer Tätigkeit, die für die einen heldenhaft, für die anderen verachtenswert ist.

DER GRENZGÄNGER

Die Leute hier zwischen Bad Harzburg im Westen und Ilsenburg im Osten reden nicht gern mit Fremden. Jedenfalls nicht über die frühere Grenze. Dabei muss es in dieser Gegend gewesen sein, am alten Bahndamm, damals, 1976.

Rückblende. Es ist der 6. März 1967. An einer Haustür im Grenzgebiet auf der östlichen Seite klingelt ein Mann. Er behauptet, vom Westen herübergekommen zu sein, und fragt nach dem Dorfpolizisten. Wenig später sitzt er in einem Dienstzimmer der Grenztruppen einem Stasi-Leutnant gegenüber.

Er heiße Siegfried Epp, sagt der Mann, und er wolle nicht mehr im Westen leben. Die DDR als Endstation Sehnsucht. Das ist ungewöhnlich genug. Bevor sich der Vernehmer überhaupt auf eine Diskussion einlässt, will er erst einmal wissen, wie der Mann eigentlich den Todesstreifen passiert hat. Er habe einen Grenzer ansprechen wollen, erzählt Epp, aber da niemand zu sehen war, ist er einfach weitergelaufen. Immer geradeaus, durch die Sandkuhle, dann weiter durch den Wald, Richtung Osten. Dort liegen Minen. Epp hat Glück gehabt, verdammt viel Glück.

Das war im Westen wohl nicht so. Seine Automatikuhr am Handgelenk ist der einzige Besitz Siegfried Epps. Ansonsten hat er vierzehn Mark und acht Pfennige im Portemonnaie und seinen Personalausweis, einen Kamm und zwei Schachteln Streichhölzer in den Taschen seiner schwarzen Cordhose und des blauen Mantels. Viel ist das nicht für einen Mann von einunddreißig Jahren.

Nach vier Stunden Verhör weiß der Stasi-Leutnant, weshalb Epp in die DDR will. Er sucht das bessere Leben. Das hat er schon einmal dort getan, aber man hat ihn nicht aufgenommen. Siegfried Epp ist auf Hilfe angewiesen. Er ist nur sechs Jahre zur Schule gegangen, dann sollte er Fleischer lernen. Aber er konnte kein Blut sehen und die Tiere taten ihm leid. Deshalb brach er die Lehre ab.

In einer LPG wollte sich Siegfried Epp dann lieber um die Tiere kümmern, statt sie zu schlachten. Er wäre gern dort geblieben, aber eines Tages bezichtigte ihn ein Kollege des Diebstahls. Der junge Mann war nicht in der Lage, sich zu wehren. Er flüchtet vor dem ungerechten Vorwurf in den Westen.

Weit kommt er nicht. Siegfried Epp bleibt in Bad Harzburg hängen. Er findet ein Zimmer in einem Mietshaus und einen Job als Kohlenträger. Schwer für den nur 1,70 Meter großen Mann und auch nicht besonders gut bezahlt: 130 Mark die Woche. Hatte er das Geld auf der Hand, musste erst einmal der Kohlenstaub aus der Kehle gespült werden. »Ist er Alkoholiker?«, notiert fragend der Leutnant. Und dass Epp sicherheitshalber im Fahndungsbuch überprüft werden soll. Man kann ja nie wissen. Dem Bekenntnis zur DDR traut er nicht. Wer kommt schon freiwillig hierher? Da zweifelt selbst ein treuer Stasi-Leutnant.

Er lässt Siegfried Epp sitzen und berät sich mit seinen Genossen. Was die Stasi bewogen haben mag, den Kohleträger aus Bad Harzburg als Agenten in den Westen zurückzusenden, ist in den Akten nicht vermerkt. Stattdessen findet sich das übliche Politkauderwelsch von aggressiven Imperialisten, die den Frieden stören und die DDR bedrohen. Die will nichts weiter, als ein Paradies für die Arbeiter und Bauern aufbauen. Die früheren Habenichtse sollen die Herren werden. Siegfried Epp versteht zwar nicht so richtig, wie das funktionieren soll, aber er sagt: »Wenn das alles so ist, wie Sie mir erzählen, ist das eine feine Sache.« Deshalb will er ja auch dabei sein. Dass er dafür etwas tun muss, begreift er. Eine Hand wäscht die andere. In seiner ungeübten Schrift unterzeichnet er seine Verpflichtungserklärung für die Stasi. Er ist nun der Spion »Kohle«.

Siegfried Epp erzählt dem Leutnant alles, was er weiß. Die Namen der Leute in seinem Haus, vom Bau einer hundert Meter langen Straße und einer Fußgängerbrücke in Bad Harzburg und sogar die Nummer des Lieferwagens seines Kohlenhändlers gibt er an.

All das füllt ein paar Aktenblätter, und das dient der Planerfüllung bei der Stasi. Ansonsten hilft es wenig im Friedenskampf. Doch die Genossen geben nicht so schnell auf. »Kohle« soll in der Heimatzeitung nachforschen, ob sich irgendwo mal wieder die Schlesier treffen. Außerdem: einen Kalender mit statistischen Angaben über Bad Harzburg besorgen und vor allem den Alkohol meiden. Keine großen Sachen für einen Spitzenspion in spe. Käme er ins Gefängnis, könne die Stasi nichts für ihn tun, heißt es. Jetzt bekommt er fünfzig D-Mark und eine »Legende«: Er habe eine Frau kennengelernt und mit ihr getrunken. Dann sollte es zur Sache gehen, aber da habe sie ihn auf einer Bank mit Blick auf die Zonengrenze sitzen gelassen, und er sei eingeschlafen.

Noch in der Nacht schleusen ihn die Stasi-Spezialisten in den Westen zurück. Er geht über ein Feld ins nächste Dorf und fährt mit dem Bus nach Bad Harzburg. Am darauf folgenden Tag geht er wieder Kohlen schleppen. Statt einem besseren, hat er nun zwei schlechte Leben.

Knapp zwei Wochen später warten Stasi-Schleuser am Grenzzaun auf ihren Agenten. »Kohle« soll leise hüsteln, dann würde alles Weitere erledigt, war vereinbart worden. Doch Siegfried Epp erscheint nicht. Wahrscheinlich hat er Angst, dass die Genossen unzufrieden mit ihm sind. Vielleicht ist er auch nur wieder mal blau. Das gute Einbecker Bier, seit 1378 bekannt. Seit 1555 schätzen es sogar die Wittelsbacher im fernen München.

Gut vierhundert Jahre später haben die Genossen an der unsichtbaren Front des Arbeiter- und Bauernstaates wohl irgendwann eingesehen, dass es mit dem Agenten »Kohle« nicht gelingen würde, den Weltfrieden zu retten. Sechs Monate später schließt die Stasi die Akte. Für sie ist die Sache erledigt.

Für Siegfried Epp jedoch nicht. Er will ja an den Segnungen der DDR teilhaben, und deshalb kommt er immer wieder über die Grenze in den Osten. Die Soldaten kennen derweil den skurrilen Sonderling und schieben ihn jedes Mal postwendend wieder ab. Acht Mal insgesamt, bis zum 10. Juni 1976.

Mitten in der Nacht zum 11. Juni steht der Grenzgänger wieder einmal am Zaun und ruft fröhlich: »Hallo Freunde, hier bin ich wieder, helft mir!« Wie immer bei seinen Grenzausflügen hat er vorher ausgiebig Martin Luthers gedacht: »Der beste Trank, den einer kennt, der wird Einbecker Bier genennt.«

Statt einer Antwort kommt vom Osten ein Feuerstoß aus einer Kalschnikow. Siegfried Epp ist in Arm und Bauch getroffen. Er wimmert noch ein paar Minuten, dann ist er tot.

Der Arzt des Grenzregimentes schreibt einen Totenschein für »Unbekannt« aus und bringt persönlich die Leiche in einem Krankenwagen der Armee ins Stasi-Untersuchungsgefängnis Magdeburg. Dort hat er sie im Flur abzulegen, niemand lässt sich sehen oder quittiert. So lauten die Befehle für solch einen Fall.

Nun reisen Experten aus der Stasi-Zentrale in Berlin an. Ihr Auftrag: die Herkunft der Leiche verschleiern. Sie legen dem toten Siegfried Epp eine Pistole in die Hand und stecken ihn in einen Plastesack. Der Sack wird im Magdeburger Stadtpark abgelegt und erwartungsgemäß von einem zufälligen Spaziergänger gefunden. Die Gerüchte in der Bevölkerung blühen, denn echte Leichen sind im kriminellen Leben der DDR rar. Am 16. Juni erscheint deshalb in der *Volksstimme* eine Notiz mit Foto und der Frage, ob jemand den unbekannten Toten kenne. Das ist natürlich nicht der Fall. Die Leiche wird im Institut für Rechtsmedizin in Magdeburg von dessen Chef, Prof. Dr. Friedrich Wolff, obduziert. Dann wird sie eingeäschert und im Urnengrab Nummer 53 der Anatomie auf dem Westfriedhof der Stadt beigesetzt.

In den Polizeiakten von Bad Harzburg gilt Siegfried Epp seit 1976 als »vermisst«.

In den Neunzigerjahren sucht ein Lokalreporter der *Goslarer Zeitung* nach Geschichten aus den Grenzjahren. Es ist schon so vieles erzählt worden, und immer noch Neuigkeiten zu entdecken fällt schwer. Deshalb erwähnt er in seinem Artikel auch den Namen des vermissten Siegfried Epp. Genau diesen Artikel liest zufällig ein ehemaliger DDR-Grenzer. Er erinnert sich daran, dass ihm einmal ein Kamerad beim Grillen von dem Mann erzählt hatte, der immer wieder versuchte, in die DDR zu kommen und beim neunten Mal schließlich erschossen wurde.

Nun mahlen plötzlich die Mühlen der Ermittler, und nach sechs Jahren haben sie tatsächlich den damaligen Todesschützen gefunden: Erwin G., 1942 in Zerbst geboren.

Nach der Berufsausbildung hatte sich der junge Mann 1961 freiwillig zur Nationalen Volksarmee verpflichtet. 1976 ist er Stabsfeldwebel.

Die Ermittler stellen fest, dass die Stasi den Grenzer unmittelbar nach den Todesschüssen als »inoffiziellen Mitarbeiter« verpflichtet hatte. Das ist merkwürdig. Noch verdächtiger scheint, dass er nie einen Bericht schreiben musste. Stattdessen findet sich in seinen Stasi-Akten ein Foto des toten Epp mit der Aufschrift »Druckmittel«. Das reicht für eine Vernehmung als Tatverdächtiger.

Erwin G. gibt zu, den Feuerstoß abgegeben zu haben, allerdings ungezielt. Das will Richter Hartmut Krüger vom Landgericht Magdeburg dem inzwischen Siebenundfünfzigjährigen nicht glauben.

Er kennt die perfiden Umstände, mit denen die Stasi den Tod von Siegfried Epp verschleiern wollte. Prof. Dr. Wolff hatte bei der Obduktion der »unbekannten Leiche« aus dem Magdeburger Stadtpark nämlich eine künstliche Herzklappe gefunden. Die gab es damals in der DDR noch nicht, der Tote musste also aus dem Westen stammen. Nun kommt noch eine Zeugenaussage hinzu, die Erwin G. schwer belastet. Der Mann behauptet, dass den damaligen Posten klar war, es könne nur der allseits bekannte Grenzgänger sein, der da wieder einmal auf DDR-Gebiet vorgedrungen sei. Deshalb habe der Kompaniechef Postenführer G. beauftragt, sich darum »zu kümmern«. Für den Richter heißt das: Es gab einen nur mäßig verschleierten Mordauftrag, und nun steht derjenige vor ihm, der diesen Auftrag ausgeführt hat.

Richter Krüger sieht in diesen Umständen Heimtücke und verschärft die Anklage von Totschlag auf Mord. Obwohl der Staatsanwalt eine Strafe von sechseinhalb Jahren Haft beantragt hatte, plädiert Krüger nun auf lebenslänglich. Erwin G. bricht weinend im Gerichtssaal zusammen. Dann das Wort des Richters: Zehn Jahre Haft wegen Mordes – das ist das härteste Urteil, das jemals gegen einen Mauerschützen gesprochen wurde.

2001 hebt der Bundesgerichtshof dieses Urteil auf. Das Landgericht Dessau muss erneut verhandeln, Erwin G. wird nun wegen Totschlags zu drei Jahren Haft verurteilt. Er muss alle Gerichtskosten tragen. Nach insgesamt achtzehn Monaten Haft wird er entlassen, der Rest der Strafe auf Bewährung ausgesetzt. Die Schatten der Vergangenheit haben sein Leben ruiniert.

Die Grenze zwischen Bad Harzburg im Westen und Ilsenburg im Osten ist kaum noch zu sehen, eine grüne Narbe, mehr nicht. Warum also noch darüber reden? Geschieht dies dann aber doch, zum Beispiel abends im »Eckerkrug« in Bad Harzburg oder im »Landhaus zu den Rothen Forellen« in Ilsenburg, ist die Wunde schnell wieder offen. Für die einen ist dann »der Todesschütze« aus dem Osten der alleinige Täter, für die anderen »der Spinner« aus dem Westen. Ihre Namen sind längst vergessen. Vielleicht waren beide Opfer, jeder auf seine Weise.

KAINSMAL

Als die nette alte Dame noch ein Mann war, erschlug sie ihren Vater mit dem Nudelholz: Charlotte von Mahlsdorf, geborener Lothar Berfelde. Ein Mensch, der seine Wirkungsstätte zu seinem Namen gemacht hat und so bekannt ist, dass die Nennung eines anderen Namens ihn nur lächerlich machen würde. So sei auch er wieder eine Ausnahme, und eine solche ist sie ja allemal. Das doppelte Lottchen.

Wer im falschen Körper geboren wird, eckt an, ob er nun will oder nicht. Lothars Vater Max war schon Nazi, als die noch in den Kneipen randalierten und von der braunen Macht in Deutschland kaum zu träumen wagten. Im März 1928 wird sein Sohn geboren. Dass der sich bereits als Kind für Mädchenkleider und »alten Kram« interessiert, versucht der Vater im Befehlston wegzubellen. Ohne Erfolg. Lothar flüchtete sich zum Kreuzberger Trödler Max Bier. Ihm half er bei Haushaltsauflösungen, und dabei fiel das eine oder andere Stück auch für ihn ab. Die alten Möbel der Gründerzeit, sich zwischen ihnen wie ein Dienstmädchen zu bewegen, das war der große Traum des schmächtigen Jungen, der sich wie ein Mädchen fühlte.

Im Gleichschritt-Denken des Volksgenossen Max Berfelde ist für so etwas kein Platz. Flink wie die Windhunde, zäh wie Leder und hart wie Kruppstahl wünschte sich »der Führer« die Jugend, und sein Gefolgsmann sieht sich in der Pflicht. Schafft er es nicht allein, gibt es die »Hitlerjugend«, die Erziehungshilfe leistet. »Dem Bengel die Flötentöne beibringen«, sagte man damals gern. Lothar will sich keine Flötentöne beibringen lassen. Es gibt Streit mit dem Nazi-Vater. Als seine Mutter Grete 1944 das Feldwebelgebrüll in der Familie endgültig leid ist und eigene Wege geht, will der Vater den Jungen mit vorgehaltener Pistole zwingen, sich für ein Elternteil zu entscheiden. In der folgenden Nacht erschlägt ihn Lothar im Schlaf. »Unter den Westminster-Gongschlägen unserer Standuhr«, erzählt Charlotte von Mahlsdorf.

Damals folgten mehrere Wochen in der Psychiatrie und die Verurteilung zu vier Jahren Jugendgefängnis. Das war Anfang 1945 in Berlin. Ringsum bricht die Welt zusammen. Berlin brennt. Lothar, der verurteilte »asoziale Jugendliche«, kommt frei.

Er streift durch die ausgebombten Häuser, sammelt, was noch zu retten ist. Und er trägt endlich Frauenkleider. Aus Lothar wird Lottchen. Sie liebt Männer und das Leben, den Tanz auf dem Vulkan. Ein kleiner Handel am Rande der Legalität mit gebrauchten Möbeln sichert das Überleben. Doch es fällt Charlotte schwer, die Sammelleidenschaft zu zügeln. Alles, was die Gründerzeit betrifft, hortet sie – es ist ja nicht irgendwas, sondern ihre Welt. Fünf komplette Zimmereinrichtungen hat sie bereits 1946 beieinander. Ein Domizil muss her, und Charlotte findet es 1958 im vom Abriss bedrohten Gutshaus Mahlsdorf. Die DDR-Behörden überlassen ihr das marode Gebäude aus dem Jahr 1780 mietfrei. Lottchen ist nun Charlotte von Mahlsdorf.

Dass sie damals bereits im Visier der Stasi stand, ist nicht mit Akten zu beweisen. Es ist aber allemal zu vermuten, denn das Verhältnis der DDR zu ihren Homosexuellen war stets ambivalent.

Einerseits gibt es im Osten Deutschlands frühzeitig Bestrebungen, die sexuelle Andersartigkeit zu akzeptieren, andererseits werden Homosexuelle lächerlich gemacht, ausgegrenzt und unterdrückt. Zum Positiven gehören Bemühungen, den berüchtigten Paragraphen 175 abzuschaffen, was dann auch früher als im Westen geschieht. Neben echter Toleranz spielt hier aber auch der fatale Gedanke eine Rolle, Homosexualität sei das Ergebnis einer misslungenen Erziehung.

Die warmen Brüder sind den kalten Kriegern suspekt. Wenn Charlotte nach dem Ende der DDR wütend vom »SED-Staat« erzählt, hat das etwas vom stereotypen Gedudel ihrer Musikautomaten. Erklärungen für das, was damals geschah und wie privilegiert erscheint – ein mietfreies Gutshaus, ein privates Museum und ein vom Staat tolerierter, einträglicher Antiquitätenhandel –, kommen in ihren Geschichten nicht vor. Vielleicht ist es die unterschwellige Angst vor der trotz aller öffentlich demonstrierten Toleranz stets bedrohlich im Hintergrund stehenden Möglichkeit der Ausgrenzung aufgrund ihres andersartigen Lebens, die Charlottes spätere Haltung bestimmt.

Diese Haltung ist nicht unberechtigt, denn oft versuchen die DDR-Behörden im praktischen Umgang mit Homosexuellen deren Disposition als charakterliche Voraussetzung für politische oder kriminelle Verfehlungen zu interpretieren. Sie sehen in deren purer Existenz eine Verletzung des »Sittlichkeitsgefühls unserer Werktätigen«. Im Gegensatz zu den Nazis begegnet man dieser »Gefahr« nicht mit Mord und Totschlag, doch die Rosa-Winkel-Häftlinge aus den Nazi-Konzentrationslagern blieben Opfer zweiter Klasse. Das Gefühl einer latenten Bedrohung ist vor diesem Hintergrund nachvollziehbar. Charlotte von Mahlsdorf mag es gespürt haben.

Ein Ende der Ausgrenzung von Homosexuellen ist erst ab Anfang der Achtzigerjahre zu beobachten, wobei das Bemühen um ihre stärkere gesellschaftliche Integration nicht unwesentlich von der Stasi ausging. Sie versprach sich davon eine bessere Kontrolle der Außenseiter im Sozialismus.

Davon profitiert Charlotte von Mahlsdorf. Die Frau in der Kittelschürze, stets eine Perlenkette um den Hals, hätte leicht als »Asoziale« kriminalisiert werden können – das konnte jedem passieren, der in der DDR nicht arbeitete. Warum nicht ihr? Sie sammelte und restaurierte Möbel aus den Gründerjahren, und das zu einer Zeit, als die DDR noch nicht entschieden hatte, wie sie mit diesem Erbe umgehen sollte. Einerseits galt es als es die Blüte des ungezügelten Kapitalismus, andererseits als Zeit des Aufkeimens des Proletariats. Schon 1960 eröffnet Charlotte von Mahlsdorf in den rekonstruierten Räumen des Gutshauses Mahlsdorf ihr Gründerzeitmuseum. 1963 rettet sie das Inventar der legendären Nutten-Gaststätte »Mulack-Ritze« aus dem Berliner Scheunenviertel und baut sie im Keller ihres Hauses wieder auf.

Zehn Jahre später hat auch die DDR das Kulturgut »Gründerzeit« erkannt, zumindest als devisenträchtige Handelsware für den Westen. Und so taucht im Spätherbst 1973 bei Charlotte von Mahlsdorf Horst Schuster auf. Er ist Chef der Kunst und Antiquitäten GmbH, die zum Devisen-Außenhandelsimperium Kommerzielle Koordinierung des Staatssekretärs Alexander Schalck-Golodkowski gehört. Nebenbei arbeitet Schuster für die Stasi als IM »Sohle«. Schuster ist ein beweglicher Mann mit Kontakten in alle Grauzonen. Bei der CIA ist er gleichzeitig als »Pfaff« registriert, und nach seinem Überlaufen 1983 zum BND wird er dort als »Odysseus« geführt.

Schuster bietet Charlotte von Mahlsdorf steuerfreie 200 000 Mark auf die Hand und den Posten des Geschäftsführers ihres Gutshauses für 1800 Mark Monatssalär. Dafür soll das Guthaus Mahlsdorf eine Filiale der DDR-offiziellen Antiquitätenverkäufer werden.

Charlotte sagt Nein. Doch die Stasi macht über ihren inoffiziellen Mitarbeiter »Sohle« Druck. Sie braucht Devisen aus den Antiquitätenverkäufen für ihre Aktivitäten im »Operationsgebiet«, und das ist der Westen. Und so liegt plötzlich eine Zahlungsaufforderung der Steuerbehörde im Mahlsdorfer Briefkasten. Charlotte soll 10 000 Mark Steuern nachzahlen.

Das ist in jenen Jahren ein beliebter Trick, um Antiquitätenbesitzer in der DDR kalt zu enteignen. Die Sammlungen werden nach einem fiktiven Verkaufs- und Sammlerwert geschätzt, und so besitzen sie plötzlich ein Vermögen, manchmal in Millionenhöhe, auf das nun Steuern zu zahlen sind. Da dies keiner kann – Charlotte von Mahlsdorf hat im November 1973 gerade 800 Mark auf ihrem Konto bei der Sparkasse –, werden die Antiquitäten als »Steuerschuld« beschlagnahmt und in den Westen verkauft.

Am 1. Februar 1974 eröffnen ein Mitarbeiter der Steuerbehörde und ein Abgesandter der Abteilung Kultur beim Berliner Magistrat Charlotte, dass die Pfändung nun bevorstünde.

»In der folgenden Nacht habe ich weiße Haare bekommen«, erzählt die Sammlerin und tupft sich mit einem Spitzentaschentuch das Auge. »Zuerst wollte ich die Möbel zerhacken. Dann dachte ich, was können die Möbel dafür. Dann wollte ich mich umbringen, doch ich musste doch an meine Mutter denken!« Schließlich kommt Charlotte von Mahlsdorf am Ende der Nacht der rettende Einfall: »Wo nichts ist, da hat auch der Magistrat sein Unrecht verloren!«

Bereits am nächsten Tag fordert sie die Besucher ihres Museums auf, sich das mitzunehmen, was ihnen gefällt. So schmelzen die dreiundzwanzig Gründerzeitzimmer innerhalb kürzester Zeit auf neun zusammen, fast die gesamte Sammlung von Edison-Phonographen – die vollständigste außerhalb den USA – verschwindet, 386 Wanduhren und dreiunddreißig Standuhren wechseln den Besitzer und 10 000 Bücher nebst ein paar Klavieren werden abtransportiert. Der Spuk endet erst, als die Schauspielerin Annekathrin Bürger den SED-Staranwalt Friedrich Karl Kaul informiert, dem es gelingt, die beabsichtigte Enteignung und damit die sukzessive Auflösung des Gründerzeitmuseums zu stoppen.

Nun blieb der Stasi nur noch die Asozialen-Variante, um an die begehrten Antiquitäten zu kommen. Doch zum einen ist das Gutshaus Mahlsdorf seit ein paar Jahren ein beliebter und bekannter Treffpunkt der Schwulen- und Lesbenszene der DDR, ergänzt von der Ost-Berliner Bohème, und zum anderen hat die Stasi schon längst internen Ärger mit Charlotte.

Am 17. November 1971 hatte sie den prominenten Transvestiten »auf freiwilliger Basis« und der »Grundlage der politischen Überzeugung« als inoffiziellen Mitarbeiter »Park« registriert. Anlass war eine Beobachtung: Ein in West-Berlin stationierter US-Soldat hatte im Gründerzeitmuseum eine Uhr gekauft, na-

türlich gegen harte Währung, und das war offiziell verboten. So steht die »Freiwilligkeit« der IM-Unterschrift zu bezweifeln.

Charlotte von Mahlsdorf ist ein ängstlicher Mensch. Sie lässt sich von ihren vermeintlichen Freundinnen Silvia S. und Beate J. kommandieren und in ihrer Persönlichkeit einschränken. Wie hätte sie da einem geschulten Stasi-Offizier widerstehen können?

Aus den Akten erschließt sich nicht, welcher Art die »politische Überzeugung« gewesen sein könnte. Das Bedürfnis, für den Sozialismus an die Front zu ziehen, war es sicher nicht. Stattdessen belegen die Papiere, dass Charlotte fortan über ihre Kontakte und die Verkäufe aus dem Museum berichtete. »Das war ein gefährlicher Pfad für mich, aber ich hatte keine andere Chance«, sagt sie in der Rückschau. Die Trennung von Dichtung und Wahrheit bleibt dabei unscharf. So belegen die Akten, dass Charlotte ihren Freund, den Antiquitätensammler Alfred Kirchner, bei der Stasi verraten hat. Er wandert ins Gefängnis und stirbt dort. Natürlich gibt es auch dazu eine Geschichte von Charlotte. Alfred selbst habe sie aufgefordert, der Stasi seinen Namen zu nennen und mit der Geheimpolizei zusammenzuarbeiten. Die Akten sagen anderes, doch wer kann hier den Strich zwischen wahr und unwahr ziehen?

»Charlotte hat was ganz ausgeprägtes Autistisches«, sagt der Psychologe Jürgen Lemke. »Sie lebt in ihren Geschichten wie in einer Glaskugel. Um den ganzen Hohn und Spott zu überleben, den sie von Kindheit an ertragen musste, hat sie sich eine eigene Innenwelt geschaffen.«

Dazu gehört das Märchen vom armen Dienstmädchen. Erika Karasek, Direktorin des Berliner Museums für Volkskunde, belegt mit ihren Einkaufslisten aus DDR-Zeiten, dass es nicht stimmt: »Wir haben innerhalb von zehn Jahren für verschiedene Ankäufe etwa 60 000 Mark an Lothar Berfelde gezahlt.« In den Geschichten der Charlotte von Mahlsdorf ist davon nicht die Rede. Auch nicht von den beiden »Freundinnen«, Silvia S. und Beate J., unter deren Einfluss sie immer mehr geriet. »Das waren Drohnen«, ist heute in Mahlsdorf zu hören. »Sie haben Charlotte vermarktet und gemolken, wo es nur ging.«

Die Stasi war dieser Gemengelage schon Mitte der Siebzigerjahre nicht mehr gewachsen. Ihr ging es um Planerfüllung bei Spitzelleistungen, und für IM »Park« konnte sie nur immer wieder ein »unbefriedigend« notieren. 1976 wird die IM-Akte geschlossen und »Park« zu einer konspirativen Adresse »umregistriert«. Oberleutnant K. konstatiert enttäuscht: »Durch seine überbetonten musealen Interessen hat der IM nur für diese ihn betreffenden Fragen Interesse, er unterschätzt bzw. negiert dabei völlig die in diesen Kreisen tätigen feindlichen Handlungen von Personen und verliert auch den Überblick.«

Heraus kommt die ganze Sache Anfang der Neunzigerjahre. 1992 lernt der amerikanische Autor Doug Wright Charlotte von Mahlsdorf kennen. Auch er ist schwul und interessiert sich für das Leben der Homosexuellen im Sozialismus. Nach vier Interviews beschließen sie gemeinsam, Charlottes Stasi-Akte zu beantragen. Wright schreibt an einem Theaterstück über Deutschlands berühmtesten Transvestiten. *I Am My Own Wife* heißt es – so wie auch Charlotte von Mahlsdorfs Autobiografie, *Ich bin meine eigene Frau* – und aus den drögen Akten soll ein wenig Lokalkolorit gewonnen werden. Motto: So habe ich die Stasi an der Nase herumgeführt.

Was Charlotte von Mahlsdorf dann bekommt, ist eine sogenannte Täterakte.

Wieder flüchtet sie in ihre Geschichten, doch inzwischen geht es um knallharte Geschäfte. Davon, dass eigentlich alles einmal erst die DDR, dann die Jüdische Gemeinde erben sollte, ist nicht mehr die Rede. Das Mahsldorfer Gutshaus, 1990 für 8000 Mark erworben, will Charlotte dem Berliner Senat jetzt für eine Million verkaufen. Eine weitere Million soll das Inventar kosten.

Sie hat einen scheinbar guten Grund, sich aus dem neuen Deutschland auf die Flucht zu begeben: Im Sommer 1991 überfallen Skinheads ein schwul-lesbisches Fest im Garten des Gutshauses. Dennoch meinen Insider, dass dies nur ein Vorwand ist. Psychologe Lemke: »Das war eine Konstruktion. Charlotte hatte niemals Angst.« Jedenfalls nicht vor den glatzköpfigen Radaubrüdern. Ihre Ängste lagen im wackeligen Konstrukt ihres Lebens.

Schon Charlottes Geschäftssinn scheint zu bestätigen, dass der nun verkündete Plan, nach Schweden zu gehen und dort ein neues Museum aufzubauen, wohl vor allem dem Versuch diente, die Geschichte ihres Lebens als Opfer fortzuschreiben.

Charlotte macht Druck auf die Behörden. Eine Bürgerinitiative zur Rettung des Gründerzeitmuseums hilft dabei, vielleicht sogar unbewusst. Teile der Sammlungen werden verkauft, zum Beispiel zwei Gründerzeitzimmer nach Altranft. Es ist die Zeit, in der die Fördergelder für solche Projekte fließen. Der Berliner Senat schätzt den Rest in Mahlsdorf auf 350 000 Mark, zahlt dafür aber dann doch 520 000 Mark. Charlotte von Mahlsdorf bekommt das Bundesverdienstkreuz obendrauf.

Das Experiment Schweden geht schief. Für die in Porla Brunn, zwei Autostunden von Stockholm entfernt, gekaufte »Villa Hamilton« zahlt Charlotte einen viel zu hohen Preis. Die Gegend ist öde, das Interesse an einem Museum gering. Ihre Freundinnen nehmen sie noch einmal gründlich aus, dann verlassen sie sie. »Ich lebe wieder von meinen 690 Mark Rente oder was das an Euro jetzt so ist«, sagt Charlotte von Mahlsdorf. Sie ist wieder in ihren Geschichten angekommen – das ewige Dienstmädchen aus der längst versunkenen Welt der Jahrhundertwende.

Charlotte stirbt überraschend am 30. April 2002. Zufällig ist sie zu Besuch in Berlin, natürlich in Mahlsdorf. Ihre Angehörigen setzen durch, dass auf dem Gedenkstein an erster Stelle »Lothar Berfelde« steht. Der Name des Mannes, der als nette alte Dame lebte.

KALTES HERZ

Der Geheimtipp heißt »Müller-Langhardt«, seit drei Generationen am Platze. Wenn sich dort, auf dem Bonner Marktplatz, eine leicht rundliche Dame mit einem »Aber bitte mit Sahne« der berühmten Schwarzwälder Kirsch ergab, war manchmal ein Stasi-Lauscher aus dem Osten nicht weit.

Die Bundeshauptstadt galt stets als langweiliger Ort. Entweder es regnet, oder die Schranken sind runter, sagen die Einheimischen. Für viele einsame Sekretärinnen war das Café Fluchtpunkt und Paradies zugleich. Hier aßen sie sich Speckröllchen auf die Hüften, weil sich kein Freier fand. Und wegen dieser Speckröllchen sank auch die Chance, dass doch noch einer kommen würde. Jedenfalls aus Bonn.

Dem will Inge Funk mit einer flotten Annonce im *Bonner General-Anzeiger* entgegenwirken. Sie ist achtundzwanzig Jahre alt, sehr gepflegt und stets elegant gekleidet, aber sie wiegt ein paar Kilo zu viel. Natürlich probiert sie alle möglichen Diäten aus, aber zwanzig Kilo sind eben zwanzig Kilo, und ihre Veranlagung kann sie nicht überlisten. Inge Funk fühlt sich als spätes Mädchen. Ihre Träume kreisen um Kinder, eine eigene Familie und natürlich einen Mann. Vielleicht funktioniert es so: »Temperamentvolle Eva, 28, sucht entsprechenden Mann fürs Leben, der Intelligenz, Humor und viel Verständnis besitzt.«

Sie bekommt rund dreißig Zuschriften. Drei beantwortet sie, doch eine gefällt ihr besonders. Herbert Talbach schreibt von den »inneren Werten« des Menschen, auf die es schließlich ankomme. Was machen da schon ein paar Speckröllchen aus dem »Müller-Langhardt«.

Sie treffen sich im Stadtpark von Bad Godesberg. Dass Herbert Talbach, sechs Jahre älter als Inge, aus dem Osten kam, sah man ihm nicht an. Auch nicht, dass er im Auftrag des KGB mit Billigung der Stasi an den Rhein gereist war. Sein Job: Die Bekanntschaft einer Sekretärin in einer interessanten Position machen, um sie später vielleicht als Spionin zu gewinnen.

Das Leben kann so schön sein. Schon am folgenden Tag telefonieren die beiden ein paar Stunden miteinander.

Inge Funk arbeitet zu dieser Zeit als Sekretärin in einer Bonner Pharmafirma. Doch sie will mehr, besucht Fortbildungskurse und lernt Englisch und Französisch. Herbert sagt, er sei Verwaltungsangestellter der Uni Köln.

Ein halbes Jahr voller Glück und Liebe beginnt. Dann scheint es, als seien Herbert der Frohsinn und die Leichtigkeit plötzlich abhanden gekommen. Inge ist verzweifelt. Soll es wieder nichts werden mit dem Mann fürs Leben? Im Februar 1974 macht er ihr sein Geständnis: Er sei verheiratet und habe zwei Kinder, eröffnet er ihr. Seine Familie lebe in der DDR. Und es kommt es noch schlimmer: Er habe fünfundzwanzig Jahre als »Herbert Talbach« für die DDR im Westen spioniert. Nun ist Schluss damit. Die Ehescheidung sei eingereicht, und er wolle im Westen bleiben, um mit Inge ein neues Leben aufzubauen. Sogar seinen »richtigen« Namen gesteht er: Kurt Thiemann. Sein Schicksal liege jetzt in Inges Hand.

Das Kalkül geht auf. Inge Funk ist bereits so an den Mann gebunden, dass ihr alles Belastende egal ist. Er will sie, nur sie, und das zählt. Der gängige Erklärungsversuch, solche Geschichten mit einer angeblich inzwischen entstandenen Abhängigkeit zu erklären – vielleicht sogar sexueller Art –, greift zu kurz. Das Leben ist viel komplizierter. Es geht um Träume und die Bedingungen für deren Realisierung. Scheint sich dabei auch nur die geringste Möglichkeit aufzutun, ist der Versuch, die Wünsche doch noch wahr werden zu lassen, wahrscheinlich und allzu menschlich. An diese Möglichkeit glaubt Inge. Sie muss ihrem Geliebten nur helfen, die Vergangenheit zu verbergen und abzuwickeln. So macht es ihr Herbert jedenfalls weis. Als bewussten Prozess sieht das Jahre später auch der Staatsanwalt. Er sagt: »Frau Funk ist nicht das arme Hascherl, das von einem Romeo verführt wird. Das lässt ihr Selbstbewusstsein nicht zu. Es war eine egoistische, selbstbezogene Liebe, die sie zur Spionage verführte.« Um diese Liebe leben zu können, muss sie sich für Herbert alias Kurt entscheiden. Das tut Inge Funk mit aller Konsequenz.

Im März 1974 verschwindet Herbert Talbach Hals über Kopf aus der Bundesrepublik. Angeblich hat ihn ein Bekannter in Ost- und West-Berlin gesehen. Nun muss er fürchten, kurz vor dem endgültigen Ausstieg aus dem Agentenleben doch noch aufzufliegen. Das sieht Inge ein. Sie löst seine Wohnung in Bonn-Poppelsdorf auf. Etwa zu gleichen Zeit bewirbt sie sich auf eigene Initiative bei verschiedenen Regierungsbehörden, denn sie will beruflich vorankommen. Am 1. Oktober 1974 fängt sie als Sekretärin im Bundeskanzleramt an.

Im Sommer desselben Jahres trifft Inge Funk ihren Herbert in London, dann lädt er sie zu einem Urlaub nach Warnemünde ein. Sie soll Verlobungsringe aus dem Westen mitbringen, in der DDR ist es ja etwas schwierig mit Gold … Herbert meint es ernst, davon ist die Frau felsenfest überzeugt, denn er schlägt ihr einen verwegenen Plan vor: Die beiden sollten ein gemeinsames Kind haben, das würde die Scheidung beschleunigen. Inge Funk: »Der Wunsch nach einem Kind ging eigentlich von ihm aus. Er sagte mir aber auch, dass es praktisch die einzige Möglichkeit wäre, ihn zu heiraten.«

Das scheint der jungen Frau plausibel. Sie spielt im Sommer 1974 sogar mit dem Gedanken, notfalls als ledige Mutter in die DDR zu übersiedeln, doch ihr Geliebter hat eine bessere Idee: Sie würden seine Vorgesetzen über die Schwangerschaft erst informieren, wenn drei Monate verstrichen sind. Dann wäre es für eine Abtreibung zu spät, und die Chefs müssten einer Heirat zustimmen.

Das Gericht kann später nicht klären, ob dieser Plan von der Stasi eingefädelt wurde, denn deren Akten waren zu jener Zeit nicht zugänglich. Heute wären sie es, doch Inge Funk möchte diese Wunde nicht noch einmal aufreißen. Damals sagt sie vor ihrem Richter aus: »Wir haben bewusst und gewollt ein Kind gezeugt.« Sie hat Herbert vertraut.

Am Ende des dritten Schwangerschaftsmonats reist Inge Funk nach Ost-Berlin, um mit der Stasi über ihre Heirat und die Zukunft zu reden. Das Treffen mündet schnell in ein Desaster. Die Stasi-Offiziere »Hannes« und »Erika« bedrängen Inge Funk massiv, eine Abtreibung vornehmen zu lassen. Ihre Argumente: In die DDR könne Inge nicht so einfach, weil sie sich im Westen um ihre alten Eltern kümmern müsse, und Herbert in Bonn einfach heiraten dürfe sie auch nicht, denn der würde dort ins Gefängnis wandern. In der Bundeshauptstadt hätte Inge als ledige Mutter ohnehin mit Diskriminierung und Verlust ihres Arbeitsplatzes zu rechnen.

So geht es über mehrere Stunden; Herbert sitzt dabei und sagt gar nichts. Das deutet auf ein abgekartetes Spiel hin, denn angeblich wollte ja gerade er mit dem Kind um ihr »gemeinsames Glück« kämpfen. Später schließt auch Inge die größte Perfidie nicht aus: »Ich war durch die Gespräche so zermürbt, dass ich am Ende selbst keine Möglichkeit mehr sah, das Kind zu bekommen … Es könnte so gewesen sein, dass alles geplant war, erst die Schwangerschaft, dann die Abtreibung. Aber ich habe mich damals so in die Enge gedrängt gefühlt und nichts begriffen.«

Vor allem nicht, dass sie sich nach den Gesetzen ihres Landes mit einer Abtreibung strafbar macht. Die vom Deutschen Bundestag am 26. April 1974 mit knapper Mehrheit verabschiedete Fristenregelung für den Schwangerschaftsabbruch kippt das Bundesverfassungsgericht im Februar 1975. Damit gilt im Sommer 1974 noch die Androhung einer mehrjährigen Gefängnisstrafe. Inge Funk ist erpressbar, nachdem ihr zwei Tage nach den Gesprächen in einer Ost-Berliner Klinik ihr Kind genommen worden ist.

Herbert Talbach setzt sein brutales Spiel mit den Gefühlen der Frau fort. Er entschuldigt sich nach der Abtreibung bei Inge, bittet sie um Verzeihung. Sie arbeitet inzwischen wieder in Bonn. Über ihre Gemütslage ist die Stasi aus erster Hand informiert, denn gemeinsam mit Inge Funk sitzt eine ihrer Agentinnen im gleichen Zimmer des Bundeskanzleramtes, Herta-Astrid W., deren Mann gleichzeitig die FDP ausspioniert. Ein nützlicher Zufall.

Herberts vermeintliches Flehen bleibt nicht ungehört. Der Verlust des gemeinsamen Kindes bindet Inge emotional noch fester an ihn. Ende 1974, Anfang 1975 treffen sie sich erneut, diesmal in einem Stasi-Bungalow bei Frankfurt/Oder. »Hannes« ist wieder dabei und schwadroniert vom Friedenskampf. Inge will ihren Mann. Doch da ist die Stasi jetzt hart: Entweder sie arbeitet für die DDR – immerhin sitze sie ja »an einer interessanten Stelle« –, oder sie würde Herbert nie wiedersehen. Selbstverständlich würde ihr die Stasi helfen, mit dem Geliebten zusammenzukommen. Wenn sie sich dieses Privileg verdient, würde man ihr eine Legende schaffen, mit der der Mann in den Westen übersiedeln könnte. Schließlich sei sie ja daran schuld, dass Herbert nicht mehr in der Bundesrepublik zurück könne, weil sie ihn verführt habe. Nur ihretwegen habe er sich so intensiv mit ihr eingelassen und alle Sicherheitsvorkehrungen missachtet.

Die Masche wirkt. Inge Funk empfindet eine tiefe Schuld. Sie schlägt in den Handel Verrat gegen Ehe ein und fährt mit dem pauschalen Auftrag in den Westen zurück, Informationen aus ihrem Arbeitsbereich und über ihre Kolleginnen und Kollegen zu beschaffen.

Nun haben Stasi und KGB, die aller Wahrscheinlichkeit nach die Verstrickung der Inge Funk gemeinsam betrieben haben, den Schlüssel gefunden: Es ist das Schuldgefühl der Frau. Die Dienste haben sie durch ein Lügengeflecht an den Rand des Abgrunds geführt. Sie haben sie in der Hand. Aber sie müssen einen Weg finden, all dies unter der Oberfläche zu halten und in ihrem Opfer das Gefühl der Pflicht ihnen gegenüber zu wecken. Nur so werden sich die von ihr gelieferten Informationen als verlässlich und verwertbar erweisen.

Um dieses Schuldgefühl zu festigen, schlägt Herbert Talbach nun noch eine besondere Volte: Im Beisein seiner Vorgesetzten erklärt er Inge, dass er nicht darauf gefasst gewesen sei, sich tatsächlich in sie zu verlieben. Das ist ein Trick, den Varieté-Magier benutzen: Sie erklären, wie eine Illusion funktioniert, und führen sie gleichzeitig aus. Dem so Getäuschten bleibt nichts anderes, als in seinem eigenen, subjektiven Bild zu verharren.

Bei Inge Funk ist das die Hoffnung auf Liebe und Glück mit Herbert Talbach. Zehn Jahre lang genügt nun der Hinweis, an der »Legende« für das gemeinsame Leben im Westen werde »gearbeitet«, um sie zu einer funktionierenden Spionin mit Kamera im Feuerzeug und unsichtbarer Tinte zu machen.

In ihrem Büro im Bundeskanzleramt gilt Inge Funk als überkorrekte, verlässliche Kraft. Jeder weiß, dass stets ein frischer Blumenstrauß auf ihrem Schreibtisch und neben dem Waschbecken im Nebenraum ihre Feuchtigkeitscreme, ein Deo und der Duft »Inspirée« stehen, sie raucht die mit Nelken aromatisierten Kretek aus Südostasien und geht fast immer als Letzte nach Hause. Es ist die Unauffälligkeit in diesen auffälligen Merkmalen, die sie unsichtbar macht.

So bleibt verborgen, dass Inge Funk im Sommer 1978 mit »Hannes« und Herbert über Griechenland und Ost-Berlin nach Jalta auf die Krim, Leningrad und Moskau reist. Es ist wohl ein Test, um entscheiden zu können, ob man ihr sagen kann, dass sie in Wahrheit für die Russen arbeitet. Doch den Russen gegenüber bleibt sie skeptisch, und so werden ihre wahren Auftraggeber weiterhin verschwiegen. Ohne Absprache wechselt Inge Funk im Oktober 1978 ins Bundesverkehrsministerium, dann, weil sie sich dort überhaupt nicht wohlfühlt, ins Ministerium für wirtschaftliche Zusammenarbeit. Das macht die

Stasi unzufrieden, doch sie will sich ihre »Quelle« um jeden Preis erhalten. Sie versucht, Romeo Herbert durch einen anderen Mann zu ersetzen. Erfolglos, er ist Inge unsympathisch. Obwohl sie in dieser Zeit auch intime Liebesverhältnisse mit anderen, verheirateten Männern eingeht, bleibt Herbert Talbach der Mann ihrer Träume.

Dass der längst dabei ist, »neue Verbindungen anzubahnen«, ahnt Inge nicht. Für sie hat das Folgen, denn offenbar ist Herbert wieder einmal unvorsichtig. Mitte 1985 sieht Inge Funk auf einer Metallwand am Autobahnzubringer »Auf dem Hügel« zwei Kreidekreuze. Es ist das Warnzeichen aus der Spionagezentrale in Ost-Berlin: »Arbeit sofort einstellen. Alle nachrichtendienstlichen Hilfsmittel vernichten. In die DDR absetzen.« Sie folgt nur den ersten beiden Anweisungen. Ihr alter und kranker Vater im Bonner Vorort Römlinghoven braucht ihre Hilfe. Sie kann ihn nicht allein lassen. Nun können sie auch die Anrufe von Herbert Talbach nicht mehr umstimmen.

Nach dem läuft inzwischen eine Fahndung, und so gerät auch Inge Funk ins Visier der Ermittler. Sie wird über ein Jahr lang beschattet, bis es am 18. März 1988 an ihrer Wohnung in Bonn-Alfter klingelt. Im Mai 1989 wird Inge Funk zu sechs Jahren und sechs Monaten Haft verurteilt. Den erhaltenen Agentenlohn von 10 000 DM muss sie an die Staatskasse abführen.

Am 21. Dezember 1989, 42 Tage nach dem Fall der Mauer, wird die missbrauchte und betrogene Frau begnadigt. Der Krieg der deutsch-deutschen Geheimdienste ist vorbei.

Inge Funk möchte darüber nicht mehr reden. Sie hat im Gefängnis eine Lebensgefährtin kennengelernt und bis zur Rente eine Arbeit in Bonn gefunden. Ihr »Verlobter« Herbert Talbach hat sich nie wieder gemeldet.

HONIGFALLE

»Bei uns war eine geheime Mitarbeiterin, die war jung, aber nicht hübsch, und sie war sehr begabt in sexuellen Fragen«, erinnert sich KGB-General Wladimir Schirokow. Nach fast dreißig Jahren des Schweigens spricht er in fließendem Deutsch über die Anwerbung des westdeutschen Kapitänleutnants Gerhard Meier. Er versucht, ein Grinsen zu unterdrücken, aber ein süffisantes Zucken der Mundwinkel kann er nicht verhindern: »Zu jedem Mann muss ein besonderer Zugang gefunden werden.« Der General leitete damals, Ende der Siebzigerjahre, vor Ort die Operation gegen den Marine-Offizier im Feindesland Germania. Iwan Ustinow, der Moskauer Kommandeur der Aktion, bestätigt: »Es war eine Beziehung rein sexueller Natur. Heute kann man das offen aussprechen. Früher konnte man das Wort Sex ja nicht gebrauchen.«

Die zentrale Rolle bei der Vorbereitung der geheimdienstlichen Ansprache des westdeutschen Offiziers spielte es trotzdem. Sex ist oftmals der kleinste gemeinsame Nenner jeglicher menschlicher Kommunikation. Ob Analphabet oder Nobelpreisträger, Missionar oder Kamasutra-Artist, Riese oder Zwerg – Hauptsache in der Mitte passt es zusammen. Dass sich für jeden Topf auch ein Deckel finden lässt, wissen die Geheimdienste seit langem. Das älteste und das zweitälteste Gewerbe der Welt – die Russen nennen diese Kombination »Honigfalle«.

Um diese Falle im richtigen Moment zuschnappen zu lassen, muss das Opfer eine Weile beobachtet werden. Dass das offenbar auch in diesem Fall die gewünschten Ergebnisse brachte, bestätigt Oberstaatsanwalt Ekkehard Schulz fünfzehn Jahre später, als im Frühjahr 1993 gegen Gerhard Meier vor dem Kammergericht Berlin verhandelt wird: »Der Angeklagte fühlte sich in hohem Grade sexuell angezogen und wurde unter Ausnutzung der sexuellen Abhängigkeit und der daraus resultierenden Sehnsüchte in die DDR gelockt. Er konnte der Verlockung nicht widerstehen.« Eine Geschichte wie die von Romeo und Julia, nur, dass hier »Towarisch Julia« eine bereits 1962 angeworbene deutsche KGB-Agentin war.

Iwan Ustinow erinnert sich, wie die KGB-Julia – in der DDR hieß sie einfach Bärbel – den Kapitänleutnant 1978 auftragsgemäß kennengelernt und dann sogar geehelicht hatte: »Auf Grundlage dieser engen sexuellen Liebesbeziehung erfuhren wir sehr viel Details über ihn. Seine Stärken und Schwächen. Wir entschieden uns, dass sie versuchen sollte, ihn auf unsere Seite zu ziehen.«

Das geschah, indem »Genosse Julia« alias Bärbel – das russische Wort »Towarisch«, auf Deutsch »Genosse«, kennt keine weibliche Form – ihren Romeo alias Gerhard Knall und Fall Ostern 1978 verließ.

Sie kam von einer DDR-Reise einfach nicht zurück. Gerhard Meier schickt ihr per Spedition die halbe Wohnungseinrichtung hinterher, doch an eine endgültige Trennung will er nicht glauben. Ein halbes Jahr lang habe er sie »angefleht, wieder mit ihm zusammenzuleben, es war herzzerreißend«, sagt Frau Meier später vor Gericht. Doch sie gab sich damals kühl. Das war Befehl. Dann war Gerhard Meier eines Tages reif und schrieb an seine Frau in der DDR: »Ich will im Sozialismus arbeiten und Steine klopfen.«

Nun zündet Genosse Julia ihre Zeitbombe. Schon Monate zuvor hatte sie ihrem Mann ein Buch in den Westen geschickt. Jetzt soll er den Rücken abtrennen. Darin befindet sich ein Zettel: Er möge mit dem nächsten Zug in die DDR kommen, oder er brauche sich nicht mehr zu melden. Ein aktueller Fahrplan liegt bei.

Der nächste Zug fährt in einer Stunde. Gerhard Meier hat also gerade einmal sechzig Minuten Bedenkzeit, und er bricht »völlig kopflos« auf, so der Mann später vor Gericht. »Völlig aufgeputscht bin ich sofort los. Ich habe am ganzen Leib gezittert und hatte nur einen Gedanken im Kopf: Jetzt siehst du sie wieder.« An Fahnenflucht und Verrat denkt er nicht. Zu dieser Zeit dient der Kapitänleutnant beim Marinefliegergeschwader 2 in Tarp-Eggebeck. Auch später bleibt er dabei: Von der geheimdienstlichen Arbeit seiner Frau habe er nie etwas gewusst, und er ahnte auch nicht im Geringsten, dass es sich bei der ganzen Aktion »um eine Falle handeln« könnte.

Doch genau das war es, und Iwan Ustinow kann seinen Vorgang Honigfalle erfolgreich abschließen: »Er hat seine Dienstgeheimnisse preisgegeben. Dann haben wir ihn an unsere ostdeutschen Kollegen übergeben.«

Auch bei der Stasi ist die Honigfalle bekannt; »die Freunde« haben sie diese Arbeitsmethode längst gelehrt. Als im Januar 1954 die Außenminister der vier Siegermächte in Berlin tagen, wittern die ostdeutschen Geheimdienstler ihre Chance. Sie wollen aus dem internationalen Tross der Konferenz Agenten anwerben. Aber wie macht man das? Ein eigens angereister KGB-Offizier erklärt den unerfahrenen Ost-Genossen, dass man dazu unbedingt eine »malina« brauche. Das heißt

»Himbeere«, doch Markus Wolf, damals einunddreißig und in Moskau aufgewachsen, kennt den Ganovenjargon. Darin ist die »malina« ein Puff.

Im idyllischen Rauchfangswerder bei Berlin wird ein geeignetes Haus gefunden. Markus Wolf erinnert sich mitfühlend: »Unten das Wohnzimmer mit Seeblick und einer von uns installierten Abhörvorrichtung, oben unter der Dachschräge ein winziges Schlafzimmer mit in die Deckenbeleuchtung eingebautem Fotoapparat samt Blitzlicht hinter infraroten Scheiben. Der Bedauernswerte, der diese Apparate bediente, musste sich in ein enges Verlies von einem Wandschrank zwängen und konnte sich erst bewegen, wenn Dame und Begleiter das Schlafzimmer verlassen hatten.« Es wurden Prostituierte engagiert, Pornofilme besorgt und Aphrodisiaka für die Drinks beschafft.

Allerdings bleiben alle Bemühungen ohne großen Erfolg. Die von Markus Wolf bedauerten »malina«-Betreiber sind meist betrunkener als die Gäste oder von den Pornos so angetan, dass den Westlern, die das alles schon mal gesehen haben, die Lust vergeht.

Doch zurück zu Gerhard Meier. Die Stasi merkt sehr schnell, dass er nicht mehr viel zu erzählen hat. Er kennt die atomaren Zielplanungen für den Ernstfall, doch die kann jeder mittelmäßige Analytiker auch aus den bereits vorhandenen Dokumenten herleiten. Außerdem verlässt ihn »Genosse Julia« bald nach seiner überstürzten Ankunft in der DDR. Schließlich hat sie ihren Job erledigt. Stasi-Kontaktmann Oberstleutnant Günter Grünwald: »Der Kaleu war ein gebrochener Mann, als ich ihn übernahm.« Zu dieser Zeit ist er knapp vierzig Jahre alt.

Gerhard Meier wird in einem Gästehaus in Birkenwerder untergebracht, versteckt hinter uralten Bäumen und mit Blick auf einen romantischen See. Eine Köchin versorgt ihn mit kräftiger Hausmannskost, und zwei Posten schirmen den Überläufer ab. Trotzdem bläst der vor allem Trübsal, denn seine Frau hat inzwischen auch offiziell die Scheidung eingereicht.

Bei der Stasi hat Oberst Rudolf Emilius die ganze Sache in der Hand, der stellvertretende Chef der Spionageabwehr und Experte für delikate Operationen. Gerhard Meier, der Zuzügler aus dem Westen, kostet eine Menge Geld, dafür soll er nun auch etwas bringen. Dem Oberst kommt die Idee, ihn wenigstens für die Propaganda zu nutzen. Er gibt Günter Grünwald, einem Spezialisten für Desinformation, den Befehl: »Mach ein Konzept, wie wir mit Meier den Amis kräftig in den Hintern treten können.«

In der Abteilung X der Hauptverwaltung Aufklärung läuft seit einiger Zeit eine langfristige Operation unter dem Decknamen »Abkopplung«. Ihr Ziel ist es, die USA im Westen als Führungsmacht zu diskreditieren. Dabei sollen alle Mittel genutzt werden, um den Gedanken zu lancieren und zu festigen, dass die Amerikaner in Europa nichts zu suchen hätten. Grünwald: »Ami go home, das sollte wieder zur zündenden Losung werden.«

Gerhard Meier hatte eine Weile in einer deutsch-amerikanischen Verbindungsgruppe gedient, in der er für die funkelektronische Aufklärung östlicher Waffensysteme verantwortlich war. Alles streng geheim. Hier sieht die Stasi ihren Ansatzpunkt. Es gab die Sondereinheit, und es gab die Aufklärung. Also fügen sie die »Enthüllung« hinzu, dass die Amerikaner die Analysen manipuliert und die Auswertungen verfälscht hätten, um die Furcht vor der sowjetischen Bedrohung zu verstärken und die Rüstungsausgaben ihrer Verbündeten in die Höhe zu treiben. Oberstleutnant Grünwald: »Wir sollten da ein paar Pappkameraden aufbauen, damit die NATO verunsichert würde.« Und Gerhard Meier würde ihr Kronzeuge sein.

Prima Idee, doch es gibt ein Problem: Meier will nicht öffentlich auftreten. Die Stasi-Genossen bearbeiten ihn. Dann sagt er schließlich doch Ja, aber unter der Bedingung, unerkannt zu bleiben. Ein Leutnant muss Bart und Brille besorgen. Emsig werden in Birkenwerder tagelang »seine Aussagen« trainiert. Grünwald: »Er war ein bisschen begriffsstutzig, er war ja nicht der Allerhellste.« Doch die stete Wiederholung zeitigt ihr Ergebnis. Es gibt zur Freude aller Beteiligten eine Generalprobe mit buschigem Schnauzbart und Brille. Grünwald: »Emilius meinte, der Kaleu sähe wie ein kolumbianischer Drogenhändler aus.« Trotzdem brachte er seine Rolle so einigermaßen rüber.

Nun wird ins Internationale Pressezentrum in Ost-Berlin zur Pressekonferenz für Journalisten aus aller Welt geladen. Aus Moskau reist extra ein Fernsehteam des KGB an. Alle sind zufrieden, und am Ende ist sogar Gerhard Meier davon überzeugt, dass seine Aussagen im Grunde den Nagel auf den Kopf träfen. Deshalb ist er nun auch zu weiteren Auftritten bereit, sogar ohne Verkleidung.

Nur mit dem flüssigen Vortrag klappt es noch nicht so recht. Das erleben die wenigen Fans des »Schwarzen Kanals« am 10. Dezember 1979. DDR-Chef-Propagandist Karl-Eduard von Schnitzler holpert durch das von der Stasi einstudierte Interview mit Gerhard Meier. Am nächsten Tag hat das SED-Zentralorgan *Neues Deutschland* dennoch seine Schlagzeile: »Sensationelle Enthüllungen im Fernsehen der DDR – BRD und USA manipulieren Partnerin NATO mit Lügen über die Sowjetunion«.

Schnitzler, bei der Stasi kurz »Kled« genannt, ist zufrieden. Er bedankt sich ausdrücklich bei Oberstleutnant Grünwald: »Das war eine gute aktive Maßnahme.« Darauf wird erst einmal angestoßen.

Das Echo auf die »Enthüllungen« im Westen bleibt bescheiden. Unter Hinweis auf »Chefkommentator Karl-Eduard von Schnitzler, wegen seiner ständigen Ausfälle gegen Bonn auch ›Sudel-Ede‹ genannt«, meldet *Die Welt* am 12. Dezember 1979 lapidar: »Deserteur dient Schnitzler als ›Ankläger‹ gegen die NATO«. Vor allem das erhoffte Echo im Fernsehen bleibt völlig aus.

Die Zitrone ist ausgequetscht. Nun verpasst die Stasi Gerhard Meier einen neuen Namen und eine neue Identität. Er findet mit ihrer diskreten Hilfe sogar wieder eine Frau und zieht mit ihr nach Dresden. Als »Horst W.« arbeitet der einstige Kapitänleutnant der Bundesmarine, der inzwischen die Staatsbürgerschaft der DDR bekommen hat, auf der dortigen Flugzeugwerft.

Als die DDR das Zeitliche segnet, wird nach ihm gefahndet, denn Landesverrat verjährt erst nach zwanzig langen Jahren. 1991 verhaftet ihn ein Kommando des Bundeskriminalamtes.

Gerhard Meier zeigt sich vor dem Staatsanwalt kooperativ. Seine Entschuldigung für den Verrat ist nach wie vor Genosse Julia alias Bärbel: »Ich war labil und abhängig von ihr.« Das Gericht verzichtet auf besondere Härte. Immerhin ist der Kalte Krieg inzwischen vorbei, und trotz solch perfider Methoden wie die der Honigfalle – nicht nur bei Gerhard Meier, sondern auch in vielen weiteren Fällen praktiziert – hat ihn der Osten verloren.

Anwalt Werner Hecker sieht in seinem Mandanten trotz allem einen »treuen und pflichtbewussten Soldaten«, der »Täter und Opfer zugleich« war. Dem folgt der Vorsitzende Richter Dieter Pahlhoff. Für ihn ist der Fall Gerhard Meier einer von jenen, bei denen »redliche Menschen in die geschickt gelegten Fänge der Geheimdienste« gelangt seien, ein »Verräter aus menschlicher Schwäche«. Er verurteilt Gerhard Meier im März 1993 nach nur zwei Verhandlungstagen wegen Landesverrats zu milden zwei Jahren auf Bewährung.

STERNENKÄMPFER

Auf rund 400 Stundenkilometer muss der Starfighter wegen seiner kurzen Stummelflügel beschleunigen, um abzuheben, und als Wolfram Panzer an diesem sonnigen Oktobertag am Turm des Fliegerhorstes in Neuburg an der Donau vorbeischießt, hat er diese Geschwindigkeit fast erreicht. »Ich wäre zwar knapp, aber immer noch gut rausgekommen«, erinnert sich der frühere Luftwaffenpilot, einer der ersten »Sternenkämpfer« der Bundesrepublik.

Doch der dreiunddreißigjährige Hauptfeldwebel hat seit ein paar Tagen Flugverbot und ist nur auf der Bahn, um eine Bremsprobe zu machen. Deshalb nimmt er den Gashebel zurück, dreht die Maschine und rollt zurück in die Parkposition.

Am Kontrollgebäude hat er ein paar schwarze Limousinen gesehen. Die Sicherungsgruppe Bonn ist da, um Wolfram Panzer an diesem 20. Oktober 1968 zu verhaften. Er weiß genau, warum: Mit zwei Komplizen hatte der Starfighter-Pilot im Herbst 1967 eine gefechtsklare Sidewinder-Rakete geklaut und per Post nach Moskau geschickt. Ein Ganovenstück, das bis heute in der Geschichte der Spionage seinesgleichen sucht.

Ausbaldowert hat den Plan damals ein Architekt, der hier Wilfried Bollinger genannt werden soll. Er macht Ost-Geschäfte, lebt auf großem Fuß und pflegt Kontakte zum KGB. Mit dessen Hilfe will der Mann nun das ganz große Geld machen, und die Genossen in Moskau sind dem nicht abgeneigt. Sie bestellen erst einmal ein geheimes Navigationsgerät LN 3 aus einem Starfighter als Probekauf. Um das zu besorgen, braucht Bollinger einen Kontaktmann bei der Luftwaffe. Er findet ihn in Wolfram Panzer. Die beiden kennen sich aus dem Reitclub, in dem das Pferd des Jetfliegers steht. Das teure Hobby kommt nicht von ungefähr.

Wolfram Panzer wird im Frühherbst 1935 in Wittenberge geboren. Durch die Kriegswirren ist es mit seiner Schulbildung nicht weit her. Mit fünfzehn kommt er ins Rheinland und probiert verschiedene Hilfsarbeiten aus. Es ist alles nicht das Richtige, bis Wolfi vom Aufbau der neuen Luftwaffe hört. Der Junge ist sportlich, intelligent und wagemutig. Das reicht, um 1956 bei der neuen Truppe anzuheuern. Wolfram Panzer wird einer der ersten Jet-Piloten der Bundesluftwaffe. Doch es gibt ein Problem: Er hat kein Abitur und kann deshalb nicht zum Offizier aufsteigen. Nun ist der Anfang Zwanzigjährige zwar in der Luft der Chef, aber das Kasino der Sternchenträger für das abendliche Bier bleibt ihm verschlossen.

Diesen Makel versucht der frustrierte Unteroffizier Panzer durch einen aufwändigen Lebensstil zu kompensieren. Er umgibt sich mit schönen Frauen, fährt teure Autos und hält sich ein Reitpferd. Und er träumt vom ganz großen Geld, denn er meint, dann würde niemand mehr auf die fehlenden Sternchen auf den Schulterklappen schauen. Als Wilfried Bollinger ihm einen lukrativen Job als Privatpilot in Aussicht stellt, ist er schnell bereit, dafür ein bisschen was zu tun. Panzer weiß, wo in seinem Jagdgeschwader 74 so ein Navigationsgerät unauffällig abzustauben ist. Um den Rest kümmert sich Bollinger persönlich; für die Dreckarbeit, den Einbruch auf dem Luftwaffenstützpunkt, hat er seinen Fahrer, der in dieser Geschichte Marek Tuschewski heißen soll.

Nach dem ersten Probeauftrag ist der KGB hoch zufrieden und davon überzeugt, dass hier noch mehr zu holen ist. Eine Sidewinder-Rakete wäre schön, sie gehört inzwischen zur Ausrüstung der Starfighter. Die Lenkwaffe sucht selbst den Wärmestrahl eines feindlichen Flugzeugs und ist so gefährlich, wie die Klapperschlange, nach der sie seit ihrer Entwicklung 1952 benannt wird.

Wilfried Bollinger baut wieder auf Wolfram Panzers Hilfe, der dieses Mal selbst bei dem Diebstahl dabei sein soll. Natürlich weiß der Pilot, wo so eine gut drei Meter lange Rakete steht. Am Abend des 27. Oktober 1967 lädt er kurzerhand Marek Tuschewski in seinen Kofferraum und fährt auf das Gelände des Flugplatzes Neuburg, auf dem um diese Zeit nur ein paar zivile Wachmänner ihre Runden drehen. Panzer und Tuschewski laden die Sidewinder auf eine Sackkarre und zerren ihre Sore bei schönstem Vollmond über die Startbahn zum Zaun. Dort steht Wilfried Bollinger Schmiere. Marek tritt das Rückfenster aus dem Mercedes des Architekten. Die Rakete steht hinten anderthalb Meter heraus, aber die Männer wickeln ein Stück Teppich darum und bringen vorsorglich eine kleine rote Fahne an der Spitze an. So sind auch die Streifenpolizisten zufrieden, die die Fuhre auf der Fahrt quer durch die Bundesrepublik nach Krefeld kontrollieren. Dort nimmt Marek Tuschewski in seiner Garage die Waffe auseinander, dann geht sie in einer Kiste via Kopenhagen per Luftfracht nach Moskau.

Die Ermittler finden zwar Fußspuren am Zaun des Flugplatzes, tappen aber ansonsten völlig im Dunkeln. Wilfried Bollinger kauft sich derweil einen noch größeren Mercedes. Das macht Wolfram Panzer stutzig. Er meint bis heute, Bollinger habe ihn kräftig betrogen: »Später, beim Prozess, hieß es, er habe 840 000 D-Mark bekommen. Für mich ist da nur ein Bruchteil abgefallen, so um die dreißigtausend. Und das auch immer nur auf ständiges Nachbohren!« So ist der bis heute darüber empörte Pilot schnell wieder »im Brand«, wie unter Ganoven finanzielle Schwierigkeiten genannt werden.

Wieder weiß der clevere Architekt einen Ausweg. Panzer: »Eines Tages kam er zu mir und sagte: ›Die Russen wollen einen Starfighter.‹ Dafür würden sie acht Millionen springen lassen. Ich sollte den Jet besorgen und dafür vier Millionen bekommen. Das war das Angebot.«

Wolfram Panzer sagt zu, fährt in die Schweiz und richtet sich »für zehn Schweizer Fränkli« ein anonymes Nummernkonto ein. Diesmal will er auf Nummer sicher gehen: »Ich habe Bolli gesagt, wenn die vier Millionen auf meinem Konto eingegangen sind, steigt der Coup.«

Wie das Ding gedreht werden sollte, hatten die Genossen in Moskau schon geplant. Panzer erinnert sich: »Das mit dem Starfighter wäre ohne weiteres gegangen. Wir haben im Geschwader damals ständig Nachtflüge gemacht. Ich sollte in die

Tschechei fliegen – das sind von Neuburg nur ein paar Minuten –, da war ein Funkfeuer. Dort hätten mich zwei russische MiGs in Empfang genommen und zum nächsten Flugplatz gebracht. Dann wäre es mit einem Hubschrauber zurück an die Grenze gegangen, wo Bollinger gewartet und mich mit seinem Auto zurück nach Neuburg gebracht hätte. Am nächsten Morgen hätte ich strammgestanden und von nichts gewusst.«

Doch Wolfram Panzer hat Bedenken, ob auch alles glattgehen würde: »Ich wollte nicht in den Ostblock. Was hätten mir meine Millionen genutzt, wenn ich den Rest meines Lebens auf einer Datscha in Sibirien gelandet wäre!«

Deshalb macht er sich seinen eigenen Plan. Er nimmt die Flugkarten mit in die Unterkunft, berechnet eine mögliche Route und den Spritverbrauch. »Ich hätte den Abpfiff nach Kairo gemacht. Dort saßen damals die Russen auf dem Flugplatz. Sie hätten die Maschine übernehmen können. Mein Kurs wäre Richtung Kroatien gewesen, die Küste runter, dann rüber über Italien. Dort hätten sie mir wahrscheinlich zwei Jäger an den Schwanz gehängt, aber trotz der Zusatztanks hätten die mich nicht geschnappt, wenn ich bei Albanien die richtige Kurve gekriegt hätte.«

Wolfram Panzer wartet auf den Eingang der Anzahlung. »Das war meine Planung. Wenn ich zwei Millionen auf dem Konto gehabt hätte, wäre ich geflogen. Hätte ich in Kairo dann nichts mehr gekriegt, wären wenigstens die zwei Millionen da gewesen. Ist ja auch schon ein Geld, und immerhin hätte ich mich dann ja irgendwo auf der Welt verstecken müssen. Aber ich hoffte ja, bei der Übergabe noch einmal zwei Millionen zu kassieren.«

Inzwischen ist ein Jahr vergangen, und die Ermittler haben endlich eine heiße Spur gefunden: Per Zufall. In einer Kneipe erzählt ein Mann am Biertisch vom Sidewinder-Coup. Er verfügt offenbar über Insiderkenntnisse. Wenig später fliegt Wilfried Bollinger auf, und Ende Oktober 1968 fährt dann auch Wolfram Panzer ein. Fast auf den Tag genau zwei Jahre sitzt er in Untersuchungshaft, denn die ganze Geschichte ist schwer zu beweisen. »›Nu sach mir doch nich, du hast nuscht nich jemacht, Jungchen, ich kenn euch Lorbasse doch‹, hielt mir Oberstaatsanwalt Siegfried Buback immer wieder vor«, erinnert er sich. »Herr Buback war ja ein typischer Ostpreuße. Wir sind sogar mittags zusammen im Oberlandesgericht zum Essen in die Kantine gegangen, und da hieß es immer nur: ›Aber mach mir keine Flitze!‹ Das war alles.« Trotzdem hält sich Wolfram Panzer strickt an die Absprachen: »Bollingers Anwalt hatte mir eingeschärft, nur das zuzugeben, was Bollinger ohnehin schon ausgesagt hatte. Das habe ich gemacht.« Dafür hat er allen Grund: »Sonst wäre es wohl um Landesverrat gegangen, und das geht bei fünf Jahren aufwärts los!«

So kommen weder der Entführungsplan des Starfighters, noch dessen aktive Vorbereitung vor Gericht zur Sprache. Stattdessen amüsiert sich die Presse über den dreisten Raketenklau und die so lange im Dunkeln tappenden Ermittler. Sogar eine Kleinanzeige hatten sie am 1. Dezember 1967 unter »Verschiedenes« in der *Neuburger Rundschau* geschaltet: »Der Finder erhält DM 1000«. Alles umsonst. Nun soll die peinliche Angelegenheit endlich vom Tisch, und Senatspräsident Dr. Franz Weber hat alle Mühe, die Heiterkeit der Zuhörer im Gerichtssaal im Zaun zu halten. Eine letzte Lachsalve ertönt, als er die Sackkarre, auf der die Rakete transportiert wurde, als »Tatwerkzeug« einzieht.

Fünf Jahre später macht Regisseur Dieter Wedel aus der Posse eine Fernsehkomödie für das ZDF. Doch die Sache ist wohl bis heute so peinlich, dass *Die Rakete* inzwischen nicht einmal mehr als Wiederholung läuft.

Zu jener Zeit ist Wolfram Panzer längst wieder frei. Am 9. Oktober 1970 wird er zu einer Gefängnisstrafe von drei Jahren und drei Monaten verurteilt. Seine Komplizen Wilfried Bollinger und Marek Tuschewski gehen vier Jahre in den Knast.

Der einstige Sternenkämpfer erinnert sich: »Im Grunde hätte ich wegen der langen U-Haft als freier Mann aus dem Gerichtssaal gehen können, denn zwei Drittel der Strafe waren verbüßt. Da fehlten gerade noch sechs Wochen, aber Herr Buback sorgte dafür, dass mir die nicht geschenkt wurden. So sind eben die sturen Ostpreußen. Die letzten Wochen habe ich dann als Landarbeiter in der Gegend von Hamburg sozusagen auf der Rasierklinge abgesessen.«

Was folgt, sind eine Menge Geldsorgen und immer wieder Versuche, finanziell auf die Beine zu kommen. Darüber vergeht Wolfram Panzers Arbeitsleben. »Ich habe damals schon ein paar Hunderttausend Schulden an der Backe gehabt. Zuerst kam der Bund und wollte vierhundertfünfzigtausend Mark für das Navigationsgerät und die Sidewinder haben. Dann kamen die Prozesskosten von annähernd siebzigtausend dazu – und das läuft einem dann dreißig Jahre hinterher. Da muss man immer schlauer sein als die anderen. Dauernd habe ich den Zoll gehabt, der ja für den Bund diese Eintreibungen macht, aber trotzdem habe ich verschiedene Sachen gemacht und bin über die Runden gekommen. Und heute bin ich ein kleiner Rentner mit 560 Euro im Monat, das war's dann.«

Was bleibt, ist der große Traum, noch einmal seine Maschine zu sehen, die er für vier Millionen an die Russen verkaufen wollte. Ein paar Jahre später ist es so weit. Über den Flugplatz Gatow in Berlin pfeift ein kalter Wind. Wolfram Panzer zeigt auf einen dort ausgestellten Starfighter. Auf einem Stahlträger befestigt, scheint er steil in den Himmel zu steigen. Sogar die Sidewinder sind noch unter den Tragflächen befestigt: »Das war sie, damals in Neuburg. Nummer und Logo stimmen.« Dann will er noch mal kurz im Turm vorbeischauen. Das Luftwaffenmuseum wird von der Bundeswehr verwaltet, ein Trupp von drei Mann hält dort die Stellung.

Drei Wochen später. Wie es bei dem früheren Kameraden war? Wolfram Panzer ist sauer. »Die waren ziemlich zugeknöpft. Irgendwie bin ich für die immer noch der Verräter.« Wieder zu Hause, schreibt Panzer einen Brief an Russlands Präsidenten Wladimir Putin. Er bittet ihn um eine Einladung nach Moskau, sozusagen als ehemaligen Kollegen: »Ich denke mal, Sie wissen, was ich meine, denn aus ihrer früheren Tätigkeit kennen Sie sicher auch diverse Problemfälle der Auslandsaufklärung.« Die Wünsche des einstigen Diebes sind bescheiden. Er möchte im Moskauer Militärmuseum noch einmal die geklaute Rakete sehen. Und: »Wenn eine Besichtigung des Kreml auch noch dazu möglich sein kann, würde mich das dann doch etwas für die erlittenen Probleme und Schwierigkeiten über Jahrzehnte sozusagen entschädigen.«

Als Antwort kommt am 14. März 2007 ein kurzer Brief vom russischen Generalkonsulat in Hamburg. Konsul Rybin übermittelt Wolfram Panzer »Informationen zur Beantragung eines Touristenvisums.«

Peter Kaade ist ein großer, dicker Mann. Mit rudernden Armen betritt er die Mini-Koje eines Mini-Verlegers auf der Frankfurter Buchmesse und verkündet, dass ihm Jesus Christus erschienen sei.

Das ist nichts Ungewöhnliches, denn auf solch einer Messe trifft man Dutzende von Leuten, denen der Heiland, irgendein anderer aus der Gilde der Allmächtigen oder mindestens die Jungfrau Maria erschienen ist.

Bei Peter Kaade lässt jedoch der Ort des Geschehens aufhorchen: »In meiner Zelle in München-Stadelheim.«

Dort befindet sich der Knast der bayerischen Hauptstadt, gemeinhin kein besonders frommes Fleckchen. Peter Kaade saß wegen Spionage für die DDR ein, genauer für den Militärischen Nachrichtendienst der Nationalen Volksarmee (Mil-ND) der DDR. Dort war er als »Max Sorge« registriert. Elf Jahre hatten die Richter zur Besserung veranschlagt. Das muss gewichtige Gründe gehabt haben.

Peter Kaade gibt darüber gern, aber unkonzentriert Auskunft. Er schwadroniert von 1500 Frauen, die er als »Null-Null-Sex« beglückt haben will, und er spricht von Jesus. Als gleißend heller Fleck im Knastspiegel kam der von hinten über ihn und verlieh dem ertappten Spion den »Kampfnamen« Jesus Christus Mohammed 76. Das war am 3. Januar 1976.

Im gleichen Jahr berichtete der *Spiegel* über den Spionageprozess gegen den Bundeswehrhauptmann der Reserve Peter Kaade in München. Der nicht gerade für unkontrollierte Gefühlsausbrüche bekannte Gerichtsreporter Gerhard Mauz schrieb damals: »Wenn die Mitglieder des 3. Strafsenats des Bayerischen Oberlandesgerichts plötzlich die Roben schürzen und kreischend über den Angeklagten Peter Kaade herfallen würden, um ihn zu zerreißen und aufzufressen, man täte ohne Zögern mit. Der Angeklagte hätte sogar in Ghandi eine unwiderstehliche Mordlust geweckt.«

Das macht nun doch wieder neugierig. Peter Kaade erklärt sofort im Brustton der Überzeugung, natürlich nicht nur für die DDR gearbeitet zu haben, nein, er sei auch »Ehrenmajor der CIA«, habe in Moskau vom KGB den Rotbannerorden erhalten, kennt natürlich die Jungs vom Mossad und die Gentlemans vom MI 6 und versorgte auch die Beamten im Verfassungsschutz und BND mit allem, was die so wissen wollten.

Das wiederum lässt erhebliche Zweifel am Wahrheitsgehalt der Geschichten von »Jesus Christus Mohammed 76« aufkommen. Auf die Frage, ob es sein könne, dass er einer jener sei, bei denen sich die Grenzen zwischen Täter und Opfer im Geheimdienstgeschäft verwischen, was den Ausstieg aus diesem Labyrinth wohl erschwert bis unmöglich macht, reagiert er unwirsch. Nein, es sei seine Frau Carola gewesen, die – obwohl selbst für den NVA-Nachrichtendienst verpflichtet – ihn verraten habe, im Übrigen wollte er ohnehin aussteigen, denn der Einmarsch in die Tschechoslowakei missfiel ihm, und außerdem habe man damals so sehr an die Atomwaffen geglaubt, dass alles andere ohnehin zwecklos erschien.

Also doch alles nur Spinnerei? Doch immerhin gibt es Akten, und die offenbaren Erstaunliches.

Am 19. Mai 1976 verurteilt das Bayerische Oberlandesgericht in München den Reserve-Hauptmann der Bundeswehr, Peter Kaade, »wegen fortgesetzten Landesverrats in einem besonders schweren Fall, rechtlich zusammentreffend mit fortgesetzter Verletzung des Dienstgeheimnisses und mit fortgesetzter Bestechlichkeit« zu einer Freiheitsstrafe von elf Jahren. In seiner Urteilsbegründung stellt das Gericht fest: »Die vom Angeklagten dem fremden Nachrichtendienst vermittelten Erkenntnisse waren in ihrer Gesamtheit geeignet, den Zusammenbruch der Verteidigung der Bundesrepublik Deutschland herbeizuführen.«

Das ist allerhand. Peter Kaade macht es stolz. Er gesteht, 1961 von seinem Onkel Walter F. für den Nachrichtendienst der NVA der DDR angeworben worden zu sein. Das sagt er auch vor Gericht aus, widerruft es später aber wieder.

Dennoch geht Richter Karl Gietl davon aus, dass Kaade ab 1962 aktiven Verrat begangen hat. Bereits in seinem ersten geheimdienstlichen Einsatz 1962 soll er über seinen Onkel zehn Minox-Filme mit Berichten, Befehlen, Karten und Plänen über die NATO-Übung »Fallex 62« nach Ost-Berlin übermittelt haben.

Dort wissen die Agentenführer nicht so recht, was sie von ihrem agenturischen Mitarbeiter (AM) »Max Sorge« im Vorgang »Wiking« halten sollen. Einerseits setzen sie große Hoffnungen auf Peter Kaade. Er ist Assistent des Würzburger Jura-Professors und Brigadegenerals der Reserve Friedrich-August von der Heydte. Der Kontakt zu dem konservativen Staatsrechtler lässt Großes hoffen. Zwischen 1961 und 1965 kassiert »Max Sorge« angeblich von der Verwaltung Aufklärung rund 65 000 Mark Agentenlohn. Damit wäre er in die Riege der Spitzenquellen jener Zeit einzuordnen.

Andererseits halten ihn die NVA-Nachrichtendienstler wegen seines exzentrischen Gebarens für einen unsicheren und unberechenbaren Kandidaten. Ein Zeitzeuge erinnert sich: »Er galt schon ein bisschen als Spinner, aber die Dokumente, die er lieferte, waren außerordentlich wertvoll.« Dennoch prüfen seine Führungsoffiziere, ob es sich nicht doch um Spielmaterial handeln könne, aber dieser Verdacht bestätigte sich nicht. Schon 1963 bekommt Peter Kaade den Vaterländischen Verdienstorden der DDR in Bronze und wird ganz geheim in den Rang eines Hauptmannes der Nationalen Volksarmee erhoben.

Vierzig Jahre später behauptet der inzwischen aus beiden Armeen ausgemusterte Offizier, durch all das mehr für die Wiedervereinigung getan zu haben, »als 500 Bundestagsabgeordnete in 50 Jahren«. Dafür möchte er nun gern das Bundesverdienstkreuz haben. Er bittet jeden seiner Gesprächspartner darum, einen entsprechenden Antrag einzureichen, und notiert für alle Fälle die Adresse des Bundespräsidenten auf einem Zettel. Verdient hätte er die Ehrung »als ausgleichende Gerechtigkeit zu den Vaterländischen Verdienstorden der DDR«, meint Peter Kaade. Das Wort »Verrat« mag er nicht hören.

Das sah das Gericht anders. Als einen weiteren Schwerpunkt der Spionage des Reserve-Offiziers der Bundeswehr wertete es dessen Informationen über die psychologische Kampfführung. Sie sollen so detailliert gewesen sein, dass sie die Kameraden von der anderen Feldpostnummer veranlassten, für die Zeit des Umzugs der Bundeswehr-Ausbildungsschule von Alfter nach Euskirchen einen Handstreich zur Eroberung eines Panzerschranks mit Geheimpapieren zu erwägen. Nur wegen der umfangreichen und starken Sicherheitsmaßnahmen – über die Peter Kaade ebenfalls berichtet hatte – wurde der Plan zu dem Kommandounternehmen dann doch aufgegeben.

Außerdem soll Hauptmann Peter Kaade bis zu seiner Verhaftung am 26. März 1970 über den Aufbau der 12. Panzer-division der Bundeswehr in Veitshöchheim, Landkreis Würzburg, und die regelmäßig stattfindenden »Fallex«-Manöver der NATO berichtet haben. Bei »Fallex 68« gelangt über ihn die 264 Seiten starke und streng geheime Leitungsanweisung der Übung zur Verwaltung Aufklärung in die DDR.

Das ist starker Tobak, und so verwundert es eigentlich nicht, dass Peter Kaade im Prozess vor dem 3. Strafsenat des Bayerischen Oberlandesgerichtes versucht, verminderte Schuldfähigkeit zu demonstrieren. Das geschieht, indem er stets betont, nun der geläuterte »Jesus Christus Mohammed 76« zu sein – er trägt zwei große Kreuze um den Hals –, und unter diesem »Kampfnamen« seine Verteidigung als Wechselspiel von Aus- und Zusammenbrüchen zelebriert. Mit einer Trillerpfeife stört er den Prozess, wenn er den Vorsitzenden Richter Karl Gietl immer wieder »ins Abseits pfeift«, letztendlich schließt ihn das Gericht deshalb sogar wegen ungebührlichen Verhaltens für fünf Tage von der Hauptverhandlung aus. Andererseits widerspricht er jedem, der etwas zu seiner Entlastung sagt. Dann wird er laut und legt umfänglich dar, dass alles, was er getan hat, doch viel gravierender als hier nun falsch dargestellt gewesen sei. Peter Kaade scheint zwischen Selbstmitleid und Geltungssucht zerrissen.

Dem entspricht wohl auch, dass er schon vor dem Prozess seine Geschichte an den Hamburger *Spiegel* verkauft. Zu jener Zeit ist das ein Geständnis, von dem er später sagen wird, es sei falsch gewesen, ergänzt durch etwa 4000 Seiten unveröffentlichtes Material, Dokumente und Akten. So seine eigenen Angaben. Nach dem Grund für den Deal befragt, behauptet Peter Kaade später, dafür seien ihm »nicht nur ein Betrag von 50 000 DM wegen der Verletzung meiner Persönlichkeitsrechte und deren Verwertung in den *Spiegel*-Artikeln zugesichert worden, sondern auch ein Korrekturrecht vor Erscheinen der Artikel sowie eine Zahlung von 60 000 DM für den Fall, dass mir durch die Veröffentlichung im *Spiegel* Schaden entstehen sollte.« All das habe das Nachrichtenmagazin dann aber nicht eingehalten. Ob es überhaupt eine solche Absprache gab, ist nicht mehr zu klären – in jedem Fall hätte sie gegen elementare Regeln der Presseberichterstattung verstoßen.

Die Richter interessiert es ohnehin nicht besonders, ob das alles so stimmt oder nicht. Sie wollen ergründen, was tatsächlich geschehen war, und verließen sich nach den bizarren Einlassungen des Angeklagten nun auf mehr als dreißig Gutachten, zahlreiche Zeugen – darunter Ex-Frau Carola, die dafür als Kronzeugin straffrei bleibt – und die vorliegenden Indizien. So gelangen sie dann nach achtunddreißig Verhandlungstagen doch noch zu einem rechtskräftigen Urteil.

Im Vorfeld des Prozesses sitzt Peter Kaade nur vom 26. März 1970 bis zum 22. November 1971, dann noch einmal für fünf Wochen im August 1972 und schließlich von Ende September 1975 bis zur Urteilsverkündung im Mai 1976 in Untersuchungshaft. Von einer zeitweiligen Verlobten lässt er 1972 in der DDR beim Mil-ND nachfragen, ob eine Übersiedlung möglich wäre. Das wird abschlägig beschieden. Im Westen bleibt seine Haft dennoch beschränkt. Im Juli 1979 wird Peter Kaade entlassen und am 24. Oktober des gleichen Jahres von Bundespräsident Karl Carstens begnadigt.

In seiner in der Haft begonnenen Autobiographie behauptet Peter Kaade, dass seine Verurteilung zu Unrecht erfolgt sei und sein Verhalten vor Gericht Ausdruck seiner Verteidigungstaktik war: »In dem damaligen Verfahren gegen mich habe ich mehrere falsche Geständnisse abgelegt. Einige waren offensichtlich widersprüchlich und nachweislich falsch. Meine Hauptabsicht war, möglichst viel zu verschleiern. Meine teilweise überhöhten Geständnisse verleiteten die Justiz, den eigentlichen Landesverrat durch ihre Gutachten usw. selber zu begehen. Nachdem sie dies durchschaut und erkannt hatte, haben mich befangene Richter und eine in sich selbst verstrickte und involvierte Justiz wegen erfundener Lügen erheblich zu hoch verurteilt.«

Kaade versucht vergeblich, bei den Grünen Fuß zu fassen, und zieht herum, um seine Geschichten von seiner Zeit als Super-Agent zu erzählen. Viele interessierte Zuhörer findet er nicht.

Zumindest im Hinblick auf die Zusammenarbeit mit den Nachrichtendiensten der DDR macht Peter Kaade bei seinen Auftritten und in Gesprächen Angaben, die einer Überprüfung anhand der Aktenlage nicht standhalten. So behauptet er zum Beispiel, die Stasi habe ihn in einem Geheimprozess vom 12. bis zum 16. Dezember 1969 in Ost-Berlin zu »zwölf Jahren Zwangsarbeit« verurteilt, um ihn einzuschüchtern, dennoch sei er noch am selben Tag begnadigt worden. Markus Wolf persönlich hätte ihm die Begnadigungsurkunde ausgehändigt. Außerdem sei er auch mehrfach mit Stasi-Minister Erich Mielke zusammengetroffen, für den er als »Agent 006, eines vor James Bond« gearbeitet habe.

Solcherart nachprüfbar unwahre Aussagen, ergänzt durch die von Peter Kaade immer wieder praktizierte Selbstdarstellung, lassen paranoide Züge seiner Persönlichkeit vermuten.

Einerseits möchte er ein großer und wichtiger Spion gewesen sein: »Mein Fall beweist, dass ich als erkannter, enttarnter und gefangener Agent sehr erfolgreich und aktiv aus dem Gefängnis heraus tätig war.«

Andererseits fühlt er sich von allen Seiten missbraucht: »Ich bin für abgenötigte und erfundene Lügen in der Bundesrepublik Deutschland zu elf Jahren Freiheitsstrafe verurteilt worden. Man hat mich systematisch krank und kaputt gemacht. Man hat mich zur Arbeitsunfähigkeit verdammt und ›zermittelt‹. Im Osten unseres ehemals geteilten Vaterlandes hat man mich gefördert, genutzt, beleidigt, verkannt, verraten und im Stich gelassen. Bisweilen hat man mich auch erpresst, genötigt und benutzt. Auf die Dauer bin ich zwischen den Fronten ein schwieriger Eigenbrötler und Sonderling geworden.«

Peter Kaade stirbt vor Vollendung des 70. Lebensjahres an seiner schweren Diabetes. Auch er ist letztlich eines der vielen Beispiele für die Zerstörung von Persönlichkeiten im deutsch-deutschen Geheimdienstkrieg.

ATOM-SPION A. D.

Die Hamburger sind sauer: Acht Mann hoch sind sie extra angereist, die Leute vom BKA. Nur, um einen angeblichen Spion bei den Hamburger Elektrizitätswerken festzunehmen. Offenbar traut man den Männern vor Ort nicht allzu viel zu. Und dann das. Ein »H. Hupe« ist verdächtig, und den gibt es da gar nicht. Allerdings arbeiten ein Hans Huppe und auch noch ein Hermann Huppe bei den HEW. Doch wer ist der Richtige? Die Hamburger plädieren dafür, erst einmal beide zu verhaften, dann würde man schon sehen. Doch die »Spezialisten« vom

BKA wissen es besser. Nur keinen unnötigen Skandal verursachen. Wo denn dieses Eilbek liegt, wollen sie wissen. Das weiß doch jeder, in Wandsbek. Dort fand immerhin 1923 der Hamburger Aufstand statt, und außerdem wuchs Max Schmeling in der Hasselbrookstraße auf. Und ein paar Häuser weiter Rudolf Ditzen alias Hans Fallada. Doch statt sich im Heimatmuseum erst einmal zu informieren, fahren die Penner vom Rhein in die Kiebitzstraße 4a und klingeln, klopfen und klappern mit dem Briefschlitz an der Wohnung, die das Namensschild »Hans Huppe« trägt. Niemand öffnet.

Aus gutem Grund. Der 20. Januar 1979 ist ein saukalter Tag, und in Hamburg weht ein scharfer Wind. Durch die Gardine hatte Hans Huppe gesehen, wie sich eine Frau und zwei Männer seiner Wohnung näherten, alle leicht bekleidet. Das kann nur heißen, sie sind aus einem beheizten Auto ausgestiegen. Aber warum haben sie das dann hinter der Ecke stehen gelassen? Obwohl Hans Huppe bereits am frühen Morgen einen Anruf aus Ost-Berlin bekommen hat, ist er arglos. »Werkstatt aufräumen!«, hat es geheißen. »Wenn ich angezogen gewesen wäre, hätte ich sie sogar in meine Wohnung gelassen. Mir ist bis heute unverständlich, warum ich damals keinen Zusammenhang zwischen der Warnung aus Berlin und dem Aufkreuzen dieser Personen sah.«

Dennoch war Hans Huppe instinktiv verunsichert. Sein Spionagematerial hatte er in das Schließfach im Sportverein seiner Frau Hannelore gebracht. In der Umgebung der Wohnung war nichts Auffälliges zu bemerken. Aber es folgt ein zweiter Anruf: Gefahr im Verzug, keine Zeit mehr verlieren. Die Stasi ist um »Tessen« und »Tessina« besorgt.

Hans Huppe gießt noch einmal gründlich die Grünpflanzen, packt den Nymphensittich in seine Aktentasche und fährt zu seiner Tochter, um ihr zu beichten, was er die vergangenen fünfundzwanzig Jahre nebenbei so getrieben hat. »Ihre Begeisterung hielt sich in Grenzen«, erinnert er sich. In die Wohnung traut er sich nicht mehr zurück. Dort hat Hannelore gerade angefangen, den Flur zu renovieren. Auch ihr war etwas aufgefallen: Trotz Frost und leichtem Schneefall stand am S-Bahnhof Wandsbeker Chaussee außerhalb der Bedachung ein Mann unter einer trüben Funzel und las Zeitung. Der Klassiker, kennt jeder aus Kriminalfilmen. Der Mann folgte ihr in den gerade eingefahrenen Zug. Vorsichtshalber sprang sie wieder raus, bevor die Türen schlossen. Ebenfalls ein Klassiker.

Nun lässt sie den Farbeimer stehen und die Rolle unausgewaschen und eilt in eine Kneipe am Bahnhof Sternschanze. So ist es für den Ernstfall mit ihrem Mann besprochen.

Als Hans und Hannelore noch rätseln, was passiert sein könnte, sehen sie am Nachbartisch einen Mann die *Bild*-Zeitung lesen. »MfS-Offizier in den Westen geflüchtet«, verkündet die Schlagzeile. Stasi-Oberleutnant Werner Stiller hat ausgepackt. Nun wissen sie Bescheid.

Ein Auto haben die beiden nicht. Der nächste Zug fährt gegen 3 Uhr nachts vom Hamburger Hauptbahnhof nach Düsseldorf. Hans und Hannelore reisen in verschiedenen Abteilen. Der Sonntagmorgen ist eiskalt und trostlos, als sie in Bonn-Bad Godesberg ankommen. In einer Telefonzelle suchen sie die Adresse der DDR-Vertretung. Sie steht nicht drin. Auch auf dem Stadtplan ist nichts eingezeichnet. Da erinnert sich Hans Huppe, wo ungefähr die sowjetische Botschaft sein müsste, er hatte dienstlich mal in der Vertretung zu tun. Als harmlose Spaziergänger schlendern die beiden dorthin.

Die Genossen sind abweisend, aber professionell. Die vorgezeigte Schlagzeile veranlasst sie, die beiden zumindest erst einmal auf ihr Gelände zu bitten, das ja immerhin als sowjetisches Territorium gilt. Ob irgendjemand ihren Aufenthaltsort auch nur vermuten könnte, wollten sie wissen. Das ist nicht der Fall, doch zur gelungenen Flucht beglückwünschen sie Hans und Hannelore erst am Nachmittag, nachdem aus Berlin ihre dringliche Anfrage beantwortet worden ist.

Die Huppes werden vorsichtshalber isoliert und bekommen einen Kurzlehrgang in russischem Benehmen. Mit Schminke und Perücke wird ihr Aussehen verändert, und nach ein paar Tagen sind auch die dazu passenden roten sowjetischen Pässe da. Als »Magenkranker«, mit schmerzverzerrtem Gesicht, reist Hans Huppe in die DDR, angeblich zur Behandlung in der Charité. Seine Frau folgt später unter einem anderen Namen. Alles klappt ohne Probleme. Im KGB-Hauptquartier übergeben die Sowjets ihren Stasi-Kollegen das gerettete Agenten-Pärchen »Tessen« und »Tessina«.

Eine lange Spionage-Karriere ist beendet. Sie begann mit der Übersiedlung Hans Huppes in den Westen und trug schon während seiner Studenten-Jobs erste Früchte. Huppe: »Da war ich 'ne Zeit bei der Lufthansa, damals, als sie gegründet wurde, so 1956 … Und es gelang mir, das gesamte Projekt der Caravelle in die Hand zu bekommen.« Bei einem anderen Job hat er die in jenen Jahren revolutionäre Formel für das erste schaumgebremste Waschmittel abgegriffen, auf die Unilever so stolz war.

Doch das alles ist gar nichts gegen das, was der nach zehn Semestern abgebrochene Physik-Student im Laufe der Jahre bei den Hamburgischen Elektrizitätswerken erfährt. Er hat mit Planung, Sicherheit und Öffentlichkeitsarbeit zu tun, und nach seiner Flucht berechnen Experten, dass das von ihm illegal in den Osten transferierte Know-how einen Wert von rund drei Milliarden US-Dollar gehabt haben dürfte. Die Beute des Atom-Spions.

Dafür zeigt sich auch die Stasi großzügig. Sie schickt einen Möbelwagen in den Westen und holt die Wohnungseinrichtung rüber. Beschlagnahmen konnten sie die Behörden nicht, denn es gab keine Schulden, die eventuell zu begleichen gewesen wären. Nette Geste, aber den Verlust der Möbel hätte Hans Huppe auch verschmerzen können, viel schwerer jedoch den seiner Modelleisenbahn: »Also, sagen wir mal, 2000 verschiedene Fahrzeuge und ein paar hundert Lokomotiven sind es schon …« Zum Glück gehen die Ermittler sorgfältig damit um. Huppe: »Diese Sammlung wurde vom BKA schön verpackt und nach Meckenheim geschafft zur Durchsuchung. Die Funkunterlagen, die man hat, die hätten ja in jedem Wagen verborgen sein können. Also haben die jeden Wagen durchsucht.« Ohne Erfolg, deshalb kann ein Ost-Berliner Anwalt auch die Modellbahn auslösen und in die DDR schaffen. In den Stasi-Akten ist sie mit einem »Versicherungswert« von 200 000 DM aufgeführt. Huppe fällt ein Stein vom Herzen: »Gerade bei der Beschlagnahme solcher Gegenstände spielen psychologische Rachegelüste eine Rolle, da man sagt: Nee, das kriegt der nicht zurück. Aber nein, das lief korrekt ab.«

Auf seinen Arbeitgeber hingegen ist er böse. Der verweigert eine positive Beurteilung seiner Tätigkeit und die in siebzehn Jahren erworbene Betriebsrente. Also klagt der geflohene Spion aus der DDR vor dem Hamburger Arbeitsgericht gegen die HEW – ein einmaliger und exklusiver Fall in der deutsch-

deutschen Geheimdienstgeschichte. Der Rechtsstaat hat eben auch seine Vorteile. »Herr Huppe hat erstklassige Arbeit geleistet«, begründet sein Anwalt vor Ort im Westen das Ansinnen. Die Hamburger Richter können die eingeklagte Bewilligung der Rente nur mit einem Trick abwürgen: Sie erlassen ein Versäumnisurteil zu Ungunsten des Klägers, weil der nicht persönlich vor dem Gericht erschien.

Hans Huppe hat anderes zu tun. Er studiert noch einmal und macht seinen Doktor in Ökonomie. Thema seiner Arbeit ist die Frage, unter welchen Bedingungen man im Westen Atomkraftwerke bauen kann und welche Widerstände dabei zu brechen sind.

Nur Hannelore fühlt sich nicht so gut in der neuen ostdeutschen Heimat. Huppe: »Meine Frau, als Hamburgerin, die fand das hier so richtig mies, die wollte gleich wieder zurück nach Hamburg.« Aber nicht in den Knast nach Fuhlsbüttel, deshalb findet auch sie sich mit der DDR ab, und für ein bisschen West-Luxus sorgte die Stasi.

Eine Arbeit bekommt Hans Huppe in einer Ost-Berliner Außenstelle des Kernkraftwerks Greifswald. Für seinen Chef, Diplom-Ingenieur Dietrich N., war das nicht ganz einfach: »Er hatte von Anfang an eine Sonderstellung. Mein Chef hatte mich vergattert: Der Huppe hat hier Narrenfreiheit! Das nutzte er auch weidlich aus. Er soff ja schon am Morgen Cognac. ›Ich habe minus drei Promille, jetzt muss ich erst mal auf null kommen‹, waren seine Worte. Da machte er gar kein Geheimnis draus.« Sein fachlicher Beitrag bleibt bescheiden. Der Chef: »Er konnte sehr gut Deutsch. Deshalb war seine Arbeit das Korrekturlesen von unseren Ausarbeitungen. Unsere Physiker waren darin nicht so gut. Zur Kernenergie hat er bei uns nichts gemacht.«

In der Freizeit surrt die Modellbahn, und hin und wieder lädt auch Erich Mielke zum Umtrunk. Eigentlich dürfen sich die ehemaligen »Kundschafter des Friedens« gar nicht kennen, und deshalb tragen sie in der Normannenstraße auch diskrete Schildchen mit Decknamen. Auf der Toilette tauschen sie aber doch heimlich die Telefonnummern aus und so trifft man sich dann auch hin und wieder im Kreise der alten Kameraden. Huppes Kollege Rainer Paul Fülle, im Westen auf Glatteis seinem Bewacher entkommen und in einer sowjetischen Holzkiste als Diplomatengepäck in die DDR transportiert, macht die Erfahrung, dass Hans auch in der neuen Heimat das Spitzeln nicht lassen kann. Fülle: »Bei unserem letzten Treffen zeigte Huppe mir einen dicken Aktenordner, lauter Gespräche mit mir, alles aufgeschrieben.« Angeblich alles der Stasi gemeldet. Zum Glück hatte Fülle ihm nichts von seinen Plänen, zurück in den Westen zu flüchten, erzählt. Ihm stinkt die DDR, und er will lieber ein paar Jahre Knast beim »Klassenfeind« in Kauf nehmen.

Hans Huppe hingegen richtet sich in der DDR ein. Ihr Ende ist für ihn der Einzug des blanken Chaos: »Auf einmal sind alle Regeln weg. Das war unbegreiflich.«

Eine letzte Spur des einst so erfolgreichen Atomspions findet sich 2004 im Amtsblatt Petershagen/Eggersdorf. Die SPD vermeldet dort die Auszeichnung von Mitbürgern mit dem »Blumenstrauß des Monats«, die CDU wünscht allen »ein Stück mehr Frieden und Wohlergehen«, die »Partei Rechtstaatlicher Offensive« will die neuen Wasserschutzgebiete ablehnen und bei der PDS hält Hans Huppe einen Vortrag über seinen Kampf an der unsichtbaren Front. In der Einladung steht: »Er wird sicherlich viele Fragen zu beantworten haben.« Wohl wahr.

GENOSSE ROMEO

Sie haben lange nach einem stillen Plätzchen gesucht. Dann steht das Auto endlich auf einer kleinen Lichtung in einem Wald bei Bonn. Der Mann hat den Motor abgestellt. Er schaut seine Frau an. Beide sind Anfang sechzig, sie wollten sich scheiden lassen und haben die Papiere schon eingereicht. Doch das Paar spürt, dass die Zukunftsangst auch nach einer Trennung bleiben würde. Deshalb wollen sie einen letzten Weg gemeinsam gehen. Sie halten sich an den Händen, als sie einen Cocktail aus Tabletten und Alkohol schlucken.

Zufällig übt an diesem Tag im Januar 1998 ein Trupp der GSG 9 gerade in jenem Wald nahe der einstigen Bundeshauptstadt. Die Männer finden das Pärchen, schon bewusstlos, aber noch nicht tot. Der Notarzt versorgt sie, Susanne Moll und ihren letzten Ehemann Herbert.

Bereits im Krankenhaus stellt sich heraus, dass Susanne Moll an diesem Tag einen wichtigen Termin versäumt hat. Um 9 Uhr hätte sie im Saal A 01 des Oberlandesgerichts Düsseldorf als Angeklagte in einer Strafsache erscheinen müssen. Der Vorwurf: Geheimdienstliche Agententätigkeit für die inzwischen untergegangene DDR.

Vor dem Saal wartet Manfred Markward. Er ist am Vortag aus Eisenhüttenstadt angereist, Hotelkosten werden für den Zeugen vom Gericht übernommen. An diesem 15. Januar soll er nach zwanzig Jahren zum ersten Mal die Frau wiedersehen, deren Mann er acht Jahre lang war. 1977 hatte er sie von heute auf morgen verlassen.

»Das war ein Befehl der Zentrale«, sagt der Mann, »und über Befehle diskutiert man nicht.« Manfred Markward nimmt eine Einladung zum Kaffee an. Die Verhandlung wird um sieben Tage verschoben, er hat Zeit. Und er will erzählen, wie er es geschafft hat, in der Lüge zu leben. Manfred Markward war ein »Romeo« der Stasi. In den Westen geschickt, um eine »Julia« für die Spionage zu erobern.

Der gepflegt wirkende Rentner, flott gekleidet, hat den Schlips abgenommen. Zum weißen Hemd trägt er eine dunkle Hose. Er hat keinen Bauch, den er einziehen müsste, und sein kariertes Jackett erinnert an Besitzer englischer Landhäuser. Nur die leicht ausgetretenen Mokassins lassen DDR-Schick ahnen. »Das ist nicht so, wie man sich das denkt«, sagt Manfred Markward. »Ich habe ja nicht nur gelogen. Ich meine, von meinem Gefühl her war es keine Lüge. Auch wenn ich mich als jemand ausgegeben habe, der ich nicht war. In dieser Hülle war alles echt.«

Die Hülle. Das neue, das andere Leben war das Angebot der Stasi an Manfred Markward.

Der stattliche Mann wurde 1931 in Fürstenberg geboren. Aus dem Örtchen an der Oder sollte später einmal Stalinstadt werden, die erste »sozialistische Stadt« der DDR. So wie der neue Staat Vater seiner Heimatstadt ist, ist er es auch für Manfred Markward. Die »Freie Deutsche Jugend« gibt den kulturellen und intellektuellen Horizont vor, die Genossen ersetzen die Familie. Das Elternhaus hatte nicht viel übrig für den kleinen Manfred. Mit sieben Jahren wurde er als Hütejunge an einen Bauern gegeben, dann musste er auch noch zum Volkssturm. Nach dem Krieg durfte Manfred bei Verwandten unterschlüpfen, mehr Heimat gab es nicht.

Der Junge weiß, wo er hingehört. Die DDR ist im wahrsten Sinne des Wortes sein Vaterland. Nach einem Ausflug nach Österreich Ende der Vierzigerjahre zum leiblichen Vater kehrt Manfred Markward bald an die Oder zurück. Der gelernte Tischler wird Pionierleiter, dann Unterstufenlehrer. Er kann mit Kindern umgehen; verheiratet ist er inzwischen auch. Als es 1956 eng wird für »die Partei« – in Ungarn rumort es, am Suez-Kanal tobt ein kleiner Krieg, in Moskau werden die Verbrechen Stalins enthüllt –, wird Manfred Markward Mitglied der Sozi-

alistischen Einheitspartei Deutschlands. Es fällt ihm kaum auf, dass seine Partei noch fünf Jahre braucht, um aus Stalinstadt nun Eisenhüttenstadt werden zu lassen. Und dass die Leute unter der Hand »Schrottgorod« – Schrottstadt – sagen, ficht ihn nicht an. Er glaubt an den Fortschritt und an den Sozialismus.

Für einen solchen Genossen interessiert sich die Stasi. 1967 besuchen ihn zwei Männer. Sie tun sehr geheimnisvoll. Markward: »Ich war inzwischen geschieden, und nun ging es auf einmal um einen Einsatz im Westen. Genaues erfuhr ich nicht, von Bewährungsproben war die Rede …« Er rührt im Kaffee, dann strafft er sich. »Da hätten Tausende andere auch nicht Nein gesagt. Ich hatte plötzlich eine Riesenperspektive! Wer hätte eine solche Sache sausen lassen?« Wahrscheinlich hat er recht.

Manfred Markward erfüllt ein paar Probeaufgaben im Westen, der nun »Operationsgebiet« heißt. Die Stasi beobachtet ihn und ist zufrieden. Der Mann aus Eisenhüttenstadt hat eine natürlich Gabe, auf fremde Menschen zuzugehen und ihr Vertrauen zu gewinnen.

Deshalb kann das Abenteuer weitergehen: drei Monate Sprachkurs in England. Manfred Markward fühlt sich wie ein Lord.

Nach seiner Rückkehr erfährt er von seinem ersten Auftrag: Er soll für eine Weile nach Kanada gehen und dort einen Mann aufspüren, der ein paar Jahre zuvor dorthin ausgewandert ist. Er heißt Hans Türke. Markward solle sich mit ihm bekannt machen und ihn so gut kennenlernen, dass er im Westen in seine Haut schlüpfen kann. Natürlich ohne dass der echte Hans Türke davon etwas merkt.

Dann sitzt Manfred Markward im Flugzeug nach Toronto. Es ist sein erster Flug, und er trinkt seinen ersten richtigen Whisky. Hans Türke ist schnell gefunden, denn Manfred hat eine gute Geschichte parat: Ein entfernter Verwandter habe eine Menge Geld hinterlassen, er suche jetzt die glücklichen Erben. Schnell stellt sich heraus, dass Hans Türke, leider, leider, nicht dazu gehört. Trotzdem befreunden sich die beiden Männer.

»Ich wäre am liebsten dort geblieben«, sagt Manfred Markward. Seine Augen leuchten, er scheint durch die vielen Passanten und Autos in Düsseldorf hindurchzusehen. »Die Leute dort haben alle mal die Erfahrung gemacht, dass ihnen irgendwann ein völlig Fremder geholfen hat. Das wollen sie weitergeben. Deshalb wird jeder in Kanada schnell heimisch. Aber ich musste ja zurück. Schließlich hatte ich ja der DDR auch einiges zu verdanken.«

Über ein Drittland gelangt Manfred Markward in die Bundesrepublik. Er heißt nun Hans Türke und wohnt in Koblenz. Einen Führerschein auf diesen Namen bringt er aus Kanada mit, auch die Ausstellung neuer deutscher Papiere läuft problemlos. Erst jetzt ist er bereit für seinen eigentlichen Auftrag: Hans Türke soll sich an eine Sekretärin des Bundeswirtschaftsministeriums heranmachen und von ihr Informationen sammeln: Susanne Moll.

Die junge Frau hatte vier Jahre zuvor einen Mann kennengelernt, der sich »Helmut Schneider« nannte. Sie war neunundzwanzig und spürt so etwas wie die biologische Uhr. Schnell landete sie mit Helmut im Bett. Susanne Moll träumt von Heirat, er sagt, er brauche sie, um sich erst einmal bei seiner Arbeitsstelle zu etablieren. Stimme die Karriere, könne er auch eine Familie ernähren. Es ging um Informationen, denn er arbeite bei einer englischen Friedensorganisation. Natürlich müsse das alles streng geheim bleiben. Susanne Moll ist bereit, Informationen zu liefern. Sie wählt sich den Decknamen »Monika«. Schließlich ist alles halb so wild, die Engländer sind ja Verbündete der Deutschen.

Bei der Stasi nennt man diese Methode »Werbung unter falscher Flagge«. Nachdem »Helmut Schneider« die Werbung erfolgreich vollzogen und gefestigt hat, wird er 1969 abgezogen. »Hans Türke« übernimmt.

Seine Führungsoffiziere in Berlin zeigen ihm ein Nacktfoto von Susanne Moll. Markward alias Türke empfindet die Fleischbeschau nicht als zynisch: »Immerhin war klar, dass ich mit der Frau ins Bett gehen würde. Bei jeder klappt das auch nicht, aber bei Susanne fiel es mir nicht schwer.«

Nun inszeniert die Stasi ein Schmierenstück, das seinesgleichen sucht: Das angebliche englische Friedenskomitee organisiert für verdiente Mitarbeiter einen Ausflug von Mailand bis nach Capri. Ein Bus wird gechartert und mit einer Stasi-Statistentruppe besetzt. Auch Hans Türke ist dabei, und Susanne ist ohnehin eingeladen. Die beiden lernen sich »zufällig« kennen, die gesamte Busmannschaft sorgt dafür, dass es für das junge Liebespaar eine unvergessliche Traumreise wird.

Susanne verliebt sich leidenschaftlich.

In Bad Breisig bauen sich die beiden ihr Nest. Hans Türke steigt in eine Immobilienfirma ein, die er nach der Pleite sogar aus den roten Zahlen bringt. Ein idyllisches Zweifamilienhaus am Waldrand fällt für das glückliche Paar ab.

Der dritte Kaffee ist kalt geworden. Manfred Markward kämpft mit dem Vorwurf des Vertrauensbruchs: »Ich hatte ja meinen Auftrag von der Partei und der Regierung. Wir mussten etwas für den Frieden tun, sonst säßen wir jetzt nicht hier!« Wie er sich denn unter den vermeintlichen »Kriegstreibern« im Westen gefühlt habe? »Das waren auch ganz normale Leute, die ihre Ruhe haben wollten. Ich war für sie ja einer von ihnen, das war nicht alles gespielt!«

Er spricht nicht weiter, kann es wohl nicht. Sein Leben als Hans Türke im Westen war im Laufe der Jahre alltäglich geworden. Hat das nicht zu Zweifeln an seinem Stasi-Auftrag geführt? Markward sucht das Positive in seinem gebrochenen Leben, indem er seine Frau ungefragt zur Komplizin gemacht hatte: »Auch für Susanne gab es gute Seiten. Ich habe dafür gesorgt, dass sie den Führerschein macht. Ohne äußeren Anstoß hätte sie das nie geschafft. Sie war eben ein Typ, der Führung brauchte.«

Vergessen sind die Schweißausbrüche der Frau, wenn sie das gestohlene Material nach Hause brachte, das Zittern, der Alkohol, um die Spannung abzubauen. Die Grenzen zwischen der Tat und dem Leiden daran lassen die Konturen zwischen Täter und Opfer unscharf werden. Manfred Markward versucht eine abenteuerliche Erklärung: »Ein Delikt entstand ja erst, als die ganze Sache vorbei war und lange nach der Einheit der Verrat entdeckt wurde. Im Laufe ihrer Arbeit für uns ist Susanne selbstbewusster geworden. Das hat ihr ihre Karriere im Ministerium in Bonn überhaupt erst ermöglicht.«

Allein der Augenschein spricht eine andere Sprache. Die jahrelang anhaltenden Spannungen haben die Frau zum Wrack gemacht. »Sie weicht Dingen aus, um mit ihnen leben zu können«, sagt der Psychiater. Einfacher ausgedrückt: Susanne Moll kann nicht Nein sagen. Auch nicht, als »Hans Türke« 1977 Hals über Kopf in den Osten abgezogen wird. Die westdeutsche Spionageabwehr hatte durch Rasterfahndung die Doppelgänger-Methode entdeckt. Und gerade in diesem Jahr wollten sie heiraten. Das hatte Hans versprochen.

Die Frau klammert sich an die Lüge, doch »nur« für die Engländer zu spionieren. Ihr neuer Stasi-Führungsoffizier hält sie noch zwölf Jahre mit dem Versprechen bei der Stange, sie müsse liefern, wenn sie Hans Türke je wiedersehen wolle. Die letzte Diskette mit Informationen geht im Oktober 1989 in die DDR.

Nach dem Verschwinden von Hans Türke heiratet Susanne erneut. Ihr Mann, ein Italiener, ist ein Tyrann. Inzwischen zahlt ihr die Stasi 200 Mark im Monat. Davon kauft sie sich heimlich Alkohol. Die Ehe geht bald in die Brüche.

Manfred Markward ist inzwischen beim Cognac angekommen, und jetzt klagt er nur noch. »Für mich war die Rückkehr in die DDR ein Schock. Die Stasi nahm mir meinen Audi 80 weg, den ich mir selbst erarbeitet hatte, ich bekam nicht einmal eine Wohnung.« Der Täter fühlt sich als Opfer und bedauert sich hemmungslos. Er musste damals zurück nach Eisenhüttenstadt, zog wieder bei seiner geschiedenen Frau ein. Der Spion im Ruhestand bekommt psychische Probleme. Die Stasi regelt das auf ihre Art: Manfred Markward wird zur Kur geschickt. Dort lernt er »rein zufällig« ein attraktives »Mannequin« kennen. Dieses Trostpflaster lässt ihn seine Männlichkeit wiederfinden. Ihm wird eine Zweizimmerwohnung zugewiesen. Er baut das Stadtmuseum in Eisenhüttenstadt auf, dann das Feuerwehrmuseum. Das macht er gut, und es bringt ihm Anerkennung ein. Manfred Markward heiratet, wird noch einmal geschieden – die DDR hat ihn wieder. Nur Susanne darf er nie wieder sehen. So wollen es seine Stasi-Dienstherren.

Ende 1989 macht Susanne Moll einen ersten Suizidversuch, ein stummer Schrei um Hilfe. Niemand hört ihn. Als ihr am 22. November 1995 die Anklageschrift zugestellt wird, versucht sie ein zweites Mal, Hand an sich zu legen. Erst jetzt hat sie den wahren Namen von Hans Türke erfahren, den Namen des Mannes, mit dem sie acht Jahre ihres Lebens verbracht hat. Es bleiben ihre glücklichen Jahre. Sie ruft in Eisenhüttenstadt an. Manfred Markward: »Es klang so, als ob sich Susanne ungeheuer freute, mich zu hören. Ihre einzige Sorge war, dass sie inzwischen sehr auseinandergegangen wäre, wie sie sagte.« Eine Telefonnummer oder Adresse hinterlässt sie nicht.

Zu dem von Susanne Moll so gefürchteten Treffen mit Manfred Markward vor Gericht kommt es sieben Tage nach ihrem dritten misslungenen Selbstmordversuch im Januar 1998. Sie will nicht als Verräterin dastehen und sagt: »Man muss auch etwas Unrechtes tun, um dem Frieden zu dienen.«

Das Gericht verurteilt die Frau zu nur einem Jahr Freiheitsstrafe auf Bewährung. Aber sie muss die Verfahrenskosten in Höhe von 25 000 Mark tragen, und ihr Anspruch auf Zusatzrente aus der Arbeit im Öffentlichen Dienst geht verloren. Sie ist geschieden und wird den Rest ihres Lebens voraussichtlich auf Sozialhilfeniveau verbringen. Und: Susanne Moll ist alkoholkrank. Über Hilfe wird vor Gericht nicht gesprochen.

Als Manfred Markward den Gerichtssaal verlässt, ist er ein freier Mann. Seine Spionagetätigkeit ist längst verjährt. Niemand hat ihn vor Gericht als Täter angesprochen, dennoch hat er sich als Opfer geriert. Das entspricht nicht den Tatsachen, wohl aber seinem subjektiven Empfinden. Er schwärmt bis heute von dem schönen Häuschen in Bad Breisig und dem guten Leben im Westen. Dass ihn die Stasi da Hals über Kopf herausgerissen hat, nimmt Genosse Romeo ihr übel: »Die haben mich doch nie wieder richtig hochkommen lassen. Nach der Rückkehr war ich nur noch ein ganz kleines Würstchen.« Sein Löffel war eben doch nicht lang genug, um mit dem Teufel zu essen.

Als Hans Türke nun wieder als Manfred Markward den Gerichtssaal verlässt, lächelt ihn Susanne Moll doch noch einmal an. Er hebt ganz leicht die Hand zu einem verstohlenen Winken.

TÖDLICHER URLAUB

Der kantige, rote Anhänger mit drei Reihen kleiner Fenster übereinander sieht aus wie ein rollender Taubenschlag. Er wird von einem Bus gezogen und dient den vierzig Fahrgästen als Schlafunterschlupf. »Rotelreisen sind sehr gesellige Reisen«, wirbt das Unternehmen. »Rotel« steht für »Rollendes Hotel«, und an ihm scheiden sich die Geister. Die einen schwören auf die wild-romantische Stimmung, den anderen graust es vor stinkenden Füßen und schnarchenden Nachbarn. Auf jeden Fall haben die Reisen das Image, für relativ wenig Geld viele Erlebnisse zu bieten, und 1530 Mark für dreiundzwanzig Tage quer durch Skandinavien sind auch wirklich nicht zu teuer. Für einen Mann wie den achtundvierzigjährigen Oberregierungsrat Paul Hirsch gerade richtig.

Ein ruhiger, ausgeglichener Reisekamerad, den in diesem Sommer 1981 nicht einmal die ersten vierzehn Tage mit ihrem nasskalten Wetter, das die engen Schlafkabinen klamm werden lässt, anfechten. Er vertieft sich dann unter der Leselampe in Wirtschaftsberichte, studiert Blätter mit langen Zahlenkolonnen oder aktuellen Börsendaten. Beamter im Wirtschaftsministerium sei er, hatte er neugierigen Mitreisenden erzählt. Ein fleißiger offenbar. Niemand ahnte, dass Paul Hirsch in Wahrheit beim Bundesnachrichtendienst arbeitet.

Bis 1970 war der gelernte Bankkaufmann stellvertretender Geschäftsführer eines Behindertenhilfswerkes. Kein aufregender Job. Dann lockte ihn das Abenteuer BND. Diskret stellte ihn die Bundesvermögensverwaltung ein, die dem Spionagedienst für solche Fälle als Tarnung dient. Unter den Geheimen arbeitete sich Hirsch still und zielstrebig hoch. Anfang der Achtzigerjahre ist er für die Informationsbeschaffung aus Polen und der Sowjetunion zuständig, im Pullacher Hausjargon wird das »Anbahner und Verbindungsführer« genannt. Paul Hirsch ist kein James Bond, aber ein anerkannter Fachmann, dem die nächste Beförderung bevorsteht.

Dazu kommt es nicht mehr, denn am 16. Juni 1981 verschwindet Paul Hirsch spurlos. Vierundfünfzig Tage später, am Abend des 9. August, wird seine Leiche, kopfunter im Wasser treibend, von einem Lachsangler nahe der Insel Goatteloubbal im Porsangerfjord in Norwegen gefunden. Der BND lässt verlauten, dass mit diesem Fund nun ein bedauerlicher Unfall »nahezu restlos aufgeklärt« sei. Über das »nahezu« möchte man Gras wachsen lassen.

Natürlich habe der Oberregierungsrat seinen Dienstherrn ordnungsgemäß über die Reise informiert, als er sie am 31. Januar in Passau buchte, heißt es. Eine Rundreise durch Dänemark, Schweden und Finnland wolle er unternehmen. Von Norwegen sprach Paul Hirsch nicht.

Die Gegend um den Porsangerfjord ist unwirtlich. Eine karge Tundra-Landschaft vierzig Kilometer von der finnischen und 180 Kilometer von der sowjetischen Grenze entfernt, überall Militär. Nordnorwegen bildet hier die strategisch wichtige Nordmeer-Verteidigungslinie der NATO, Murmansk mit seiner Basis für sowjetische Atom-U-Boote ist nicht weit.

Es gehört zu den Usancen des Kalten Krieges, im Falle des Verschwindens eines Mitarbeiters zumindest eine Entführung oder vielleicht sogar eine Fahnenflucht zu vermuten. Das ist mit dem Leichenfund vom Tisch. Doch was ist tatsächlich an jenem Tag in Norwegen geschehen?

Auf dem Reiseprogramm für den 16. Juni stand ein Trip zum Nordkap. Um 4 Uhr früh ging es von Hammerfest mit dem Schiff dorthin. Am nördlichsten Punkt Europas sammelte der Bus seine Reisegruppe wieder ein und fuhr nach Skoganvarre, einem kleinen Nest am Bajitjav'ri-See, sechsundzwanzig Kilometer südlich von Lakselv gelegen. Eigentlich sollte es noch ein paar Kilometer weiter gen Süden gehen, doch das Camp dort war voll, und so erfuhren die Reisenden zwei Tage vorher von der Programmänderung. Gegen 19.30 Uhr traf der Bus mit Anhänger in Skoganvarre ein, und der Busfahrer machte für alle Abendbrot.

Es ist 21 Uhr und durch die Mitternachtssonne noch fahlhell, als Paul Hirsch das Camp verlässt. Die Mitreisenden bemerken, dass er nicht allein geht, aber schon zur Begleitung gibt es später unterschiedliche Aussagen. Die einen berichten von einem pensionierten Postbeamten mit Frau, der später ausgesagt habe, der sonst so freundliche Herr Hirsch habe etwas gereizt reagiert, als er sich dem Spaziergänger anschloss. Andere sprechen von zwei Frauen, einer deutschen und einer Schweizerin, die angeblich mit Hirsch das Camp verließen.

Einig sind sich die Berichte wieder darin, dass die drei späten Wanderer nach einer halben Stunde am Südufer des Bajitjav'ri-Sees den Weiler Veines erreichten. Hier kehren die Begleiter um, unklar bleibt für die Ermittler später, ob es nun der Postler mit Frau oder die beiden Damen gewesen sind. Hirsch will »noch ein Stück weiter«.

Seither ist er verschwunden. Weder die Polizei noch die rund zweihundert zur Suche eingesetzten Soldaten mit ihren sechs Spürhunden finden die geringste Spur. Einen Selbstmord können die Beamten sehr schnell ausschließen. Paul Hirsch galt als geübter Schwimmer, und nichts in seinen persönlichen Sachen, darunter auch ein Tagebuch, rechtfertigte einen solchen Verdacht.

Nun entwickelt Polizeiinspektor Odd Enevold aus Hammerfest die Theorie eines möglichen Unfalls. Er geht davon aus, dass Paul Hirsch den See, der wie der Bauch eines Bogens an der Straße 96, die Sehne dieses Bogens, liegt, umrunden wollte. Dazu hätte er am Nordende des Sees einen zwanzig Meter breiten und anderthalb Meter tiefen Fluss durchqueren müssen, um die 96 wieder zu erreichen. Hier vermutet Enevold die Unfallstelle, die Leiche wurde einige Kilometer nördlich gefunden, offenbar von dem Fluss weggespült. Der BND übernimmt diese Version.

Dabei bleiben viele Fragen ungeklärt: Warum machte Paul Hirsch nach einem anstrengenden Tagesprogramm von mindestens achtzehn Stunden überhaupt noch spät am Abend eine solche Wanderung über neuneinhalb Kilometer? Der Weg führte über kaum sichtbare Trampelpfade, durch Sumpfstellen und fünf eiskalte Bäche. Warum trug er keine Wanderschuhe, sondern handgenähte Halbschuhe? Warum stieg er in den Fluss mit den reißenden Stromschnellen, drei Tage nach Beginn der Schneeschmelze im Gebirge? Warum tat er das bei drei Grad Wassertemperatur dann auch noch in schweren Cordhosen und mit Skianorak? Warum fanden die Hunde nichts, wenn doch die Leiche noch mindestens sechs Wochen dort gelegen haben musste?

Fragen, die auch die *Frankfurter Allgemeine Zeitung* beschäftigten. Journalisten recherchierten und stellten fest, dass Paul Hirsch nicht am nördlichen Ende der »Bogensehne«, die der Fluss zum See bildet, sondern an deren südlichem Ende in das reißende Gewässer gefallen sein musste, berechnet nach

Strömung und Leichenfundort. Der einzig geeignete Ort, an dem der Wanderer ins Wasser gestürzt sein könnte, wäre dann die Brücke in der Nähe des Camps, die Paul Hirsch gemeinsam mit seiner Begleitung am Beginn seiner Wanderung passiert hatte.

Diese Version wird durch einen eigenartigen Zusammenhang gestützt. Kriminalpolizist Fred Davidsen vermerkte in seinem Bericht, dass Paul Hirsch am 17. Juni zwischen 5.30 und 6.00 Uhr von einer Angestellten des Camps gesehen wurde. Er ging in Richtung Brücke. In der deutschen Übersetzung dieses Vermerks ist eine »Corrigenda« angebracht. Sie lautet:

»Es muss heißen ... Hirsch wurde zuletzt in den Abendstunden des 16.06.1981 gesehen.«

Wie kam der Mann in den Fluss? Hierzu ist die zurückhaltende Aussage des Arztes Helge Stalsberg vom staatlichen Krankenhaus in Tromsö bemerkenswert. Er sagt, er könne nur »folgern«, dass der Tod durch Ertrinken eingetreten sei. Dementsprechend schrieb er im Obduktionsbericht, dass beide Lungen blutleer »wirkten«. Eine Ansammlung von fünfzig Millilitern Blut im Magen von Hirsch erklärt er gar nicht. Ein erfahrener deutscher Strafrichter meint, dass hierzulande eine solch vage Beschreibung nicht zu einer gerichtlichen Feststellung der Todesursache ausreichen würde.

Für die Frau von Paul Hirsch und seine zwei Kinder, die lieber allein Urlaub im warmen Griechenland statt im kalten Norwegen machten, blieb ihr Mann und Vater erst einmal offiziell »verschollen«. Unter diesem Rubrum wurde auch die Akte im BND abgelegt. Nach dem Fund der Leiche und deren eindeutiger Identifizierung – so reiste extra der Bruder von Paul Hirsch nach Norwegen – legte man dort Wert darauf, die Unfalltheorie zu verteidigen. Der Grund dafür mag darin liegen, dass nach dem Verschwinden des BND-Mannes in der Presse Gerüchte blühten, er sei als Doppelagent entführt worden oder hätte sich in die Sowjetunion abgesetzt. Dafür wurden mysteriöse Zeugen und Beobachtungen als Beweis angeführt: Ein kleines Flugzeug sei in der Gegend gelandet, ein Wagen der Sowjetbotschaft dort gesehen worden. All das erweist sich als wenig stichhaltig.

Aber es gibt noch eine andere Spur: Paul Hirsch war bereits der zweite Oberregierungsrat beim BND, der innerhalb kurzer Zeit verschwand.

Ende Dezember 1980 feierte man im »Camp Nikolaus«, dem BND-Hauptquartier in Pullach bei München, den Jahresabschluss. Plötzlich erhielt Jochen St., Deckname »Gandner«, einen Telefonanruf. Er verließ das gesellige Beisammensein und ward seither nicht mehr gesehen. Fahnder fanden den Wagen des aus Thüringen stammenden Mannes, beim Geheimdienst ebenfalls als »Beschaffer« tätig, im Forstenrieder Park bei München. Der Schlüssel steckte. Dieses Waldstück ist beileibe kein undurchdringliches Dickicht. Dennoch blieb die Leiche »Gandners« verschwunden. Wochen später fanden Spaziergänger ein Schlüsselbund, das von der Witterung völlig unversehrt war und eindeutig dem BND-Mann zugeordnet werden konnte. Der Dienst hatte bereits vorher erklärt, es handele sich um einen mutmaßlichen Selbstmord »aus persönlichen Gründen«. An dieser Version wird bis heute nicht gerüttelt.

Trotzdem bleiben, wie auch im Fall Paul Hirsch, Zweifel, zumal sich die Geschichte mit einem anderen Geheimdienstfall zu verquicken scheint.

Diesmal geht es um die Stasi, und die Sache beginnt am 9. März 1982 in einer Zelle im DDR-Gefängnis Bautzen II. Dort erhängt sich an diesem Tag der Häftling Dieter Vogel. Mithäftlinge sind fest davon überzeugt, die Stasi habe dabei nachgeholfen. Der Fall ist Untersuchungsgegenstand im Prozess gegen Stasi-Spionagechef Markus Wolf nach der deutschen Einheit; zu beweisen ist nichts.

Es geht um Unstimmigkeiten in den Dokumenten. Offiziell hat ein Leutnant der Volkspolizei den Tod Dieter Vogels untersucht und ein kriminaltechnisches Gutachten angefertigt. Es soll die These vom Selbstmord des Häftlings stützen. Die VP-Akte liegt als Sicherheitsverfilmung durch die Stasi vor; dieser Kopie ist ein Vermerk der Stasi vorgeheftet, der besagt, dass das Gutachten tatsächlich von der Abteilung 32 des »Operativtechnischen Sektors« der Stasi angefertigt wurde. Er belegt auch, dass die VP den Tatort überhaupt nicht untersucht hat.

In der Todesermittlungsakte der Staatsanwaltschaft Dresden, 1991 unter dem Aktenzeichen 40 UJs 854/91 angelegt, fehlt der fragliche Vermerk. Es ergibt sich also der Verdacht, dass hier manipuliert wurde. Doch all das gehört zur »Leichensache V.« – was hat sie mit den Herren Hirsch und »Gandner« zu tun?

Die Antwort kann nur in der Agententätigkeit des Dieter Vogel liegen. Der Generalstaatsanwalt der Bundesrepublik Deutschland hat dazu Folgendes ermittelt: Dieter Vogel arbeitete seit 1974 für die CIA; der US-Geheimdienst wollte über ihn in die Stasi eindringen. Deshalb nahm Vogel am 3. September 1978 in der DDR Kontakt zu Stasi-Major Werner Poppe auf. Am 20. September 1978 erklärt der CIA-Agent, für die Stasi arbeiten zu wollen. Die registriert ihn unter dem Decknamen »A. Horn«. Nun ist Dieter Vogel Doppelagent, der für die CIA in der Stasi spionieren will. Doch auch den Ost-Berliner Genossen gegenüber muss Vogel Beweise seiner »Ehrlichkeit«

erbringen. Die für die West-Spionage zuständige Hauptverwaltung A der Stasi beauftragt ihn, im Januar 1980 in den BND »einzudringen«. Im Visier steht der Chef des Bereiches »Aufklärung Emigration«. Der Generalbundesanwalt dazu: »Der Anwerbungsplan der HVA sah vor, dass Dieter Vogel den Bereichsleiter Dr. Keil unter ›falscher Flagge‹ (CIA) ansprechen sollte.«

Diesen Stasi-Plan meldet der Doppelagent seinen Auftraggebern bei der CIA. Die geben ihrem Verbündeten, dem BND, einen Tipp. Dort wiederum hat die Stasi ihre Maulwürfe. So erfährt man in Ost-Berlin vom »Verrat« Dieter Vogels. Die Operation gegen Dr. Diethelm Keil, BND-interner Deckname »Klein«, wird zwangsläufig abgebrochen und Vogel am 12. August 1980 verhaftet.

In Bautzen setzt der enttarnte CIA-Agent alles auf eine Karte, denn er hat noch heiße Informationen. Die vertraut er einem Mitgefangenen an, der von Westen freigekauft wird und sie in seinem Kopf über die Grenze schmuggelt. Sie betreffen Stasi-Konfidenten im BND. In mindestens zwei Fällen erweisen sich Dieter Vogels Erkenntnisse als Treffer. Dann zerbricht die DDR, und nach 1990 wird zu zwei weiteren Personen nicht mehr ermittelt. Es sind »Gandner« und Hirsch, gegen die Vogel angeblich den Verdacht geäußert hatte, im BND für die Stasi gearbeitet zu haben. Alle drei sind damals bereits tot. Die Akten bleiben geschlossen.

GRAUER WOLF IN BAUTZEN

Wie feiert man Weihnachten im Knast? Arthur Trüschel erinnert sich: »In der Zelle bietet sich unseren Augen eine Überraschung. Teller mit appetitlichen Häppchen – Gurkenscheiben, Ketchup, Senf, Zwiebelstückchen, wenn ich mich recht erinnere auch Ananasstücken. Aus Wurstspeilern hergestellte Spießchen stecken in jedem Bissen. Das Teewasser summt – ausgesuchter Assamtee, eigens für Weihnachten aufgespart.«

Eine Idylle im Stasi-Gefängnis? Arthur Trüschel verbringt Weihnachten 1983 in der berüchtigten Strafanstalt Bautzen II. Am 23. März 1982 war er wegen angeblicher Spionage verhaftet worden: Er hatte sich mit einem Schulfreund getroffen, der inzwischen im Westen Beamter war. Dafür wurde er zu fünf Jahren Haft verurteilt.

Doch das war ja offenbar alles nicht so wild, glaubt man obiger Beschreibung. Also alles gemütlich im Knast? Beileibe nicht, aber auch die »kleine DDR« hinter Gefängnismauern funktionierte nicht anders als die große DDR hinter Grenzmauern. Es gab nichts, was es nicht gab. Arthur Trüschel: »Über unsere Pakete hatten wir meist unseren West-Kaffee, hin und wieder auch mal Lachs und Kaviar. Die Wärter kauten derweil ihr Brot mit volkseigener Leberwurst.«

Hinter den Gefängnismauern blühte der Handel mit allem, was rar und deshalb kostbar war – die DDR-Mangelwirtschaft im Kleinen.

Einer der in Bautzen II damit virtuos umgehen konnte war Ekrem Emin Hildirim. Nach fünf Monaten Untersuchungshaft wurde der Türke am 25. Oktober 1982 zu neun Jahren wegen Fluchthilfe – im DDR-Jargon »staatsfeindlicher Menschenhandel« – verurteilt. Da war er zweiundzwanzig Jahre alt. In Bautzen II trägt der Türke den Spitznamen »Basari«, weil er alles oder fast alles »besorgen« kann. Hildirim: »Es gab Zeiten, da hatte ich in meiner Zelle mehr Nahrungs- und Genussmittel auf Lager als der HO-Laden des Gefängnisses. War etwas in der HO nicht zu kriegen, kam man zu ›Basari‹, Ekrem Emin.«

Der türkische Vorname Ekrem bedeutet hilfsbereit und großzügig, und Emin ist vertrauens- und glaubwürdig. Wie kommt ein Mann, dem solch gute Wünsche bei seiner Geburt in Istanbul in die Wiege gelegt werden, in den DDR-Knast?

Ekrem Emin Hildirim erzählt: »Wir lebten in ärmlichen Verhältnissen, an manchen Tagen hatten wir kaum etwas zu essen. Vater war Elektriker im Theater, aber er hatte die Arbeit nicht gerade erfunden. Die Last der Familie lag auf den Schultern meiner Mutter. Im Winter 1967/68 bekam sie eine Anstellung als Zimmermädchen in einem Hotel in Bad Wörishofen im Allgäu. Wir folgten ihr am 11. August 1968 nach Deutschland, Vater blieb in der Türkei.« Zwei Jahre später ziehen die Hildirims nach West-Berlin. »Warum die Stadt durch eine Mauer geteilt war, wussten wir nicht. Wir sahen nur, dass sie prosperierte.«

Die Familie bezieht eine Wohnung am westlichen Ende der Friedrichstraße. Der kleine Ekrem kann innerhalb eines Jahres zwei Klassen überspringen und lernt schnell perfekt Deutsch. Die Verhältnisse in der »Frontstadt« Berlin akzeptiert er so, wie sie sein Umfeld reflektiert: »Im Osten saßen die Kommunisten, die Unterdrücker, die Menschen dazu zwangen, Tunnel unter der Mauer durchzugraben oder sich in Autoverstecke zu zwängen, um von einer Stadthälfte in die andere zu kommen.«

Mit achtzehn sucht Ekrem Emin Hildirim eine politische Heimat unter seinen türkischen Mitbürgern. Er gerät an die »Grauen Wölfe«, eine rechtsextreme Partei, die für eine große und mächtige Türkei eintritt. Die »Bozkutlar« sind in West-Berlin als »Türkische Föderation« präsent. Ekrem: »Die ›Grauen Wölfe‹ setzen durchaus auch Gewalt ein, wenn es um türkische Interessen geht, aber das sagte mir damals niemand.« Er fiel vielleicht ein bisschen auf die hehren Worte der Ülkücüler (»Idealisten«) herein, wie sich die Männer selbst gern nannten. »Man wollte mich, weil ich recht gut Deutsch sprach und darum nützlich war.«

Anfang 1981 bewirbt sich Hildirim beim Labour Service der US-Army, einer Wacheinheit. Offenbar gefällt ihm die militärische Disziplin, denn im September wird er auch noch Mitglied der Freiwilligen Polizeireserve in Berlin.

Im August 1981 erscheint im Vereinslokal der »Grauen Wölfe« überraschend Vorstandsmitglied Selabattin Araselim. Er suche ein paar zuverlässige Leute, die zusammen mit einer befreundeten Organisation ein Aufsehen erregendes Ding drehen sollten. Ekrem ist dabei und trifft so wenig später auf die Internationale Gesellschaft für Menschenrechte (IGFM), die sich dem Kampf gegen den Kommunismus verschrieben hat. In der IGFM sind viele ehemalige Häftlinge aus DDR-Gefängnissen und andere Opfer des SED-Regimes aktiv. Sie machen immer wieder mit spektakulären Aktionen auf das »Schandmal Mauer« aufmerksam. Zum 20. Jahrestag des Mauerbaus am 13. August 1981 wird zum Beispiel das Büro der sowjetischen Airline Aeroflot in West-Berlin zugemauert. Ekrem erinnert sich: »Das klang alles sehr spontan, doch als wir die Budapester Straße erreicht hatten, war schon alles da: Steine, Mörtel und ein *Bild*-Reporter.«

Die Leute haben offenbar die Beziehungen, um tatsächlich auch mal etwas auf die Beine zu stellen und nicht immer nur in den Hinterzimmern der Kneipen zu protestieren. Das gefällt dem jungen Türken. Dass die IGFM als »gefährliche Feindorganisation« gerade deshalb auch von der Stasi durchsetzt ist, ahnt er nicht.

Der inoffizielle Mitarbeiter »Heiner Backhaus« informiert die Stasi-Abteilung XXII/1, zuständig für »Terrorabwehr«, umgehend über den neuen Mitstreiter von den »Grauen Wölfen«. Die Hauptabteilung II ordnet Ekrem Emin Hildirim daraufhin dem Operativvorgang »Pakt« zu. Von alledem weiß der junge Mann nichts.

Er arbeitet inzwischen als Kellner in Zehlendorf. Immer wieder nimmt er an Aktionen gegen die Mauer teil. Ekrem wird ein wichtiger Verbindungsmann der »Grauen Wölfe« zur IGFM, um den sich weitere eher rechts orientierte Organisationen sammeln.

Im Mai 1982 wird wieder mal etwas geplant, eine besonders spektakuläre Aktion zum 17. Juni, dem Jahrestag des Volksaufstandes in der DDR. Ekrem: »Man wollte mit einem Ballon einen Prominenten von Ost- nach West-Berlin holen. Danach werde dieser erklären, dass in Ost-Berlin und in den grenznahen Gebieten der DDR etwa tausend solcher Ballons bereitlägen, mit denen Ostdeutsche demnächst in die Freiheit gelangen würden.« Das stimmte natürlich nicht, aber die Sache sollte zumindest die Stasi in Atem halten und im Westen kräftig für Propaganda sorgen. Das ZDF-Magazin von Gerhard Löwenthal plante, seine Kameras auf dem Springer-Hochhaus aufzustellen, *Stern*, *Quick* und *Bunte* waren interessiert, und für die Printmedien insgesamt gebe es einen Exklusivvertrag mit Axel Springer. »Alles in allem erwartete die IGFM Einnahmen aus der Medienvermarktung von etwa einer halben Million Mark.«

Den Transport der Ballons von West nach Ost soll Ekrem übernehmen. Eine brisante Aufgabe, aber alles sei entsprechend vorbereitet, hieß es: »Angeblich sichere die CIA die Landung und den Landeplatz, BND und MAD wären auch präsent.« Nun erfährt der junge Türke auch, wer der »Prominente« ist: »Es handele sich um einen ehemaligen Mitarbeiter des MfS, der auch mal jüngstes Mitglied der Volkskammer gewesen sei und dessen Vater als Oberst im DDR-Verteidigungsministerium arbeite. Ein dicker Fisch.«

Am 24. Mai 1982 fährt Ekrem zum ersten Mal nach Ost-Berlin und nimmt Kontakt zu dem Fluchtwilligen Dietmar St. auf. Gemeinsam werfen sie einen Blick auf das Haus Fischerinsel Nr. 9, den geplanten Startplatz im Osten. Von dort sind es rund 300 Meter bis zur Mauer. Sie sollen mit einem Ballon von 2,5 Metern Durchmesser und zwei von je 1,5 Metern, alle drei von einem Netz zusammengehalten, überwunden werden. Bei der zweiten Reise über die Grenze wird Ekrem Emin Hildirim am 28. Mai verhaftet. Die Stasi war im Westen schon bei der Planung der Aktion dabei, »Heiner Backhaus« hielt sie auf dem Laufenden. Am 25. Oktober 1982 beginnt vor dem Bezirksgericht Cottbus der Prozess wegen Menschenhandels. Dietmar St., ebenfalls längst in U-Haft, macht umfangreiche Aussagen. Das Urteil für Ekrem lautet auf neun Jahre Haft.

Der zweiundzwanzigjährige Türke landet in Bautzen II. Von dem im Westen versprochenen Wirbel, den die IGFM machen würde, wenn die Aktion schiefgeht, ist nichts zu spüren. Ekrem fühlt sich alleingelassen und missbraucht: »In Bautzen erfuhr ich auch, dass St. nicht wegen seines Oppositionsgeistes aus dem MfS gefeuert wurde, sondern wegen eines Sexualdeliktes.«

Er lernt nun, dass ein »Schiff« die Postsendung an einen Häftling ist, die »Scheuklappe« die Sichtblende vor dem Zellenfenster, ein »Schleck« eine Süßigkeit und eine »Aktive« die Zigarette. »Sich frisch machen« heißt, man besorgt sich Bargeld für den »Einkauf«. Im Gefängnis gibt es einen Kiosk mit ein paar Nahrungs- und Genussmitteln und Körperpflegeprodukten. Das müsste doch besser zu machen sein! Ekrem wird »Basari« und handelt bald mit allem, was nicht niet- und nagelfest ist. Er hat sich im Knast als Moslem ausgegeben, und weil die Schließer nichts falsch machen wollen, bekommt er seine Pakete meist fast vollständig ohne die sonst üblichen Entnahmen durch das Personal ausgehändigt. Schnell entdeckt er einen weiteren Trick, um den Nachschub der Waren zu sichern: »Bei der Arbeit gab es Vorgaben. Erfüllte man das Soll mit 100 Prozent, erhielt man 100 Ost-Mark in Gestalt von Wertgutscheinen, die wir ›Bautzen-Dollar‹ oder ›Bautzen-Rubel‹ nannten. Ich leistete mehr als 100 Prozent und beantragte darum zur Mitte des Quartals einen Extra-Paketschein. Und sofern der nicht genehmigt wurde, bat ich darum, dass er im kommenden Vierteljahr bewilligt wurde. So kam ich in einem Jahr auf elf statt auf die üblichen vier Paketscheine.«

»Basari« arrangiert sich mit dem Leben hinter Gittern: »Natürlich war Bautzen II, wie jeder Knast auf der Welt, kein freundlicher Ort. Und die Menschen, die dort waren, kamen nicht aus freien Stücken und wären lieber heute als morgen abgehauen, wenn sie denn gekonnt hätten.« Als »Hölle« empfindet Ekrem Emin Hildirim den Knast aber nicht. Ende März 1985 wird er entlassen und nach West-Berlin abgeschoben.

Wie viele andere auch, verdrängt der Türke die Jahre in Bautzen. »Wir sprachen nie darüber. Und als 1992 die Stasi-Unterlagen zugänglich gemacht wurden, hatte ich auch kein Interesse, in meinen Akten und damit in meiner Vergangenheit zu wühlen. Erst mehr als zwei Jahrzehnte nach meiner Abschiebung war ich bereit, dies zu tun.«

Ekrem Enim Hildirim erfährt Erstaunliches. Am 7. September 1982 hatte die Stasi ein Gutachten zu der geplanten Ballonflucht anfertigen lassen. Es stellte fest, dass die vorgesehenen drei Ballons niemals einen Menschen getragen hätten. Ekrem: »Um einen Menschen über die Mauer zu bringen, hätte man etwa vierzig Ballons dieser Größe und ein anderes Gas benötigt. Mit anderen Worten: Wenn St. und ich nicht verhaftet worden wären und er vom Dach des Hochhauses gestartet wäre, hätte er nie und nimmer die Grenze überflogen, geschweige denn erreicht. Er wäre abgestürzt.« Nach all den schlechten Erfahrungen, die »Basari« während seiner Zeit im Knast mit seinen angeblichen Freunden im Westen gemacht hat, schließt er sogar eine Absicht nicht aus: »Ein vor den Kameras des Westens verunglückter DDR-Flüchtling lieferte möglicherweise eine wirksamere Schlagzeile als ein heil gelandeter.«

Dass Ekrem wohl wegen seiner Enttäuschung über den Missbrauch seines guten Willens und seiner Orientierungslosigkeit im Gefängnis von der Stasi »umgedreht« wurde, will er bis heute nicht wahrhaben. Ja, in seinen Stasi-Akten habe er auch einen Landsmann gefunden, IM »Taruk«, der unter anderem über die »Grauen Wölfe« berichtete. Auch eine Frau, die in den Westen wollte, hat er verpfiffen. Dafür bekam er 1996 ein Jahr auf Bewährung. Aber er, Ekrem? Nie und nimmer!

Die Akten sprechen eine andere Sprache. Unter der Registriernummer XV/1101/86 wird er dort als »Piero« geführt. »Pieros« Motiv für die Stasi-Mitarbeit war vor allem Angst vor neuen Repressionen. Ganz so locker, wie »Basari« Bautzen II heute darstellt, war es offenbar doch nicht, denn selbst jenen, die sich einzurichten wussten, wurde brutal das Kreuz gebrochen. Ekrem möchte darüber nicht reden.

»Piero« lieferte laut Akten Informationen über die »Grauen Wölfe« und die Islam-Vereinigung »Milli Görus« – also jene, die Ekrem Emin Hildirim so schwer enttäuscht hatten. Auch Jahre später ist er mit all dem innerlich noch lange nicht fertig.

Nachspiel: Sommer 2007 in Berlin-Gropiusstadt. Was ist eigentlich aus Ekrem geworden? Inzwischen geht er auf die fünfzig zu. »Guckst du am Wochenende, Alder, hat Ekrem vielleicht Freigang«, sagt sein Freund Hassan.

Das Leben im geteilten Berlin hat offenbar tiefere Spuren hinterlassen, als es auf den ersten Blick aussah und auf das politische Engagement bei den zwielichtigen »Grauen Wölfen« folgten einige kriminelle Delikte. Ekrem Emin Hildirim scheint der Neuanfang in der Freiheit nicht geglückt zu sein.

LACHEN UND WEINEN

»Wenn Sie mal dieses System bekommen, für das Sie jetzt kämpfen, werden Sie so viele Haare in der Suppe finden, dass es Ihnen im Hals stecken bleibt«, hatte ihm der Mann im Tweedjackett gesagt. Es muss einfach Tweed gewesen sein, denn er war Engländer und arbeitete in einem »Institut«, das sich für Interna aus der DDR interessierte. Hans Schmoll aus dem Eichsfeld liefert sie ihm. Der Unbekannte hatte mit einem weiteren Satz seine Neugier geweckt: »Wenn Ihnen da drüben in der DDR die Sache mit dem Sozialismus gelingen sollte, werden wir im Westen ein gewaltiges Problem bekommen.«

Es ist 1985, und in der Zeit des Kalten Krieges sind Kontakte über die Front hinweg für die einen Freiheitskampf und für die anderen Spionage. Es ist eine Frage der Perspektive. Hans Schmoll steht auf der Seite, wo es schnell gefährlich werden kann.

Das weiß er seit seiner Kindheit. Anfang der Fünfzigerjahre taucht bei seinem Vater, einem Förster, immer mal wieder ein schwarzer EMW auf. Dann reist Paul Rebenstock mit seiner Geliebten an. Der Oberkommissar des Staatssicherheitsdienstes ist ein leidenschaftlicher Jäger. Hans und seine Freunde holen ihm Bier aus einer Kneipe, das Wechselgeld dürfen sie behalten. Doch eines Tages wird der Vater verhaftet. Onkel Paul war schon lange nicht mehr da. Er hatte Ärger in seiner Stasi-Dienststelle in Prenzlau, war nach West-Berlin geflohen und von dort, aus der direkt an der offenen Sektorengrenze gelegenen Gaststätte »Felsengrotte«, am 20. September 1953 entführt worden. Am 5. März 1954 fällt unter der Guillotine in Dresden sein Kopf. Dem Vater von Hans ist nichts als die harmlose Bekanntschaft mit dem »Verräter« zu beweisen, nach ein paar Tagen ist er wieder da. Über Onkel Paul wird nicht mehr gesprochen, doch dass es bei der Stasi stets um Kopf und Kragen geht, liegt in der Luft.

Zehn Jahre später, kurz nach dem Mauerbau 1961, ist es nicht ungefährlicher geworden. Trotzdem lässt sich Hans Schmoll darauf ein, Informationen an den feindlichen Westen zu geben. In der DDR gilt als Höchststrafe dafür immer noch das Todesurteil.

Aber der junge Mann kann nicht anders. Er scheint in seinem Herzen ein Eulenspiegel zu sein, der nicht nur scharf die Splitter im Auge der anderen sieht und dabei durchaus auch an den Balken im eigenen denkt, sondern seinen Mitmenschen auch noch den Spiegel vorhalten möchte. Einer mit einem lachenden und einem weinenden Auge.

Fünfundzwanzig Jahre später, im Rückblick, passt ihm der Vergleich nicht so ganz. Natürlich weiß Hans Schmoll, dass die Eule der Vogel der Weisheit ist und Till den von ihm Verulkten gedanklich, analytisch und an Humor überlegen war. Aber er hat nach dem Ende der DDR eine Erfahrung gemacht, die ihn bedrückt und wütend werden lässt: »Haben wir nicht auch heute genug Narren, die sich auf Teufel komm raus ins Rampenlicht bringen müssen? Und einen Spiegel besitzen sie offenbar schon gar nicht, denn dann müssten sie ab und zu auch selbst mal hineinschauen!« Er hält es eher mit dem kleinen Mädchen bei Hans Christian Andersen, die auf den Kaiser gezeigt und die ungeschminkte Wahrheit ausposaunt hat. »Auch heute sind die Kaiser wieder nackt.«

Stimmt, aber damals war einer, der schlicht die Wahrheit sagte, nur ein Querkopf oder gar ein Querulant. Auch solche gab es. Hans Schmoll war das zu wenig. Er nahm die Tränen in Kauf, die ihm sein Eulenspiegel-Blick immer wieder bescherte.

Natürlich braucht es seine Zeit, um zu begreifen, worum es überhaupt geht. Hans Schmoll: »Ich war dreiundzwanzig, und in diesem Alter ist man einfach politisch unreif. Deshalb wog durchaus auch Abenteuerlust mit, als ich damals als Soldat bei der Nationalen Volksarmee über einen Zufallsbekannten in Kontakt mit dem Institut kam. Aber ich scherte aus, wurde langsam ein anderer. Mit den Jahren, wenn man sich intensiver mit seiner Umwelt auseinandersetzt, wird das Abenteuer von der Verantwortung verdrängt.«

Es sind der Filz unter den kleinen SED-Königen, das Gekungel in den Betrieben, die alltägliche Doppelmoral und die DDR-übliche Kleinkriminalität, die Schmolls Widerspruch herausfordern. Will er all dem den Spiegel vorhalten, bleibt nur der Weg zum »Feind«. Trotz 2,3 Millionen Mitgliedern ist »die Partei« ebenso wenig der Ort politischer Diskussionen, wie sich die sechs Millionen Mitglieder der »Gesellschaft für deutsch-sowjetische Freundschaft« mit eben jener Freundschaft auseinandersetzen. Das Motiv Hans Schmolls für seine Spionage ist letztlich so banal wie die vermeintliche Botschaft des Musikantenstadels: Er liebt seine Heimat und will sich in ihr heimisch fühlen. Er arbeitet gegen die DDR, weil er für die DDR ist. Von den vielen kleinen Diktatoren will er sie sich nicht kaputt machen lassen, und erst, wenn denen ein Riegel vorgeschoben ist, könnte man überlegen, was gegen die großen Diktatoren zu machen wäre. Es ist ein bodenständiges Denken, das Hans Schmoll beherrscht. Er macht es auch zur Maxime seiner Berichte in den Westen: »Auf eines war und bin ich immer noch stolz, ich habe nie Geheimnisse verraten oder weitergegeben, die den Menschen in der DDR geschadet hätten.«

Zu sehen und zu hören war vieles. Hans Schmoll: »Ich saß auf Parteiaktivtagungen und anderen Veranstaltungen herum, war Mitglied der URANIA, lernte im Berliner Haus des Lehrers kleine und große Funktionäre kennen, sperrte zu Hause beim Rat des Kreises meine Ohren auf, auch beim Stab der Zivilverteidigung, besuchte Schulen und Lehrgänge und saß sogar in der Musterungskommission für die Nationale Volksarmee.«

Im Auftrag des »Instituts« war Schmoll Mitte der Sechzigerjahre in die SED eingetreten. Auch von der Stasi ließ er sich als inoffizieller Mitarbeiter »Friedemann« anwerben. »Ich musste mitten im Wolfsrudel leben, wenn ich mit den Wölfen heulen wollte.«

Hans Schmoll bewegt sich im Schlamm der DDR-Niederungen wie ein Fisch im Wasser. Er kennt die vielen Merkwürdigkeiten des Alltags: Einerseits ist es geheim, weshalb Betrieb XY wieder einmal nicht den Plan erfüllt hat, andererseits weiß selbst der Pförtner, dass es an Material mangelt, die alten Maschinen nicht schnell genug klappern und im Übrigen die Gartensaison den einen oder anderen zum »SVK-Urlaub« – sechs Wochen Freizeit auf Krankenschein – verführt.

In dieser Gemengelage fischt er wichtige Informationen. Ein alkoholseliger Unterleutnant erzählt von der Ausbildung arabischer Terroristen auf Übungsplätzen der Volksarmee, ein stellvertretender Chef eines Rates des Kreises berichtet wenig später nicht nur von seinen Amouren mit der jungen Sekretärin, sondern auch von der Existenz eines bis dahin weitgehend unbekannten Geheimdienstes der Armee, und dass zum Ende der DDR die Stasi systematisch die oppositionellen Montagsgottesdienste infiltriert, erfährt Hans Schmoll aus erster Hand. Er ist dabei.

Und er führt ein Leben, zu dem auch die Angst gehört. »Für acht Jahre Bautzen hätte es allemal gereicht«, sagt Hans

Schmoll. Er stapelt zu tief. Noch 1981 wurde in der DDR an einem hauptamtlichen Stasi-Mitarbeiter ein Todesurteil wegen Spionage vollstreckt, die er zwar vorbereitet, aber nicht durchgeführt hatte. Doch solche Überlegungen sind kein Thema für den Eulenspiegel aus dem Eichsfeld. Er redet nicht gern davon, dass ihn der jahrelange Stress die Kraft seines Herzens gekostet hat. Sogar ein paar Jahre pausieren musste er, weil plötzlich die Gesundheit nicht mehr mitspielte. Er hat Opfer gebracht. Doch viel lieber erzählt Hans Schmoll von seinen schwejkschen Überlebensstrategien. Sie haben ihm all die Jahre geholfen, die Stasi immer wieder auszutricksen.

Er wäre eine fette Beute gewesen. Immerhin etwa ein Dutzend Mitverschwörer lernte Hans Schmoll im Laufe der Zeit kennen, und über Kleinanzeigen in der in der DDR außerordentlich beliebten *Wochenpost* wurden Agententreffs vereinbart. Das interessierte die Stasi. Doch es gibt noch viel mehr: Sogar nach West-Berlin wurde der Mann aus dem Eichsfeld geholt: »Bis Mitte der Sechzigerjahre funktionierte der Trick mit dem Doppelgänger.« Danach halfen bestechliche Ostblock-Diplomaten.

Ist da nun doch ein DDR-James Bond? Sein Name ist Schmoll, Hans Schmoll. Und der will davon nichts wissen. Nicht einmal ein Spion will er gewesen sein: »Ich war doch nur ein kleines Licht.« Und: »Würde ich mich heute als Held darstellen, wäre das all den anderen gegenüber unredlich.«

Also gar nichts von 007, der wie Hans für die britische Krone gearbeitet hat? Vielleicht wenigstens ein »Gervados«, ein höllisch starker DDR-Calvados aus der Harzer Likörfabrik Gernrode, weder geschüttelt, noch gerührt. Einfach nur stark. »Das sechzigprozentige Teufelszeug hat mir auf der Leipziger Messe einen wichtigen Mann in die Arme getrieben. Der liebte den Gebrannten über alle Maßen. Wie viele übertrieb er es mit seiner Sauferei, doch seine Informationen waren nicht von schlechten Eltern.« Im Nachhinein sind Hans Schmoll die Agenten-Methoden dann doch eher peinlich: »Auch wenn man alles in noch so schöne Worte kleidet, es bleibt ein bitterer Nachgeschmack zurück. Es gibt keine ›sauberen Agenten‹.«

Eulenspiegel ist ein Gerechtigkeitsfanatiker, und das gilt natürlich auch für Schmoll selbst. Dennoch gibt er im Rückblick auch zu: »Solch eine Tätigkeit kann zur Manie werden. Man findet Gefallen daran, Dinge hin und her zu schieben, Neuigkeiten zu erfahren, die sonst niemand erfährt – man darf sich nur nicht zu weit aus dem Fenster lehnen.«

Doch genau das tut er immer wieder. Nicht indem sich der Mann in den Mittelpunkt stellt. Ein Eulenspiegel will nicht, dass die Leute über ihn nachdenken, sondern über das, was er tut.

Dass für einen solchen Menschen nicht die Welt auf einen Schlag in Ordnung ist, wenn sich ein kleiner, sehr spezieller Teil davon – DDR genannt – aus der Geschichte verabschiedet, um überhaupt in diese zu gelangen, liegt auf der Hand. Hans Schmoll sieht die weich gelandeten Bonzen von einst, das Überdauern der alten Seilschaften und das Knüpfen von neuen, sieht Renten, die mit Lüge und Duckmäusertum erworben wurden und heute weit höher als seine eigene sind. Das macht ihn unzufrieden, wie auch das fortschreitende Alter mit all seinen Malessen. Was bleibt, ist die Erinnerung.

Die Stasi war Hans Schmoll damals auf den Fersen, aber sie hat ihn nie erwischt. Das versuchten einige, nach dem Ende der DDR nachzuholen. Schmoll: »Bis Ende der Neunzigerjahre gab es anonyme Anrufe, meist abends, gegen 22 Uhr. Auch Drohungen. Da hieß es dann: Wir haben auch noch Jäger …« Einschüchtern ließ er sich davon nicht, auch nicht provozieren. Über Einzelheiten spricht er nicht: »Nur Dummköpfe und Söldner gehen damit hausieren.« Hans Schmoll kann sich bis heute auf das »Institut« verlassen, wenn er persönliche Probleme hat oder die Gesundheit der Behandlung bedarf. Ansonsten sind das alles Geschichten aus einer inzwischen weit zurückliegenden Vergangenheit: »Wir wurden 1991 demobilisiert – das war feierlich für die knappe Handvoll Leute. Wir haben uns in Ehren getrennt und das Versprechen abgegeben, nichts zu sagen, was der Institution schaden könnte.«

Hans Schmoll liebt immer noch seine Heimat, und er will sie als Heimat fühlen. Das machen ihm die Menschen um ihn herum noch immer nicht leicht. Vielleicht gelingt das in der neuen Zeit. Seinen Beitrag dazu hat er geleistet.

DIE WALDLÄUFER

Ein fahler Lichtfinger streicht über den Strand bei Wustrow auf dem Fischland. Dann ist es wieder stockdunkel. Die Ostseewellen aus der Mecklenburger Bucht rollen mit leisem Gurgeln aus, es schabt ein bisschen, plötzlich schiebt sich ein Mini-U-Boot auf den Sand. Ein Froschmann der CIA steigt aus dem torpedoförmigen kleinen Sarg, den er mit wenigen Griffen unter einer Tarnplane verschwinden lässt. Er blickt kurz auf den Turm am kastenförmigen Gebäude der Seefahrtschule und weiß, dass er richtig ist. Mit einer Sackkarre zerrt er eine wasserdicht verpackte Box die wenigen hundert Meter bis zum Ufer des Saaler Boddens. Dann gleitet er wieder ins Wasser und verstaut den Kasten in einem vorbereiteten Versteck. Der Inhalt: kleine, hochexplosive Lenkraketen. Am Tag X sollen sie auf ein Munitionsdepot der Nationalen Volksarmee der DDR abgefeuert werden.

Kein noch so phantasiemächtiger Defa-Regisseur hätte zu DDR-Zeiten eine solche abenteuerliche Story verkaufen können – die Zuschauer hätten sie als pure Propaganda abgetan und im Traum nicht geglaubt.

Das tut die Stasi sehr wohl. Sie hat sogar einen Kronzeugen für die ganze Geschichte. Am 8. Februar 1969 fällt der Militärstrafsenat am Obersten Gericht der DDR ein Urteil, in dem es heißt: »Der Oberleutnant des US-Geheimdienstes NSA, Bocho, Jörg … wohnhaft in 703 Leipzig wird wegen Verbrechens der Spionage und Diversion im schweren Fall sowie eines staatsgefährdenden Gewaltaktes … zu einer Freiheitsstrafe von 15 Jahren verurteilt.« Er soll das Ding mit dem Mini-U-Boot gedreht und mit ihm mindestens fünfundzwanzig Agenten transportiert haben. Bei seiner Verhaftung hat er geschossen, das war der »Gewaltakt«.

Das Merkwürdige an dem Fall ist die für DDR-Verhältnisse geringe Strafe. Zu jener Zeit waren für Spionage lebenslänglich und sogar Todesurteile an der Tagesordnung.

Am 21. April 1995 wird Jörg Bocho vom Landgericht Berlin rehabilitiert, doch das betrifft nur die Art und Weise des DDR-Verfahrens, das nicht rechtsstaatlich durchgeführt wurde. Über die Tat sagt es nichts, nicht einmal, ob sie jemals stattgefunden hat oder nicht. Bocho stirbt 1997.

Durch die Anfrage einer Hinterbliebenen, die wissen will, ob es solche Mini-U-Boote überhaupt je gab, wird der Rostocker Marinehistoriker Joachim Rudek auf die Geschichte aufmerksam. Er recherchiert jahrelang, wühlt sich durch die fast hundert Bände Gerichtsakten und zieht fachlichen Sachverstand zu Rate. Sein Ergebnis: Die ganze Geschichte ist in weiten Teilen ein schier unglaubliches Lügenmärchen, angesiedelt irgendwo zwischen Münchhausen und Schwejk. Der mit einer blühenden Phantasie gesegnete Bocho hat seinen Stasi-Vernehmern genau das erzählt, was sie hören wollten, inklusive etlicher verrückter technischer Spinnereien. Dafür bekam er die relativ geringe Strafe. Am 16. Juni 1976 wurde er vom Westen freigekauft. Dort schwieg er – die Stasi-Genossen hatten ihm entsprechende Drohungen mit auf den Weg gegeben.

Doch warum der ganze Irrsinn? Anfang der Siebzigerjahre begannen sich die Verhältnisse zwischen dem Osten und dem Westen zu normalisieren. Die misstrauische DDR vermutete aber in der Entspannungspolitik aus Bonn nichts anderes als eine »Aggression auf Filzlatschen«. Da die Weisheit der führenden Genossen bei dieser Einschätzung außer Frage stand, hatte die Stasi die Beweise zu erbringen, dass es tatsächlich so sei. Wer sich da hervortat, dem winkten Orden und Ehrungen. Also mussten Agenten her.

Die lieferte die Stasi-Bezirksverwaltung Suhl, hinter den Höhen des Thüringer Waldes verschanzt, aber trotzdem Auge in Auge mit dem Klassenfeind. Am 29. Juni 1971 wurden in Bad Salzungen Rosemarie, Willi und Werner »streng konspirativ« verhaftet. Weil sie wie die anderen in diese Sache Verwickelten völlig unbescholtene Menschen waren und sind, seien hier nur die Vornamen genannt.

Die Stasi glaubte, einem Spionagering auf der Spur zu sein, der unter dem Decknamen »Waldläufer« registriert wurde. Zunächst mussten also noch mehr Mitglieder herbeigeschafft werden. Die nächtlichen Verhöre und Drohungen zeigten Wirkung, und so wurden am 8. Juli Rosis Ehemann Gerhard R. und dessen Bekannter Walter verhaftet. Nun ging es nach dem Schneeballprinzip weiter: Am 23. Juli wurden Rolf und Gerhard S. festgesetzt, am 28. September erwischte es Otto, Manfred, Erich, Rudi und Wolfgang.

Zwölf West-Spione auf einen Schlag im beschaulichen Thüringen, das war schon was. Es gab zwar keine konkreten Tatvorwürfe, aber Vernehmungen von bis zu vierunddreißig Stunden am Stück – das reicht im Zweifel auch, um die Schändung der Jungfrau Maria zuzugeben.

Dennoch gab es nach fast einem Jahr nichts, was selbst einem DDR-Gericht zur Verurteilung genügt hätte. Eigentlich kein Wunder, denn die Leute wussten nicht, was sie hätten gestehen sollen. Trotzdem wurden die »Waldläufer« nach Berlin überstellt. Dort befassten sich im zentralen Stasi-Gefängnis Hohenschönhausen die Verhörspezialisten der Hauptabteilung IX mit ihnen. Schnell kamen sie zu dem Schluss, dass es keinen realen Hintergrund für vermeintliche Straftaten gab. Doch da ja bekanntlich nicht nur »die Partei, die Partei«, sondern auch die Stasi immer recht hatte, befahl nun Oberstleutnant Herbert Pätzel, Chef der Abteilung 5/IX, entsprechende Geständnisse »zu erarbeiten«. Darüber vergingen weitere zwei Jahre, dann hatten sieben der zwölf »Waldläufer« alles zugegeben, was die Stasi von ihnen hören wollte. Zwischen 1973 und Mitte 1975 wurden sie in, im wahrsten Sinne des Wortes, kurzen Prozessen zu Strafen von sechseinhalb bis fünfzehn Jahren verurteilt. Bis auf das Ehepaar R. jeder einzeln, weil so die Widersprüche nicht so auffielen, denn eigentlich sollten die »Waldläufer« ja ein Spionagering sein, in dem einer mit anderen arbeitete.

Oberstleutnant Herbert Pätzel hat derweil mit der Entlarvung dieser Spione, die angeblich die vermutete »Aggression auf Filzlatschen« bewerkstelligen sollen, seinen Titel als Doktor der Jurisprudenz erworben, hatte er doch »wissenschaftlich bewiesen«, dass es sich um »Agenten mit spezieller Auftragsstruktur«, kurz AsA, handelte. Heute würde man »Schläfer« sagen. Ihre finsteren Pläne »analysierte« er am Beispiel eines westlichen Spions, der seit dem 6. April 1970 seine fünfzehnjährige Haftstrafe in Bautzen II verbüßte: der Geschichte des Herbert Timmermann.

Timmermann, der Mann aus dem Westen, hat es gerade bis zur 6. Klasse geschafft. Das reicht nicht für eine Lehre, nicht einmal für die Bundeswehr, wo er nach drei Monaten als Zeitsoldat wieder rausfliegt. Er hält sich mit Kleinkriminalität über Wasser, denn mehrere Kinder von verschiedenen Frauen wollen Unterhalt. Timmermanns Lage wird immer prekärer, und am 10. September 1964 flieht er in die DDR. Im Aufnahmeheim Barby durchleuchten ihn die Behörden. Sie kommen schnell zu dem Schluss, dass Herbert Timmermann wenig zum Aufbau des Sozialismus beitragen kann, und wollen ihn zurück in den Westen abschieben. Nun »enthüllt« der in seiner Not, dass er ja eigentlich als Spion in den Osten geschickt wurde. Die Stasi übernimmt. Nach zwei Monaten steht auch für sie fest, »dass es sich bei T. um einen Spinner handelt« und »sein Geisteszustand nicht normal« sei. Er wird abgeschoben.

Doch wo soll er hin im Westen? Ihm kommt eine Idee: Im Knast ist es warm, und vor seinen Gläubigern wäre er auch sicher. Also geht er zur Polizei und stellt sich, nun als Ost-Spion, denn er habe der Stasi alles über seine Bundeswehrzeit verraten. Das reicht für siebeneinhalb Monate Staatsverpflegung.

Seine Zelle teilt Herbert Timmermann nun rein zufällig mit einem echten Stasi-Offizier, der als Spion aufgeflogen war. Der erzählt ihm vom spannenden Leben an der unsichtbaren Front. Ob »toter Briefkasten« oder »Sichttreff«, »Schnellgeber« oder »Mikratfotografie« – er saugt die Fachsprache in sich auf und dichtet seine Geschichten dazu.

Nach dem Knast geht Timmermann wieder in die DDR und versucht erneut, sich als Spion auszugeben. Diesmal weiß er dank seines Knastkumpels im Metier Bescheid, und die Genossen staunen nur noch. Nach zwei Jahren U-Haft sind sie überzeugt, Herbert Timmermann habe für mindestens sechs (!) Geheimdienste gearbeitet. Er war Ranger und Kampfschwimmer, Kapitän für Mini-U-Boote und Fallschirmspringer, Experte für Kleinstraketen und Plastiksprengstoff und so weiter – James Bond hätte eine Menge bei ihm lernen können.

Mit einem solchen Mann kann Herbert Pätzel glänzen. Leider lassen sich für die verschiedenen technischen Sensationen – vom Mini-U-Boot bis zur Rakete aus der Westentasche keine funktionierenden Beispiele, sondern allenfalls nur grobe Handskizzen zeigen, aber das spreche letztlich doch nur für die Perfidie des Klassenfeindes, der so etwas natürlich streng geheim hält, analysiert der Stasi-Doktor scharfsinnig.

Während der Vernehmungen Herbert Timmermanns hatte der auch immer wieder vage Hinweise auf DDR-Bürger gegeben. So wies er zum Beispiel in Bad Salzungen während einer Autofahrt völlig willkürlich auf ein Haus, in dem angeblich

»Agentin Rosemarie« wohnte, Nachname unbekannt. Durch puren Zufall lebte dort tatsächlich eine Rosemarie, die so zum »Waldläufer« wurde und die Lawine ins Rollen brachte.

Ende 1977 wird Herbert Timmermann in den Westen entlassen. Wenig später berichten Zeitungen über seine Story als vermeintlicher Superagent. Etwa zur gleichen Zeit erreicht ein Kassiber mit einer detaillierten Schilderung der Vorgänge aus Bad Salzungen von »Waldläufer« Otto aus dem Knast in Bautzen die UNO, und der Vater seines Haftkameraden Manfred macht IG-Metall-Chef Eugen Loderer in Bonn auf die Sache aufmerksam. Auch DDR-Rechtsanwalt und Honecker-Unterhändler Wolfgang Vogel hat etwas läuten gehört. Er berichtet an Erich Mielke mit Blick auf die inzwischen zu Dutzenden verurteilten »AsA-Agenten«: »Die gerichtsbekannten Feststellungen reichen nicht aus, derartige Aussagen international unanfechtbar zu verwerten.«

Der kleine Stasi-Erich hat Angst vorm großen Partei-Erich. Deshalb verpflichtet er Vogel, dem ja nichts zu petzen. Dafür setzt er eine hausinterne Untersuchungskommission ein, lässt die üblichen Rituale von Kritik und Selbstkritik zelebrieren, und auf einer Stasi-Dienstversammlung am 24. Mai 1979 gibt er vor 85 Offizieren zähneknirschend zu, dass alles nur eine riesige Luftblase war. Der Überprüfungsbericht ist vernichtend. Er stellt zahllose »Verletzungen des Strafprozessrechtes und Verstöße gegen die Objektivität in Ermittlungsverfahren« fest. Zu Herbert Timmermann und den »Waldläufern heißt es: »Der der Verurteilung zugrunde liegende Sachverhalt ist insgesamt irreal.«

Natürlich soll das streng geheim bleiben. Nicht einmal die Justiz wird darüber informiert, dass sie der Stasi wieder einmal nur als Handlanger gedient hat. Der Bericht vermerkt: »Die erforderliche Abdeckung gegenüber Justizorganen wurde gesichert.« »Doktor« Pätzel verschwindet bei gleichen Bezügen als »Offizier im besonderen Einsatz« im Staatsarchiv, laufende Ermittlungsverfahren werden gebremst, bereits Verurteilte klammheimlich entlassen, die meisten in die DDR. Niemand entschuldigt sich für die falschen Anschuldigungen und von Entschädigung für die zu Unrecht erlittene Haft ist schon gar nicht die Rede. Im Gegenteil: Die unschuldigen »Waldläufer« werden in der Angst gehalten, sie könnten jederzeit wieder

»abgeholt« werden. Als »vorbestrafte Straftäter« erleben sie den Fall der Mauer.

Es dauert noch bis 1995, ehe gegen die damals Verantwortlichen Anklage wegen Rechtsbeugung, Anstiftung dazu, Freiheitsberaubung und Aussagenerpressung erhoben wird. Doch es scheint, es gebe inzwischen Wichtigeres, denn die Akten liegen weitere fünf Jahre unbearbeitet bei der 3. Strafkammer des Berliner Landgerichtes, ohne dass es zum Prozess kommt. Der ist nur noch bis zum 3. Oktober 2000 möglich, danach wären alle Straftaten verjährt.

Auf den letzten Drücker kommt dann doch noch Bewegung in das Verfahren. Doch der damalige Militärrichter Herbert W. ist derweil verhandlungsunfähig und »Doktor« Pätzel zu einem längeren Auslandsaufenthalt abgereist. Wozu ist er Jurist: Pünktlich nachdem das Verfahren am 4. Oktober 2000 eingestellt wurde, taucht er wieder in Berlin auf. Er muss ja schließlich noch gegen die »ungerechte Rente« kämpfen.

So bleibt nur der frühere Militärstaatsanwalt Werner L. übrig. Er hat von den Manipulationen angeblich nichts gewusst, und das Gericht kann ihm das Gegenteil nicht beweisen. Am 30. August 2000 wird er freigesprochen und nimmt das als Bestätigung, nun wirklich auch gar nichts falsch gemacht zu haben. Natürlich findet der Mann kein Wort des Bedauerns oder gar der Entschuldigung gegenüber jenen, die einstmals als Angeklagte vor ihm standen.

Die können vor Gericht noch einmal ihre Geschichte erzählen, aber sie interessiert kaum jemanden im Saal. Auch im thüringischen Bad Salzungen haben sich die Leute längst ihre Meinung gebildet. »Waldläufer« Gerhard resümiert bitter: »Wenn ich heute zu Hause sage, wir waren alle unschuldig, lautet die Antwort meist: Na, irgendwas wird schon dran gewesen sein.«

LIEBE IM TOTEN WINKEL

»Yî jiàn zhông qing« heißt »Liebe auf den ersten Blick« auf Mandarin. Als der Sinologie-Studentin Liane Babenow aus West-Berlin eben jene widerfuhr, quälte sie sich noch mit den Anfängerübungen bei der Betonung der Sprache herum:

»Wenn ein dritter Ton vor einem anderen dritten Ton steht, wird er wie ein zweiter Ton ausgesprochen.« Alles klar?

Mandarin hätte der Mann ihrer Träume mit seinen strahlenden, neugierigen Augen wohl kaum verstanden, denn er trug die steingraue Uniform der DDR-Grenzer und hielt auf dem Berliner Bahnhof Friedrichstraße Wache. Der war 1985 von so etwas Ähnlichem wie der chinesischen Mauer in einen Ost- und einen Westteil getrennt. Liane stieg hin und wieder im Westen um, die U-Bahn im Keller durfte nur von West-Berlinern oder DDR-Rentnern mit Reiseprivileg genutzt werden. Eine der vielen deutsch-deutschen Absurditäten. Eine Grenze zwischen den gefährlichsten feindlichen Militärblöcken der Welt mitten durch einen Ost-Berliner Bahnhof.

Alles begann mit einer verpassten S-Bahn Richtung Westen. Liane, damals einundzwanzig Jahre alt, sah den Soldaten, der mit zwei anderen auf dem Bahnsteig patrouillierte, und es war um sie geschehen. Nun suchte sie immer wieder den Umweg über den Bahnhof Friedrichstraße, kaufte im dortigen Intershop eine Kleinigkeit, um ein paar Minuten länger nach ihm Ausschau halten zu können, oder verpasste mit Absicht den Zug. Bald bekam die junge Frau den Rhythmus der Dienstpläne ihres Angebeteten mit und richtete ihre Fahrten danach aus. »Ich wollte ihn nur kennenlernen und einmal mit ihm sprechen«, erinnert sie sich.

Ein Wunsch, der auf dem mit Überwachungskameras gespickten Bahnhof nicht so leicht zu realisieren ist. Liane Babenow bedient sich des uralten Tricks verliebter Burgfräuleins: Im genau richtigen Moment lässt sie – nein, nicht ihr Taschentuch, ihren Studentenausweis dem Steingrauen vor die Füße fallen. Nun kennt er wenigstens ihren Namen.

Längst hat die verliebte Studentin auch einen Verbündeten gefunden, den Ost-Reichsbahner Siegfried Celmer. »Wie zwei Königskinder, die nicht zueinander kommen konnten, schmachteten sich die beiden an«, erinnert er sich, und natürlich wollte er damals helfen. Für Liane war es ein Freudenfest, als er ihr wenigstens den Namen des Fremden nennen konnte: Stefan. Nun gab es kein Halten mehr. Siegfried Celmer wurde zum Postillon d'amour und transportierte die kleinen Liebesgrüße hin und her. Ein Liebe im toten Winkel der allgegenwärtigen Überwachungskameras.

Liane setzt sich in den letzten Wagen der U-Bahn, um auch ja den gesamten Bahnsteig überqueren zu müssen, und eines Tages klappt es tatsächlich: Sie steht Stefan gegenüber. »Ein gesundes neues Jahr«, sagt er, und sie antwortet: »Danke gleichfalls.« Das bleibt für Jahre das einzige Gespräch der beiden.

Eines Tages ist Stefan verschwunden. Er hat seine Zeit bei den Grenztruppen abgedient. Mit Hilfe von Siegfried Celmer hat ihm Liane wenigstens ihre Adresse zukommen lassen können. Und tatsächlich erreicht sie wenig später eine Einladung von Stefan nach Ost-Berlin. Doch das vorgeschlagene September-Wochenende 1986 ist bereits verstrichen, als der Brief im West-Berliner Kasten liegt. Die zweite Nachricht, auf einen mit Rechenkästchen versehenen Schreibblock geschrieben, trägt keinen Absender. »Es war eine schöne Zeit, alles erdenklich Gute«, ist in Schönschrift zu lesen, ein Passfoto liegt bei.

Liane ist völlig aufgelöst. Weinend irrt sie ein paar Stunden durch die Stadt, bis eine besorgte Polizeistreife neben ihr hält. Schon im Auto erzählt sie die schier unglaubliche Geschichte ihrer unerfüllten Liebe zu dem DDR-Grenzer.

Zwei Jahre lang nur Blicke und verstohlene Botschaften über einen Dritten – die Beamten sind skeptisch. Um glaubhaft zu wirken, berichtet die junge Frau nun auch von ihrem Lieblingsplatz auf dem Balkon von Bekannten in der Wollankstraße über der Kneipe »Zur Molle«. Von hier aus kann sie die Grenze beobachten. Der einstige S-Bahnhof liegt eigentlich noch auf Ost-Berliner Gebiet, doch alle Ausgänge führen in den Westen. Deshalb dient er nur noch als Grenzbollwerk und wohl auch als Agentenschleuse. Liane erwähnt, dass sie schon Leute gesehen hat, die im Bahnhof verschwanden, aber nicht wieder herauskamen. »Ich dachte, wenn ich denen irgendwas erzähle, lassen sie mich in Ruhe«, sagt sie später. Das ist ein großer Irrtum, denn nun beginnen die Mühlen der Dienste zu mahlen.

Ein paar Tage nach der Begegnung mit der Polizei wird Liane Babenow zum West-Berliner Staatsschutz bestellt. Auf dem Tisch liegt eine Akte mit dem Namen ihrer Schwester. Die ist mit einem französischen Berufsunteroffizier verheiratet. Liane studiert neben Sinologie auch Romanistik und spricht fließend Französisch. All das werden jetzt plötzlich Verdachtsmomente.

Die junge Frau fühlt sich unter Druck. Sie will beweisen, dass ihre Geschichte stimmt. Dazu gibt es nur einen Weg: Sie muss Stefan finden. Doch wie soll das gehen, denn dass er in Ost-Berlin wohnt, ist nicht anzunehmen, und weiter reicht der Tagespassierschein nicht. Außerdem hat Liane Babenow keine Adresse.

Längst hat sie bemerkt, wie die jungen Soldaten auf dem Wachturm an der Wollankstraße immer wieder ihre Ferngläser auf den Balkon richten, wenn sich die attraktive Studentin dort sonnt. Eines Tages malt sie ein Schild und hält es hoch. »Pass auf, dass dir nicht die Linse platzt!« steht darauf. Ein lautes Lachen ist die Antwort. Das müsste doch ein Weg sein! Liane schreibt ihre Adresse auf eine Pappe und hält sie hoch. Bald darauf liegt ein Brief in ihrem Kasten: »Sende dir einen Kuss rüber – vielleicht sehen wir uns mal – Christian.« Das ist der Mann auf dem Wachturm. Liane hofft, er könne ihr helfen, Kontakt mit Stefan aufzunehmen.

Für West-Berliner ist die Mauer schon lange nur noch ein ärgerliches, aber kein unüberwindliches Hindernis. Liane und Christian treffen sich in Ost-Berlin, und der verliebte Grenzer klebt ihr Bild in seinen Soldatenspind. Im Oktober 1987 wird es bei einer Kontrolle entdeckt und sein Tagebuch gleich mit. »Ich bin hingerissen von deiner Schönheit«, hat der bereits verlobte Elektroinstallateur aus Schmölln in Sachsen angesichts seiner Mauerbekanntschaft notiert, und das ist an der Grenze, mitten in Berlin, ein Sicherheitsrisiko. Die »Verwaltung 2000«, die Stasi-Abwehr in der Truppe, übernimmt und macht kurzen Prozess: Entweder wandert Christian ins Militärgefängnis Schwedt, oder er wird ihr Spitzel. Am 23. Oktober 1987 unterschreibt der Grenzer.

Nun steht weiteren Treffen mit Liane Babenow in Ost-Berlin nichts mehr im Wege. Im Gegenteil. Die beiden speisen nobel im Restaurant »Prag« und genießen Eisbecher im Palast der Republik, auf wundersame Weise bekommen sie überall Plätze und die Stasi zahlt unauffällig im Hintergrund den sozialistischen Luxus. Für sie läuft derweil die »Operation Sweety«, Zielrichtung: der französische Mann von Lianes Schwester. Und dann gibt es auch noch einen Freund, der als Regierungsdirektor im Forschungsministerium arbeitet, Abteilung Raumfahrt. Das haben andere Spitzel inzwischen herausbekommen.

Doch der Vorgang entwickelt sich nicht wie erhofft, denn Liane will ja eigentlich nur den Kontakt zu ihrer Liebe auf dem Bahnhof Friedrichstraße und Christian soll dabei helfen.

Nun setzt die Stasi einen zweiten Mann ein, der Lianes Herz erobern soll, Jens. Christian stellt den als Grenzsoldat getarnten hauptamtlichen Mitarbeiter mit »Romeo«-Erfahrung als Kameraden vor. Die junge Frau bringt künftig ihre Freundin Chrissi mit, und zu viert ziehen sie durch Ost-Berlin. Bereits am 19. Dezember 1987 kann Jens stolz berichten: »Zielstellung erreicht – Ich konnte mir volles Vertrauen und Glaubwürdigkeit zusichern.«

Das stimmt nicht so ganz, denn Liane Babenow ist immer noch in den unerreichbaren Stefan verliebt, während Freundin Chrissi derweil den smarten Jens anhimmelt. Und während die Stasi-Offiziere im Hintergrund in ihrem Jahresplan 1988 die »Überleitung des persönlichen Kontaktes in einen nachrichtendienstlichen« vorbereiten, wird in West-Berlin der Verfassungsschutz aktiv. Liane Babenow wird zum Gespräch geladen und mit möglichen Ermittlungen wegen Spionage bedroht. Inzwischen wurden vom deutschen Geheimdienst auch die französischen Kollegen informiert, ihr Schwager musste zum Verhör antreten.

Die junge Frau fühlt sich in der Zwickmühle und sucht Rat bei Freundin Chrissi. Die wiederum erzählt alles brühwarm Jens, und so landet die Geschichte wieder bei der Stasi. Dort ist jetzt Alarmstufe Rot angesagt, denn weil nun plötzlich Frankreich beteiligt ist und alles im unter der Viermächte-Verwaltung stehenden Berlin spielt, werden im Juni 1989 auch die Russen informiert. Liane Babenow landet im in Moskau geführten Agentenspeicher des östlichen Bündnisses als »Spionin«. Als Maßnahme ist »Ständige Kontrolle« vermerkt. Ihre Liebe im toten Winkel hat sie in den Fokus von gleich vier Geheimdiensten gebracht, ohne dass sie Genaueres darüber weiß.

Dann fällt die Mauer, und Liane interessiert sich dafür, wie es überhaupt zu diesem Wildwuchs des Kalten Krieges kam. Schon lange bevor die Stasi-Akten öffentlich zugänglich werden, versucht sie zu ergründen, wer in ihrem Leben die Fäden gezogen hat. Ihre Liebe zu dem Grenzsoldaten in der Friedrichstraße ist längst erkaltet, trotzdem räufelt sie nun Stück für Stück das Netz auf, das sich unsichtbar um sie gespannt hatte. Auch wenn sie es damals nicht wahrhaben wollte, es war gefährlich. Immerhin hatte ihr eine Dame vom Verfassungsschutz, die sich Liane nur unter einem Decknamen vorgestellt hatte, noch 1988 unverblümt gesagt: »Ich würde mich nicht wundern, wenn man sie eines Tages mit einer Neun-Millimeter-Kugel zwischen den Augen wiederfinden würde.«

Doch inzwischen wiegeln alle Beteiligten nur noch ab, und es gibt die üblichen Erklärungen. »Wenn ich es nicht getan hätte, wäre es ein anderer gewesen«, sagt Jens, heute als Arzt in Leipzig tätig. Auf seinen Romeo-Job im Westen ist er noch immer stolz. »Das war ein Abenteuer, es hat Spaß gemacht«, sagt er am Telefon. Nein, darüber reden will er nicht mehr, und natürlich hat er damals gleich erkannt, dass Liane und Chrissi keine gefährlichen West-Spioninnen waren. Aber er wollte sich die »schöne Reisemöglichkeit« nicht verderben und ließ die Stasi deshalb im Unklaren. Außerdem gab es immer mal wieder Geschenke von der Freundin: »Ein kleiner Ossi mit einer Casio-Uhr, das war doch toll!«

Auch der französische Colonel, der die Geschichte damals bearbeitete, sieht alles nicht so verbissen: »Ein Austausch zwischen den Alliierten? Das war eine ganz normale Sache.« Immerhin trug man gemeinsam Verantwortung in der geteilten Stadt.

Und Stefan? Liane Babenow findet ihn in einem Dorf in der Nähe von Neubrandenburg. Von den geheimdienstlichen Verwicklungen um ihre heißen Blicke auf dem Bahnhof Friedrichstraße hat er bis dahin nichts gewusst. Heute ist er Helfer bei einem Tierarzt, natürlich lange verheiratet, ein Kind ist auch da. Ein bisschen verliebt sei er damals schon gewesen, gibt er zu, aber das hatte doch alles keine Zukunft. Und die DDR zu verlassen – er benutzt auch nach zwanzig Jahren noch dass Wort »Republikflucht« – wäre für ihn ohnehin niemals infrage gekommen. Deshalb damals der Abschiedsbrief.

Also Ende gut, alles gut? Geheimdienste haben ein langes Gedächtnis. Die früheren Regeln der einstmals gemeinsamen östlichen Datenspeicherung deuten die Dimension an: »Bei Frauen bis zur Vollendung des 75. Lebensjahres.«

Es ist kaum anzunehmen, dass ausgerechnet diese Regel nach dem Zusammenbruch der Sowjetunion geändert wurde, denn seit mehr als zweieinhalbtausend Jahren gilt in Ost und West, was der chinesische Feldherr Sun Zi in seinem Werk über die »Kriegskunst« zur Spionage formuliert hat: Die »göttliche Handhabung der Fäden« ist die »wertvollste Fähigkeit des Herrschers.« Der hieß inzwischen Wladimir Putin und war russischer Präsident. Vorsichtshalber hat ihm Liane Babenow einen Brief geschrieben und darin gebeten, sie beim KGB-Nachfolger streichen zu lassen. 2003 kam die Antwort: Beim Inlandsgeheimdienst würde sie nicht als Agentin geführt.

Vom »Sistema Objedinnjonnowo Utschota Dannych«, abgekürzt SOUD und übersetzt »System der vereinigten Erfassung von Daten über den Gegner«, war nicht die Rede. Diese Speicher sind die Erbschaft der einstigen sozialistischen Bruderländer an den KGB dessen Spionageapparat nach wie vor weltweit tätig ist. Liane Babenow dürfte dort bis heute als »West-Agentin« verzeichnet sein.

ENDSTATION IRRENHAUS

»In Erinnerung an eine komplizierte Zeit, in der wir glaubten, auf dem richtigen Weg zu sein«. Wer so etwas in ein Buch schreibt, das seine frühere Arbeit betrifft, hat Gedanken und keinen Beton im Kopf. Die Worte stammen von Professor Herbert Häber, dem vergessenen Staatsfeind im Politbüro.

SED-Chef Erich Honecker lässt ihn am 24. Mai 1984 ohne vorherige Kandidatur in das allmächtige Führungsgremium der Partei wählen. Die seit Ewigkeiten dort sitzenden Politbürokraten sind alarmiert. Dem Mann fehlt der Stallgeruch und er ist viel zu jung: gerade einmal vierundfünfzig. Das riecht nach einem neuen Kronprinzen. Häber: »Es war ein Klima der Feinseligkeit gegen mich. Ich war für die ein Emporkömmling.«

Das hat mit seiner Biographie zu tun. Häber, 1930 geboren, teilt das Schicksal seiner Generation: »Eine Berufsausbildung gab es 1946/47 nicht.« Er wird Hilfsarbeiter in einem Metallbetrieb, bis der demontiert wird und gen Osten rollt, dann Laufbursche bei der Stadtverwaltung. Mit neunzehn bewirbt er sich bei der *Freien Presse* in seiner Heimatstadt Zwickau. Eine Drei in Deutsch schreckt den Verlagschef ab, doch dann klappt es trotzdem.

Als die SED-Führung 1951 einen geeigneten Redakteur für ein Mitteilungsblättchen sucht, wird er ins Zentralkomitee nach Berlin beordert. »Die Partei« kümmert sich um junge Leute ohne braune Schatten. Herbert Häber scheint seine Sache gut zu machen.

Damals steht die Wiedervereinigung auf der politischen Tagesordnung. Deshalb heißt die Parole »Deutsche an einen Tisch«. Herbert Häber gehört zu jenen, die auf der Ost-Seite immer öfter an diesem Tisch sitzen. Im Westen nennt man

sein Land immer noch »die Zone«. Häber will dazu beitragen, dass sich das ändert. Das gelingt nicht, denn auch für die Sowjets soll die Zone vorerst Zone und damit politische Spielmasse bleiben. Das passt Walter Ulbricht nicht. Er möchte einen international anerkannten, selbstständigen Staat führen. Ob und wie das etwas wird, entscheidet der Kreml. Ulbricht ist zu schnell und wird Anfang der Sechzigerjahre erst einmal zurückgepfiffen.

Herbert Häber hat sich bis dahin zum Spezialisten für den Klassenfeind qualifiziert. Er weiß, dass die Politik der DDR und ihrer Staatspartei SED gegenüber der Bundesrepublik einen theoretischen und dabei möglichst wissenschaftlichen Unterbau braucht. Deshalb hat er die Gründung eines »Internationalen Institutes für Politik und Wirtschaft« vorgeschlagen. Nun wird er dort Professor und der erste Chef, die Wahl ins Zentralkomitee der SED gibt zusätzlichen Rückenhalt.

Knapp zehn Jahre später, 1973, holt ihn Erich Honecker zurück in den Parteiapparat. Der neue erste Mann der DDR hat nicht nur seinen Ziehvater Ulbricht entmachtet, sondern musste auch mit ansehen, wie in Moskau die heilige Kuh der SED-Politik geschlachtet worden war. Hieß das Ziel bislang stets, erst Anerkennung der DDR, dann Normalisierung der Beziehungen, waren nun die Ostverträge Willy Brandts der Schlüssel für die lang ersehnte Anerkennung der DDR geworden. Dazu gehörte auch, ein neues Verhältnis zum Westen zu finden. Dafür soll Herbert Häber sorgen. Er wird Chef der Westabteilung im Zentralkomitee der SED.

Der Mann ist erfolgreich. Die Kontakte zur SPD sind stabil. Doch wie lange wird sie nach dem Rücktritt Willy Brandts noch regieren? Herbert Häber sucht neue Wege. Am 15. Januar 1975 trifft er sich mit dem westdeutschen CDU-Schatzmeister Walther Leisler Kiep. Die Männer finden einen Draht zueinander. Häber: »Erich Honecker deckte mein Engagement für Kontakte mit der CDU/CSU. Das war mutig von ihm, denn es geschah gegen den Willen der Moskauer Führung und auch den der Mehrheit im SED-Politbüro.«

Die Beziehungen entwickeln sich gut, bis die Sowjets Anfang der Achtzigerjahre ihre Mittelstreckenraketen SS 20 ungefragt in der DDR stationieren. Die Amerikaner ziehen mit ihren Pershing und Cruise Missiles jenseits von Werra und Elbe nach. Nun stehen sich mitten in Deutschland Atomraketen direkt gegenüber. »Wer zuerst schießt, stirbt als Zweiter«, sagt Sowjetchef Leonid Breshnew. Das macht auch seinem Vasallen Erich Angst, denn der sitzt nicht 2000 Kilometer, sondern nur 300 Meter von der künftigen Front entfernt.

Herbert Häber soll retten, was zu retten ist. Dazu braucht er die Autorität als Olympier, und deshalb bekommt er sie. Häber: »Wir standen an der Kante zum atomaren Krieg auf deutschem Boden.« Dagegen musste etwas getan werden, und er formuliert die Forderung nach einer »Koalition der Vernunft« mit dem Westen.

Das sieht auch Erich Honecker als einzige Alternative. Er macht sich Sorgen um den Frieden und verlangt öffentlich: »Das Teufelszeug muss weg!« Nun unterscheidet er nicht mehr zwischen den guten und den bösen Raketen. Das ist ein Affront gegen Moskau.

Dort regiert nach dem Tod Breshnews und dessen Nachfolger Andropow mit Konstantin Tschernenko bereits der dritte pflegebedürftige Greis, dessen einzige Qualität darin besteht, alle Fragen unbeantwortet in der Schwebe zu halten.

»Steig vom Pferd, wenn du merkst, dass es unter dir stirbt«, sagen die Indianer, und Karl-May-Freund Erich wittert die Chance auf einen Besuch in Bonn. Herbert Häber: »Ich sollte ihm alle Argumente aufschreiben, die für einen solchen Besuch sprachen.« Beide sind sich einig: »Wir müssen mit ihnen reden, wie groß auch die Meinungsunterschiede und Differenzen sein mögen.«

Als Erich Honecker am 17. August 1984 dann jedoch im Kreml um die Besuchserlaubnis nachsucht, erlebt er eine böse

Überraschung. Hinter seinem Rücken hatten Willi Stoph und Erich Mielke in Moskau bereits über das Häber-Papier informiert. Ihnen ist jegliche Annäherung an den Westen suspekt. Und wenn Tschernenko auch nicht viel versteht, dass eventueller Ärger in einer 350 000-Mann-Garnison irgendwo im fernen Westen nicht gut wäre, versteht er. Die Sowjets drohen Honecker mit Liebesentzug und Jobverlust. Und Erich hat nicht das »Hier-stehe-ich«-Format eines Martin Luther. Er bleibt geschmeidig. Nur ein Sündenbock muss jetzt noch her, und wer sollte das anderes sein als Herbert Häber?

Harry Tisch soff, Konrad Naumann hurte, Günter Mittag füllte sich die Taschen – aber wie sollte man Herbert Häber beikommen? Der Mann hatte einfach nichts auf dem Kerbholz. Doch dafür gab es Erich Mielke und seine Männer. Die brauchten gerade zwei Monate nach Honeckers Moskauer Absturz, um am 15. Oktober 1984 die Akte »Säule« anzulegen. Häbers Wohnung war nun verwanzt, das Telefon wurde abgehört, und die »Genossen« rings um ihn sorgten dafür, dass sein Nervenkostüm dünner wurde: »Ich war fix und alle, litt bald unter Schlaflosigkeit. Es redete ja niemand mehr mit mir.«

Doch psychisches Unwohlsein reicht nicht für den Abschuss. Ein handfester Grund muss her.

Ideal wäre es, dem Unterhändler eine Agententätigkeit für den Feind nachweisen zu können. Aber die Zeiten, in denen eine Denunziation reichte und der Delinquent dann so lange verhört wurde, bis er zugab, mit dem Teufel persönlich konspiriert zu haben, sind vorbei. Dennoch wird es für Herbert Häber eng: »Im Sommer 1985 befand ich mich in Lebensgefahr. Ich bin verdächtigt worden, ein Spion westlicher Geheimdienste, insbesondere des BND, in der SED-Führung zu sein und Geheimnisverrat begangen zu haben. Ich galt dem MfS als Sicherheitsrisiko.« Darauf stand zu jener Zeit in der DDR noch die Todesstrafe.

Hintergrund sind Häbers Fäden in den Westen. 1982 ist die DDR ökonomisch pleite. Harte Währung muss her, doch die Kreditgeber dürfen nicht ahnen, wie schlecht es ihrem Gläubiger wirklich geht, denn das würde das Geld teurer machen. Also spekulieren Häber und seine westlichen Verhandlungspartner, ob sich ein Deal machen ließe: Kredite gegen die Absenkung des »Reisealters« um fünf Jahre. Die streng geheime Aktion trägt den Tarnnamen »Züricher Modell«. Wenn sich das bewährt, könnte das »Länderspiel« folgen, eine noch engere Zusammenarbeit zwischen Ost und West. All das sollte dem Überleben der DDR dienen. Häber: »Meine Befürwortung solcher Projekte wie Züricher Modell und Länderspiel war – was mich betrifft – nie mit der Erwartung verknüpft, dies könnte der Einstieg in die deutsche Einheit sein. Ich rechnete höchstens mit der Chance, Schritte in Richtung auf föderale Beziehungen gehen zu können.«

Doch das ist Hardlinern wie Mielke und Mittag schon viel zu viel. Häber, der über sich gern in der dritten Person redet: »Die gingen dem Häber aus dem Weg und tuschelten.« Der Mann sollte endlich verschwinden, und das nehmen nun Mielkes Männer in bewährter Geheimpolizeimanier in die Hand.

Am 17. Oktober 1984 lassen sie Häbers frühere Schwägerin, Annemarie Sch., einen »Brief einer besorgten Genossin« an Erich Mielke verfassen. Aufgeregt teilt sie mit, dass Häbers Vater während des Krieges an der Hinrichtung eines französischen Zwangsarbeiters beteiligt war. Nun fragt sie scheinheilig: »Kann ein solcher Mann Mitglied des Politbüros sein?« Er kann, denn den schwarzen Fleck auf der weißen Kaderweste hatte er schon vor dreißig Jahren gebeichtet. Damals hieß es: »Bei uns gibt es keine Sippenhaft.« Also wieder ein Schuss in den Ofen.

Da kommt den Intriganten der Delinquent selbst zu Hilfe: Herbert Häbers Gesundheit ist ruiniert. »Ich nahm ab, mir schmeckte kein Essen mehr, ich konnte nur noch mit Schlafmitteln schlafen und brauchte was zum Aufputschen, um dann wieder arbeiten zu können.« Am 18. August 1985 folgt der Nervenzusammenbruch. Das Noch-Politbüromitglied verschwindet im Regierungskrankenhaus Buch. »Im Nebenzimmer saßen Stasi-Offiziere, ich durfte nicht telefonieren und den Raum nur selten verlassen.« Er ist kaltgestellt.

Nach einem Monat im goldenen Käfig taucht Erich Honecker zum Krankenbesuch auf. Häber: »Ich habe mich gefreut, hoffte auf Rehabilitierung.« Doch Honecker ist eiskalt. Sein West-Experte erinnert sich: »Er sagte nur: Es gibt keinen Grund zur Freude. Du hast in der Öffentlichkeit über Widersprüche zwischen der KPdSU und der SED gesprochen. Das hätte einen Weltskandal hervorrufen können!«

Häber ist erschüttert. Nie hat er öffentlich über solche Differenzen gesprochen. Nur gegenüber seiner Frau und seiner Hausärztin war mal die Rede davon. Und das war in der Wohnung in Wandlitz! Doch Honecker will keine Erklärungen hören. Er diktiert seine Forderungen: »Ich erwarte von dir bis morgen früh einen Brief, in dem du um Entbindung von den Funktionen ersuchst.«

Es wird nicht mehr erschossen, wie zu Stalins Zeiten, die Todesstöße sind subtiler geworden. Häber schreibt den verlangten Brief und fährt zur Kur ins ZK-Heim nach Bad Liebenstein.

Als er nach zwei Wochen zurückkommt, hat er kein Büro mehr im ZK, sein Panzerschrank ist leer. Verzweifelt ruft er bei Honecker an. Der ist nicht zu sprechen Stattdessen teilt die Sekretärin mit, er möge sich am 3. Januar 1986 noch einmal im Regierungskrankenhaus, Station 9, melden. Das ist die geschlossene Abteilung.

Es ist ein Freitag, an dem Herbert Häber dort mit einer starken Dosis des Beruhigungsmittels Faustan außer Gefecht gesetzt wird. Später erinnert er sich: »Nun kam ein Sonnabend und ein Sonntag, und an diesem Sonnabend und an diesem Sonntag war ich bis auf wenige Momente nicht gegenwärtig.«

Am Montag schnallen zwei Pfleger Herbert Häber auf eine Trage. Eine Ärztin weint und zischelt, sie dürfe ihm nicht sagen, wohin es jetzt gehe. Es ist die Psychiatrie in Bernburg, die geschlossene Abteilung für Geistesgestörte. Häber: »Da lag ich dann, zugeschlossen vorn, unter dreißig geistig behinderten Menschen. Da lag einer, der blutete und stöhnte vor sich hin. Andere wurden nachts in Zimmern mit Gittern eingeschlossen, weil sie gewalttätig waren.« Er kann seinen Mitpatienten nicht einmal erzählen, wer er ist. »Vom Politbüro konnte ich nicht reden. Da hätten die Beifall geklatscht und gesagt: Ja klar, du bist Walter Ulbricht persönlich, guck mal, hier sitzt Wilhelm Pieck und da drüben der Papst.« Die Stasi überwacht ihn auf Schritt und Tritt.

Der Spuk endet so plötzlich, wie er begann. Am 18. März 1986 wird Herbert Häber aus Bernburg entlassen. Er wohnt inzwischen nicht mehr im SED-Getto Wandlitz, sondern in einer Wohnung in Köpenick. Offiziell ist er nun wieder Mitarbeiter der Akademie für Gesellschaftswissenschaften beim ZK der

SED, arbeiten darf er jedoch nicht. Allerdings geht das Gehalt pünktlich ein. Mit der Abwicklung des SED-Apparates nach dem Fall der Mauer und dem Ende der DDR wird Herbert Häber Rentner.

Der Versuch, diese Mauer durchlässiger zu machen, führte ihn in die Mühle der Stasi. Häber: »Es ging darum, politische Voraussetzungen dafür zu schaffen, dass niemand mehr über die Mauer klettern muss und – um es klar zu sagen – so dem Schießen ein Ende zu setzen.« Das war für jene, die nicht über die Verwaltung eines Lehens hinaus denken konnten oder wollten, zu viel. Dass ein Staat erst zum Staat wird, wenn er das Regime an seinen Grenzen bestimmen kann, stand auch für Herbert Häber außer Zweifel. Als Politiker sah er aber auch das Fehlen des staatlich souveränen Umgangs mit dieser Grenze. Dadurch unterschied er sich von jenen, die die politischen Ämter besetzten, um ihre Macht zu sichern. Für sie schien das Ziel mit dem Bau der Mauer erreicht. Sie zu einer normalen Grenze zu machen wurde als Bedrohung der Macht empfunden. Deshalb musste ein Mann wie Herbert Häber verschwinden.

Er hat dabei das Glück gehabt, dass der bedingungslose Machterhalt als Kern des gesamten Handelns der SED so etwas wie eine Geheimpolitik war. Nur deshalb wurde sein »Hochverrat« lediglich mit Abschieben und einer diskreten, aber geplant lebenslangen Stasi-Überwachung geahndet. Im Nachhinein weiß er aber: »Es hätte auch einen tödlichen Verkehrsunfall geben können.«

Nach dem Ende der DDR brachte das alles Herbert Häber in eine groteske Situation: Er war mit knapp sechzig noch einer der »jungen Männer« im Rat der selbst ernannten Götter, und die sollten jetzt für die Schüsse an der Mauer zumindest symbolisch büßen. Eines Tages hört er im Radio, dass auch gegen ihn Anklage erhoben werden soll. Ungewollt zieht der Mann in einen letzten Kampf.

Die Richter machen sich ihre Gedanken über das Verhältnis von »Erfolgsabwendungspflicht« und »Erfolgabwendungsmöglichkeit« und müssen feststellen, dass Häber kein Gott, sondern nur ein Prometheus war. »Der Vorausdenkende«, wie der griechische Feuerbringer auf Deutsch heißt.

Also sprechen sie ihn im Jahr 2000 frei. Das passt den Staatsanwälten nicht. Sie wollen ihn an den Fels geschmiedet sehen, wie weiland Prometheus an den Kaukasus. So hebt der Bundesgerichtshof 2002 den Freispruch wieder auf. Weitere zwei bittere Jahre vergehen, und Herbert Häber wird wieder der Anstiftung zum Mord für schuldig befunden, aber nicht bestraft.

Die neuen Machtpolitiker halten das für eine kreative Idee. Wahrscheinlich haben sie vergessen, dass sich auch der unerbittliche Zeus letztlich damit begnügen musste, Prometheus nur noch symbolisch mit einem Fingerring, der einen Stein aus dem Kaukasus trug, zu fesseln.

DER STURZ DER ALTEN DAME

Wer in der Rostocker Gartenstadt wohnt, hat es bis zum Zoo nur ein paar Schritte. Herta Wilkening war schon lange nicht mehr dort. Sie hat keine Zeit. Ein dicker Stapel Papier türmt sich auf dem Couchtisch. Tausend Seiten, ihre Biographie. Herta Wilkening will etwas sagen. Und sie ist wütend. »Ihr Kluchschieters wisst doch gar nicht mehr, was Angst ist. Dor gein di die Druppens in die Hose un ju makt das nich mal.«

Vor fast zehn Jahren war Herta Wilkening die große alte Dame der ostdeutschen SPD. Ihren achtzigsten Geburtstag am 9. Mai 2000 feierte sie längst ohne die Genossen. »Damals, als diese Stasi-Vorwürfe auf den Tisch kamen, hatten die schon keine Zeit mehr für mich. Ich habe Wolfgang Thierse um ein Gespräch gebeten und Oskar Lafontaine. Zu viele Termine, hieß es«, sagt die Frau. »Dabei hatte ich bereits in der ersten Vorstandssitzung hier in Rostock die Wahrheit gesagt. Das war am 18. Dezember 1989, da nannten wir uns noch SDP.«

Doch niemand will die Geschichte hören, bis die Presse sie hinterrücks publik macht. Die von ihren Genossen als »Mutter Courage der Wende« Gefeierte stürzt ab. Im Januar 1992 legt sie ihr Mandat im SPD-Bundesvorstand nieder und tritt aus der Partei aus. »Das hat mir Schmerzen bereitet, ich war so enttäuscht.«

Doch es gibt noch eine Hoffnung. Die Generalstaatsanwaltschaft Mecklenburg-Vorpommern ermittelt gegen die Rentnerin Herta Wilkening wegen Spionage in den Jahren 1968 bis

1973 und 1987 bis 1990. Dann der Schock für die Frau: Im Mai 1997 stellt die Justiz die Ermittlungen gegen sie ein. »Wegen Verjährung und geringer Schuld«, heißt es im Brief. Herta Wilkening legt ihn auf den hohen Papierstapel: »Dabei hatte ich so gehofft, dass wenigstens der Staatsanwalt die Sache klärt. Dann wäre ich rehabilitiert, jetzt muss ich alles mit ins Grab nehmen.« Am Ende eines langen, aufrechten Lebens steht nun Schatten. Niemand fragt nach dem Licht, das ihn verursacht hat.

Herta Wilkening wird unehelich geboren. Damals sprach man gern von »Kind und Kegel«, sie war »Kegel« und suchte bald so etwas wie ein bisschen Familienanschluss bei den Rostocker »Roten Falken«. Die Ideen der Sozialdemokraten prägen sie. Als Herta mit vierzehn eine Lehre als Kinderschwester beginnt, ist es deshalb nicht irgendein Kindergarten in der Hansestadt, sondern die Kinderpflegeschule, die nach Fröbels Lehren geführt wird. Zwei Monate später wird sie geschlossen, die Nazis vertreiben die jüdische Schulleiterin Marie Bloch. Nun muss Herta Textilkauffrau werden. Ab 1937 wird sie dienstverpflichtet, erst als Luftschutzhelferin, dann beim Heeresverpflegungsamt.

Als die Russen am 1. Mai 1945 nach Rostock kommen, ist sie für ihre Mitmenschen da. Sie kümmert sich um Ausgebombte und das Waisenheim »Kinderland«, gründet mit ein paar anderen eine Wärmeküche und organisiert Kleidersammlungen. Am 30. August 1945 tritt Herta Wilkening in die SPD ein.

Die Frau ist resolut und beliebt. Von den Russen lässt sie sich nicht so schnell einschüchtern. Das bringt ihr eine Arbeit im Sozialamt der Stadtverwaltung ein. Bald ist sie Vorsitzende des neuen »Demokratischen Frauenbundes« (DFD) in Rostock. Die Vereinigung der SPD mit der KPD zur »Sozialistischen Einheitspartei Deutschlands« (SED) 1946 kann sie nicht bremsen: »Natürlich war das eine Zwangsvereinigung. Die Sozialdemokraten waren doch viel stärker als die Kommunisten. Aber sollte ich mich deshalb in den Schmollwinkel zurückziehen?« Im Herzen bleibt sie der Partei August Bebels treu.

Das wird ihr 1958 zum Verhängnis. Herta Wilkening: »Am 5. Dezember wurde ich verhaftet. Ich sollte eine Widerstandsgruppe geleitet und für das SPD-Ostbüro in West-Berlin gearbeitet haben!« Das ist natürlich Unsinn, denn hauptsächlich ging es gegen Hertas Mann Wilhelm, einen freien Architekten. Unternehmerisch geprägte Existenzen hatten keinen Platz in der DDR. Ein konstruiertes »Wirtschaftsverbrechen« nahm ihm seine Arbeit. »Für mich fielen da dann noch einmal neun Monate in Bützow ab, vorher hatte ich ein Jahr wegen Hetze gegen den Staat bekommen. Und aus der SED flog ich natürlich auch.« Am 6. März 1961 wird Herta Wilkening entlassen. Natürlich wollen sie und ihr Mann jetzt in den Westen, doch die Mauer kommt ihnen zuvor.

Nach vier Jahren darf sie zum achtzigsten Geburtstag ihrer Mutter nach Hamburg reisen. Herta Wilkening ist fünfundvierzig und Invalidenrentnerin. »Vor der Reise kam ein Mann von der Stasi und drohte mit einer langen Haftstrafe, wenn ich nach der Rückkehr nicht genau über die Grenzpassage berichten würde. Außerdem wollten sie wissen, wie das Foyer im Hotel ›Europäischer Hof‹ aussieht, in dem wir gefeiert haben.« Für das Verweigern solcher harmlosen Informationen wollte die Frau nicht noch einmal ins Gefängnis.

Herta Wilkening brüht den nächsten Kaffee auf. »Es gibt nicht nur Schwarz oder Weiß. Das Leben ist grau, voller Grautöne, tausend verschiedene.« Beim Erzählen vergisst sie, die Löffel mit Pulver in den Filter der Maschine zu zählen. Es wird ein höllisches Getränk, doch Herta Wilkening in ihrer Aufregung merkt es nicht. »Da macht man eben Sachen, ohne darüber nachzudenken, ob sie gerechtfertigt sind.« Herta trifft in Hamburg einen ehemaligen Kollegen und Leidensgenossen ihres Mannes. 1957 hatten sie ihm geholfen, in den Westen zu verschwinden. Jetzt gibt er ihr fünfzig Mark »Benzingeld«. Sie kauft sich ein Paar Schuhe davon.

Herbert L. interessiert die Stasi. »Ich habe gedacht, an den können sie ja nicht ran, der ist in Sicherheit.« Trotzdem hat sie Angst, denn bei einem Besuch in Hamburg 1969 glauben die beiden zu bemerken, dass sie mitten in der Stadt ein Auto verfolgt. Herbert vermittelt einen Termin beim Verfassungsschutz. »Die beiden Herren haben mir geraten, ich soll zu Hause von der Begegnung berichten. Dann hätte ich voraussichtlich Ruhe.«

Genau so kommt es. Herta Wilkenings damaliger Führungsoffizier erzählt, dass die Stasi eigentlich gar nichts von der

Frau wollte. Nur etwas in der Hand haben, um sie bei Bedarf mundtot zu machen. »An den Informationen von ›Ilse Kossmann‹ haben wir nur geprüft, ob sie ehrlich zum Organ ist.« Der Mann hat keinen Grund, fünfzehn Jahre nach dem Ende der DDR zu lügen: Wegen des Verdachts auf »Kapitulantentum« und »SPD-Nähe« gerät er später selbst in die Stasi-Mühle, 1980 wandert er für zwei Jahre als »Spion« ins Gefängnis. Am 16. Oktober 1973 schließt die Stasi die IM-Akte »Ilse Kossmann« wegen »Gefahr für die Konspiration des MfS«.

Zwölf Jahre später ist die Geheimpolizei wieder da. Herta Wilkening: »1985 wurde mir wieder eine Zeugenaussage zu Herbert abverlangt. Bei der Stasi haben sie mich belehrt, dass es meine Pflicht als DDR-Bürgerin sei, die Auskunft zu geben. Das ging dann zwei, drei Jahre so. Immer ging es nur um Herbert.« Die Stasi schmiedet offenbar Rachepläne gegen den Mann, obwohl dessen DDR-Leben inzwischen dreißig Jahre zurückliegt. Herta soll ihn nach Rostock einladen. »Das habe ich nicht gemacht, da habe ich gesagt, jetzt ist Schluss.«

Dann bricht die DDR zusammen, und Herta Wilkening fühlt sich frei. 1989 gründet sie die Sozialdemokratische Partei in Mecklenburg-Vorpommern mit, am 30. Mai 1990 die Arbeiterwohlfahrt in Rostock. Die derweil fast Siebzigjährige wird dort Chefin. Das genügt ihr gerade zwei Monate, dann kümmert sie sich auch um die Gründung einer »Falken«-Jugendgruppe in der Hansestadt. Am 7. Juni 1990 beginnt ihre »Arbeitsgemeinschaft Hilfe für Bitterfelder Kinder« zu arbeiten, und im Juni 1991 folgt das »Hilfswerk für umweltgeschädigte Kinder in Europa«. Noch im gleichen Jahre bringen sie und ihre Helfer 8000 Kinder in Ferienheimen unter, darunter allein 3000 aus Tschernobyl.

Herta Wilkening ist in ihrem Element. Endlich wieder etwas für Kinder tun – sie setzt fort, was sie mehr als dreißig Jahre zuvor wegen des Drucks der DDR-Behörden aufgeben musste. Was soll ihr jetzt noch passieren? Für die Sozialdemokratin von der Küste gibt es kein politisches Taktieren mehr. Sie wettert gegen die große Koalition von CDU und SPD nach der Volkskammerwahl vom 18. März 1990. Fraktionschef Richard Schröder erinnert sich: »Sie hat gegen mich gepoltert, als sei ich der Leibhaftige. Sie wollte nichts von Für und Wider wissen, für sie gab es nur entweder oder.«

Die alte Dame weiß, dass sie keine Politikerin ist: »Dieses Hin und Her, das war nichts für mich. Für mich war die Partei so etwas Heiliges, was wir all die Jahre in der DDR heimlich bewahrt haben.«

Mit dieser Emotionalität mischt sie Parteitage auf und stochert in den Wunden vom Rostocker Ortsverein bis hin zur Landespartei. Sie begreift nicht, dass es inzwischen längst wieder um Posten geht, dass Einflusssphären abgesteckt und Fäden gezogen werden. Die stille Frau ist laut und poltrig geworden.

Das polarisiert. Ständig eckt Herta Wilkening an. Dann der Donnerschlag: Die Ikone der ostdeutschen Sozialdemokratie hatte sich mit der Stasi eingelassen! »Gespitzelt hätte ich, haben die geschrieben!« Die Frau regt sich immer noch auf. Dass damals nicht die Zeit war, auch die Grautöne zu sehen oder gar zu suchen, hat sie immer noch nicht begriffen. Auch nicht, dass sie derweil Neider in der Partei hat und manche recht froh sind, die vermeintlich Unbeugsame nun auf zwar nicht elegante, aber probate Art loszuwerden.

Herta Wilkening bittet ihre Vorstandsgenossin Herta Däubler-Gmelin, mit ihr zusammen die Stasi-Akten zu lesen. Sie hofft auf Verständnis für ihr Tun. Das bekommt sie nicht. Sie kann es wohl nicht bekommen, denn es ist nicht die Zeit, behutsam eine gemeinsame Sprache zu finden. Die Genossen schlagen ihr vor, offensiv in die Öffentlichkeit zu gehen. Das will Herta Wilkening nicht, vielleicht kann sie es auch nicht. Sie will nichts »aufhellen«, sie will nichts erklären. Die Frau fühlt sich ausgegrenzt, »so wie damals in der DDR.« Herta Wilkening verlässt Ende Januar 1992 Vorstand und Partei. Zwei Wochen später zieht sie sich aus den Vereinen zurück, die sie für »ihre Kinder« ins Leben gerufen hatte.

»Was dann kam, war ein Kampf um meine Ehre«, sagt sie Jahre später. Niemand will von diesem Kampf etwas wissen. Herta Wilkening versinkt im Vergessen.

Die alte Dame ist gestürzt. Für viele scheint sie ihre Ehre verloren zu haben. Das hat sie nicht, denn sie ließ sich nicht noch ein zweites Mal brechen. Herta Wilkening stirbt 2004 im Alter von vierundachtzig Jahren in Rostock.

ABGESCHOSSEN

Manchen ist Monika Lachs ein wenig zu grell geschminkt und auch ein bisschen zu laut. Eine Frau knapp unter fünfzig. Schon falsch: Sie hätte »in den Vierzigern« gesagt. Eine Frau, die in der Wendezeit Karriere gemacht hat. Auch falsch. Sie hätte gesagt, »die sich engagiert hat«. Karriere hat in den wilden Monaten der DDR-Agonie im Osten Deutschlands einen fahlen Beigeschmack. Die meisten haben ohnehin noch nicht begriffen, dass alles anders wird. Das Kaninchen hat sich mutig vor die Schlange gehockt und staunt nun, dass es paralysiert ist.

Moni ist das nicht. Sie sagt inzwischen, dass sie achtundzwanzig Jahre lang Ingenieurin für irgendwelche Werkstoffe im Halbleiterwerk Frankfurt (Oder) war. Betonung auf dem »-in«. Nicht mehr Ingenieur, wie es in der DDR hieß. Jetzt ist Monika Lachs Politikerin.

Begonnen hatte sie im Neuen Forum. Die Leute dort rauften sich nach der dramatisch verlorenen, ersten und letzten freien DDR-Wahl am 18. März 1990 noch die Bärte, als sich Moni im April 1990 für den Bund Freier Demokraten entschied, ein Wahlbündnis aus der neu gegründeten Ost-FDP, der bürgerbewegten Deutschen Forumspartei und der zur Liberaldemokratische Partei mutierten Ex-Blockpartei LDPD. Wer dort mitmachte, wurde auch was, denn es waren weniger Mitglieder als Posten da.

Monika Lachs tritt in die FDP über und schafft es gleich in den Bundesvorstand, denn sie repräsentiert eine dreifache Quote: Frau, ostdeutsch und Widerstandkämpferin. Seit März 1990 ist sie stellvertretende Chefin des entsprechenden Komitees für die Auflösung der Stasi im Bezirk Frankfurt an der Oder. Bei den Landtagswahlen in Brandenburg am 14. Oktober 1990 zieht die FDP mit 7,2 Prozent ins Parlament und Moni vorneweg. Als Juniorpartner der SPD bilden die Liberalen und die mit 5,6 Prozent der Stimmen vertretenen Grünen die erste Regierung des Landes.

Monika Lachs scheint auf dem richtigen Weg zu sein, doch plötzlich bläst Ostwind aus Frankfurt nach Potsdam. Ihr wird vorgeworfen, bei der Aktenauflösung der Stasi-Unterlagen in Frankfurt (Oder) für das Verschwinden brisanter Vorgänge gesorgt zu haben. Clemens H., ihr ehemaliger Mitstreiter beim Neuen Forum: »An einer echten Aufarbeitung der Stasi-Verbrechen hatte Frau Lachs keinerlei Anteil.« Pfarrer Matthias Gürtler meint, im Februar 1990 seien unter Monis Verantwortung sogar Akten verschwunden. Besonders brisant waren darunter jene sechsunddreißig Dossiers, die die »Offiziere im besonderen Einsatz« betrafen. Aber auch unter den rund 3500 ehemaligen Inoffiziellen Mitarbeitern im einstigen Oderbezirk dürften Zeitbomben getickt haben.

Die Stasi-Auflöserin selbst verstrickt sich in Widersprüche. Verkündete sie in den Wendemonaten nicht ohne Stolz: »An das Aktenmaterial kann nur ich heran« – was Zeitzeuge Jürgen M. bestätigt: »Sie hatte ungehindert Zugang« –, heißt es jetzt, sie habe das Archiv niemals allein oder gar eigenmächtig betreten. Allerdings räumt Moni ein, dass mit der Einlagerung der Akten aus Cottbus zwischen Mai und Oktober 1991 einiges »durcheinandergekommen« sei. Das wiederum dementiert der damalige Sprecher des Bundesbeauftragten für die Stasi-Unterlagen, Thomas Rogalla: »Diese Behauptung von Frau Lachs ist schlichtweg falsch und entbehrt jeder sachlichen Grundlage.«

Als Grund für die unterstellte »Stasi-Nähe« nennen die Zeitungen im dritten Jahr der deutschen Einheit Monis »geradezu vertrauliche Kumpanei mit hohen Stasi-Offizieren vor Ort« (Focus). Diese Behauptung stützt sich auf eine damals von Journalisten unter der Hand beredete, angeblich recht enge Beziehung zu Stasi-Oberst Gerhard W., dessen Witwe später den Alleswissern angeblich anvertraute, die »Beziehung« sei sogar »zu eng« gewesen.

Das mag so gewesen sein oder auch nicht. Eine härtere Tatsache, die auf Stasi-Wohlwollen hindeutet, ist ein am 4. August 1990 geschlossener Vertrag über die Nutzung eines Seegrundstückes in Storkow. Es ist 2464 Quadratmeter groß, mit einem massiven Bungalow, einem Bootshaus und Nebengebäuden bebaut. Seit 1976 gehörte dies paradiesische Stückchen sozialistischer Erde der Stasi, nun überließ es Stasi-Auflöser Günther Eichhorn mittels zeitlich unbefristetem Nutzungsvertrag Monika Lachs. Bei dem inzwischen auf eine Million Mark gestiegenen Verkehrswert des Grundstückes soll das monatliche Nutzungsentgeld – so der *Spiegel* – gerade einmal 50 DM betragen haben. Gegen diesen Deal prozessiert ab 1. Juli 1993 die Treuhand, der laut Gesetzeslage das Stasi-Erbe zustand.

Im unmittelbaren Vorfeld dieser Auseinandersetzung geschehen einige merkwürdige Dinge. Ende März 1993 erstattet die Landtagsabgeordnete Monika Lachs bei der Polizei Anzeige, weil sie eine Wanze in ihrem 5er-BMW vermutet. Ein Piepston und ein Pausenzeichen werden gemessen, trotzdem wird keine Wanze gefunden. Stattdessen aber »fünf zum Teil verkabelte Hülsen unter dem Fahrersitz«. Auf Monis Anrufbeantworter ist eine anonyme Bombendrohung zu hören. Es gibt auch ein paar Drohbriefe gegen sie. Wenig später stellt sich heraus, dass die »Hülsen« Knallkörper aus DDR-Produktion waren, mit denen Artillerieeinschüsse simuliert werden konnten. Keine tödlich Bombe also, dennoch wahrscheinlich ein Attentatsversuch. Staatsanwalt Hans-Dieter Menden: »Wenn die bei 120 auf der Autobahn explodiert wären, hätte das genügt.«

Bald gerät Monika Lachs in den Verdacht, sie habe die Knallkörper selbst unter ihren Sitz gelegt und mit dem eigenen Anrufbeantworter gesprochen. Die Presse macht sich weidlich lustig über die »Skandalabgeordnete«. Als sie drei Wochen nach der Bombenaffäre dann auch noch wegen Fahrerflucht belangt und schließlich in erster Instanz zu 4500 DM Geldstrafe verurteilt wird, ist das Öl im lodernden Feuer. Monis Geschichte vom himmelblauen Trabant mit langen Funkantennen, der sie solange verfolgt habe, bis sie auf der Flucht in Potsdams Innenstadt an einen Opel krachte, sorgt für Spaß auf den Landtagsfluren am Potsdamer Brauhausberg. Niemand glaubt ihr.

Bei einem Besuch in ihrer kargen Dienstwohnung in einer Kaserne in Potsdam-Eiche wackelt dieser Eindruck. Die sonst so laute Moni ist still geworden, weint viel. Dann sagt sie: »Aber eines kann ich Ihnen deutlich sagen, wenn man meint, dass man mich mit solchen Dingen von meiner politischen Haltung abbringt, dass ich mich nicht weiter gegen die Ausgrenzungspolitik wende, dann irrt man sich.«

Monika Lachs kämpft in jenen Monaten gegen die pauschale Verurteilung ehemals »systemnaher« DDR-Bürger. Es ist die Zeit, in der ein parlamentarischer Untersuchungsausschuss die vermutete Stasi-Verstrickung von Brandenburgs SPD-Ministerpräsident Manfred Stolpe klären soll. Sie sitzt in diesem Ausschuss, »den ich lieber gern verhindert hätte.«

Liegt hier der Schlüssel? Oder in ihrer Bemerkung »Da gibt es ein paar Dinge, darüber kann ich nicht sprechen«? Mehrere Nachfragen werden nur mit Tränen beantwortet.

Zwei Jahre später, 1995, scheint die Krise überwunden. Dass damals die Partei auf Distanz ging und die Fraktion sie rauskantete, schmerzt immer noch. Doch wer will das jetzt noch wissen? Für die Presse ist die einstige Senkrechtstarterin längst abgestürzt. Ihr war es kaum noch eine Notiz wert, dass sämtliche Ermittlungsverfahren gegen Monika Lachs längst eingestellt sind. Weder für den Vorwurf, Beihilfe bei der Vernichtung brisanter Stasi-Akten geleistet zu haben, noch für den der Vortäuschung einer Straftat gab es Beweise. Selbst das Urteil zur angeblichen Fahrerflucht wurde inzwischen kassiert.

Monika Lachs ist »keine Geschichte« mehr für die Presse. Dabei wäre ihr Fall nun gerade interessant, denn es geht dabei um einen Rechtsbruch, den wahrscheinlich der Bundesnachrichtendienst begangen hat.

Der Reihe nach: Unter dem Decknamen »Nixberg« führt die Stasi Ende der Achtzigerjahre einen Doppelagenten, der sich in ihrem Auftrag dem BND angeboten hatte. Sein Führungsoffizier ist der bereits erwähnte Gerhard W., damals Vizechef der MfS-Bezirksverwaltung Frankfurt an der Oder. Inhaltlich geht es bei der Operation um den illegalen Technologiehandel. Der BND fällt auf den Doppelagenten herein, der unmittelbar nach dem Mauerfall im November 1989 seine Tarnung fallen lässt und nun für die westlichen Dienstherren arbeitet. Als Eintrittskarte bringt er Führungsoffizier W. mit. Das ist für den BND ein Hauptgewinn, denn nun kann er über Oberst W. bis zu dessen mysteriösen Tod im Sommer 1992 in die Stasi-Akten in Frankfurt (Oder) blicken. Und tatsächlich wurde das dortige Archiv auch kräftig gefleddert, weit mehr als alle anderen in der ehemaligen DDR.

Genau das sollten Stasi-Auflöserin Monika Lachs und andere jedoch verhindern. Sie erinnert sich: »Im März 1990 sagte mir Gerhard, dass er nun für den BND arbeite. Der habe weitere Ansprechpartner von ihm verlangt. Dann fing er an zu heulen und gestand mir, dass er mich empfohlen habe. Er würde sich erschießen, wenn ich nicht beim BND mitmachte.«

Moni und Gerhard machen sich auf ins West-Berliner Hotel Steigenberger. Dort warten die geheimen Herren »Ammer«

und »Becker« auf sie. Es folgen weitere Gespräche im Juni und September 1990. Die BND-Abgesandten wollen wissen, wer von den inzwischen entlassenen Stasi-Offizieren was sagen könnte und womit der sowjetische KGB, immer noch in Frankfurt präsent, befasst sei.

Am 3. Oktober 1990, 0.00 Uhr, ändert sich die Rechtsgrundlage für solche Gespräche. Der Osten ist nun Inland, und dort darf der BND laut Gesetz nicht aktiv werden. Regierungsdirektor »Becker« schien das nicht zu stören. Monika Lachs: »Er bedrängte mich immer wieder und verlangte Informationen, die ich gar nicht hatte. Das führte dann dazu, dass er Druck machte. Es würde für mich unangenehm werden, wenn die Öffentlichkeit von meinen Gesprächen mit dem Frankfurter KGB-Residenten erführe oder mein Name immer mal wieder in Verbindung mit der Stasi genannt werden würde, drohte er.«

In ihrer Not wendet sich Monika Lachs im Januar 1991 an ihren Parteifreund Klaus Kinkel. »Ich hatte fest damit gerechnet, dass mir Kinkel da raus hilft. Ich habe ihm eindeutig gesagt, dass ich weder mit dem BND noch mit dem KGB etwas zu tun haben wollte.« Der damals frischgebackene Bundesjustizminister wäre dafür zuständig gewesen, die verbotene Inlandsaufklärung des BND zu unterbinden. Stattdessen vermittelt er ein Gespräch für Monika Lachs mit dem Behördenchef Konrad Porzner. Der verspricht Moni, seine Männer würden sie fürderhin vor dem KGB abschirmen – dazu müsste sie sich jedoch weiter mit Herrn »Becker« treffen. Das tut sie: »Bis zum Juni 1993 haben wir uns jeden Monat, manchmal auch nur jeden zweiten getroffen. Immer ging es um meine Kontakte zu den Stasi-Offizieren und deren Verbindungen zum KGB.« Sie beteuert, nichts von Bedeutung gesagt zu haben, doch für einen Geheimdienst ist nun mal jeder Pickel auf der Nase des Gegners bedeutsam.

In die Endphase der von ihr als bedrängend empfundenen BND-Kontakte fallen die mysteriösen Geschichten mit der Wanze, der Bombe, den anonymen Anrufen und Briefen und schließlich der vermeintlichen Fahrerflucht.

Monika Lachs sagt, sie habe damals den BND um Hilfe gebeten: »Doch Becker zuckte nur mit den Schultern. Da waren die bei mir durch. Ich bin zu keinem Treffen mehr erschienen.«

Sollte damals Druck auf Monika Lachs ausgeübt werden? Und wenn ja, von wem? Was bleibt, sind nichts weiter als »Verdachtsmomente«. Moni ist im August 2002 gestorben, von der Öffentlichkeit unbemerkt. Sie wurde nur einundfünfzig Jahre alt.

IN DUBIO

»Dürrbeck, Heinz (1912), Gewerkschaftsfunktionär, Agent« – so steht es im »Lexikon der Geheimdienste«, erschienen 2003 in München. Und dann: »...in den 50er Jahren Funktionär der IG Metall, in den 70er Jahren deren Personalchef, zugleich Agent des MfS, aufgrund von Funküberwachung durch das BfV enttarnt ...«

Das ist eine zwischen Vermutung und Denunziation angesiedelte Behauptung. »In dubio pro reo – Im Zweifel für den Angeklagten« heißt einer der Pfeiler der Rechtsstaatlichkeit. Und es gibt Zweifel, die Causa Dürrbeck steht »in dubio«. Der Gewerkschafter ist nie wegen Spionage für die DDR verurteilt worden. Aber er wurde fast zwanzig Jahre lang von der deutschen Justiz gejagt, und auch nach dem Fall der Mauer war für Heinz Dürrbeck der Kalte Krieg noch längst nicht vorbei. Ein Schicksal, das es nur im geteilten Deutschland mit seinen heute vergessenen Bruderkriegen geben konnte.

Heinz Dürrbeck war nicht irgendein Gewerkschafter, sondern von 1954 bis 1977 geschäftsführendes Vorstandsmitglied der mächtigen IG Metall. Sein unbescholtenes Leben endete am 2. September 1973 um 6.30 Uhr. Beamte des Bundeskriminalamtes klingeln an seiner Wohnung in der Johann-Klotz-Straße 17 in Frankfurt am Main. Spionageverdacht. Es geht um Kontakte des Gewerkschafters nach Ost-Berlin. Heinz Dürrbeck ist ein höflicher Mann. Er übergibt alle Unterlagen, die die Ermittler wünschen, zeichnet eine Skizze seines Büros, damit sie auch seine Notizbücher der letzten zwanzig Jahre finden, und händigt den Männern seine private Korrespondenz aus. Zu seiner großen Überraschung nehmen sie ihn mit. Es folgen drei Wochen Untersuchungshaft.

Dann ist er wieder auf freiem Fuß, doch die Verhöre gehen weiter. Bei der Hausdurchsuchung in der Wohnung des damals Dreiundsechzigjährigen wurde weder ein Funkgerät noch eine Kamera oder anderes gefunden, das auf Spionage hindeuten könnte. Nur eine Adresse in Ost-Berlin. Über sie hat sich Heinz Dürrbeck früher, in den Fünfziger- und Anfang der Sechzigerjahre, immer mal wieder mit den immer gleichen Kollegen im Osten verabredet, per Ansichtskarten, die Termine stehen in seinen Kalendern. Dann wurden die Besuche seltener, seine Arbeit im IG-Metall-Vorstand fraß ihn auf, nicht einmal mehr die Wochenenden blieben frei.

Diese Kontakte haben ihre Vorgeschichte.

Heinz Dürrbeck wächst in den Hungerjahren nach dem Ersten Weltkrieg auf. Sein leiblicher Vater ist gefallen, sein Bruder überlebt die Nachkriegszeit nicht. Hass gegen Krieg und Armut ist das Erste, was der Junge lernt. Seine Eltern – die Familie lebt im Proletenviertel Hannover-Linden – scheinen zu wissen, wie dieser Teufelskreis durchbrochen werden könnte. Marx und Engels statt Hänsel und Gretel. Natürlich geht Heinz in den Arbeitersportverein, den Arbeiterfahrrad- und den Arbeitersängerbund. Es muss doch etwas getan werden, damit es besser wird.

Seinen ersten Arbeitskampf zettelt er schon als Stift an. Mit einem Stipendium der Stadt Hannover kann er dann studieren, Maschinenbau und Elektrotechnik. 1934 geht Heinz Dürrbeck als Jungingenieur zur AEG. Das bringt ihm nach einem kurzen Intermezzo als Funker an der Ostfront knapp zehn Jahre später die »uk«-Stellung: unabkömmlich wegen Forschungen am Windkanal, der dringend gebraucht wird für die Entwicklung der ultra-modernen Düsenjäger. Die Me 262 als Lebensversicherung. Als Wunderwaffe kommt sie zu spät – auch daran hat Heinz Dürrbeck seinen Anteil, denn gerade in »seinem« Windkanal zeigte sich immer mal wieder, dass die Maschine noch lange nicht »ausgereift« ist.

Der Ingenieur sieht diese Art von Widerstand als Pflicht. Er ist inzwischen Kommunist und träumt von der Sowjetunion.

Doch das Mutterland des Fortschritts zeigt nach dem Krieg sein imperiales Gesicht. Macht statt Fortschritt, Terror für jene, die wagen, auch nur anders zu denken. Dürrbeck wird Gewerkschafter, natürlich in der IG Metall, steigt auf der Betriebsratstreppe auf. Er ist inzwischen Mitglied der SPD, links, offen, streitbar. Als Arbeitnehmervertreter bei der AEG ist der Mann auch bei den Bossen gefragt, denn ein Großteil der Betriebe liegt inzwischen in der Sowjetischen Besatzungszone, dann der DDR. Man will die Fäden nicht ganz abreißen lassen, Heinz Dürrbeck wird zum wichtigsten Scharnier zu den ehemaligen AEG-Betrieben wie dem Kabelwerk Oberspree oder dem Eisenbahnbau in Hennigsdorf.

1954 wird er in den Vorstand der IG Metall gewählt und baut das gewerkschaftliche Bildungswesen auf. Er weiß aus eigener Erfahrung, warum das so nötig ist.

Aus seinen Kontakten in den Osten sind schon lange Freundschaften geworden. Die Männer treffen sich mit den Familien, Onkel Heinz bringt Kaffee, Zigaretten und Schokolade mit. Soll mal ein Gespräch in Ruhe geführt werden – schließlich wollen doch alle irgendwann wieder die deutsche Einheit –, geht es zu Bockwurst mit Salat in eine Ost-Berliner Kneipe.

Dürrbecks Chefs, erst Otto Brenner, dann Eugen Loderer, wissen nichts von den Besuchen in Ost-Berlin. Warum sollte er seine privaten Besuche melden? Gut, Kraftfahrer Eckhard Ploner fährt ihn öfters mit dem Dienstwagen dorthin. Aber sonst? Das ist doch Privatsache. Ploner ist der Vertraute des Gewerkschafters. Die vielen Nächte auf der Autobahn, immer von Termin zu Termin, schweißen zusammen. Dann ist Eckhard eines Tages weg, 1964. Mit ihm verschwindet der Sachbearbeiter Hans Beyerlein aus dem Gewerkschaftsvorstand. Sie seien DDR-Agenten gewesen, heißt es.

Und nun, fast zehn Jahre später, steht Heinz Dürrbeck im Verdacht. Die Ermittlungen schleppen sich hin. 1977 wird er mit fünfundsechzig Jahren in den Ruhestand verabschiedet. Ein Jahr später liegt eine hundertseitige Anklageschrift vor. Darin findet sich zwar kein Motiv, aber der Vorwurf, »seit mindestens dem Jahr 1957« habe Dürrbeck »aus dem Bereich der IG Metall Erkenntnisse an Mitarbeiter des östlichen Geheimdienstes in Berlin geliefert«.

Zur Hauptverhandlung zwei Jahre später erscheint der Angeklagte nicht. Stattdessen weist sein Verteidiger Jürgen Glückert einen Brief vor, handgeschrieben auf einen Kinderpostbogen und am 21. Februar 1980 in Mailand abgestempelt. Heinz Dürrbeck teilt mit, dass er nicht mehr in die Bundesrepublik zurückkehren werde, weil er das »Vertrauen in die deutschen Justizorgane« verloren habe.

Ist die Flucht ein Geständnis? Die Kölner Verfassungsschützer meinen zu wissen, Dürrbeck habe sich »in die DDR abgesetzt«. Klare Schlussfolgerung: »Das ist ein Schuldbekenntnis.« So wird es auch dem Oberlandesgericht Frankfurt am Main mitgeteilt. Natürlich unter der Hand. Geheimdienste konspirieren, aber sie informieren nicht.

Der Achtundsechzigjährige sammelt derweil Kräuter bei einem Bergbauern in Italien. Rente und Vermögen in Deutschland sind beschlagnahmt. Italienische Gewerkschafter bieten Asyl, die Dänen wollen ihn insgeheim aufnehmen, auch die Schweden und Finnen stehen bereit. Sie alle raten dem Flüchtling, die Bundesrepublik zu meiden: Die deutsche Justiz sei zu braun. Als Linker würde er immer der Verlierer sein, meinen sie. Das glaubt Dürrbeck auch.

Er erinnert sich an seine erste Verhaftung. Damals war er zwanzig, Student in Hannover. Flugblätter haben sie verteilt, ja, es gab auch Prügeleien mit der SA. Die mutierte wenig später zur Schlägertruppe der neuen braunen Machthaber. Nun ging es ganz anders zur Sache. Drei ausgetretene Zähne kostete es Heinz Dürrbeck.

Mehr als vierzig Jahre später, beim BKA, gab man sich freundlicher. Dennoch waren die schnarrenden Stimmen wieder da, diese Mischung von Anbiedern und Anschreien. »Nun werden sie doch endlich vernünftig, Mann!« Das war nun fünf Jahre her. Heinz Dürrbeck mag gemeint haben, es wäre vernünftig, das Spiel einfach nicht weiter mitzuspielen. Er fühlt sich zu alt und zu krank, um noch einmal sein Leben erklären zu müssen.

Der pensionierte Spitzengewerkschafter zieht nach Ungarn, hinter den Eisernen Vorhang. Also doch ein Schuldeingeständnis? In dubio pro reo. Er sagt, in den warmen ungarischen Thermalbädern finde er am besten Linderung für sein Rheuma. Und das Leben in Ungarn ist nicht so teuer wie in Italien. Dürrbeck ist auf Hilfe angewiesen. Hohe Funktionäre der IG Metall treffen ihn heimlich in Jugoslawien, bringen Geld. Konspirativ, das kennen die Männer noch aus der Widerstandszeit gegen die Nazis. Der Funktionär im Ruhestand macht sich bei den ungarischen Gewerkschaften nützlich. Er organisiert Kontakte nach Deutschland, Bildungsreisen und Seminare.

1990 ist die Anklage wegen Verdachtes der Spionage verjährt. Heinz Dürrbeck reist wieder nach Deutschland, besucht Freunde und seine Kinder.

Am 14. Oktober 1994 nimmt die Bayerische Grenzpolizei in einem Reisebus nach Budapest an der österreichischen Grenze einen »betagten Herr und ehemaligen Stasi-Agenten« – so das Polizei-Protokoll – fest: Heinz Dürrbeck. Er ist nun zweiundachtzig Jahre alt.

Es beginnt eine Odyssee durch deutsche Haftanstalten. Bad Reichenhall, München, Nürnberg, Magdeburg, Gera, Berlin – vierzehn Tage im Bus. »Verschub« nennt sich das in der Fachsprache, eine Tortur ist es in der Praxis. Die meisten Mitreisenden sind Diebe, Dealer, Schläger. Heinz Dürrbeck unterhält sich mit ihnen, so gut es geht. Ihn interessieren Menschen, so wie ihn schon immer Menschen interessiert haben. Es ist so ein bisschen wie früher, als er jeder Zufallsbekanntschaft seine Visitenkarte gegeben hat. Es könnte ja sein, das gerade derjenige mal Hilfe braucht. Und Heinz Dürrbeck war ja dafür da, die großen Probleme der Welt zu lösen und die kleinen dabei nicht zu vergessen. Jetzt war es schwerer. Das Herz schmerzte, es strahlte bis in die Arme. Und warum das alles?

Der Metaller habe 1961 an der Entführung Heinz Brandts mitgewirkt, lautet der neue Vorwurf. Vor Gericht heißt das »Menschenraub«.

Rückblende: Heinz Brandt, Jahrgang 1909, hat Auschwitz und Buchenwald überlebt und in der DDR Karriere gemacht. 1958 floh er, vom Stalinismus enttäuscht, in den Westen. Dort wurde er Chefredakteur der Gewerkschaftszeitung *Metall.* Im Juni 1961 betäubte ihn die Stasi in West-Berlin und entführte ihn in den Osten. In einem Geheimprozess wurde er zu dreizehn Jahren Zuchthaus verurteilt. Nach erheblichen internationalen Protesten kam Heinz Brandt 1964 wieder frei.

Es ist das Jahr, in dem die Stasi-Agenten Hans Beyerlein und Eckhard Ploner aus der Gewerkschaftsverwaltung verschwinden. Zehn Jahre nach seiner Rückkehr schreibt Heinz Brandt seine Memoiren. Darin ist natürlich auch von der Entführung die Rede: Er nennt Hans Beyerlein als Täter. Der Name Dürrbeck taucht nicht auf.

Den meinen die Ermittler nun hinter dem Decknamen eines Stasi-Agenten im IG-Metall-Vorstand entdeckt zu haben. Er heißt in den Akten »Wein« und dort steht: »Die Quelle ›Wein‹ veranlasste, durch uns beauftragt, dass B. mit dienstlichem Auftrag zum Gewerkschaftstag der Gewerkschaft HBV nach Westberlin reiste, wo anschließend seine Verhaftung erfolgte …« Es ist ein Zettel, ohne Kopf, ohne Unterschrift. Heinz Brandt ist im Januar 1986 verstorben, er kann nicht mehr gefragt werden.

War Heinz Dürrbeck »Wein«? In dubio pro reo. Ehemalige Kollegen von Brandt berichten, dass der sich damals um die Reise nach West-Berlin gerissen habe und gar nicht »veranlasst« werden musste. Zum einen war es ein Thema für seine Zeitung, zum anderen hatte er einen sehr privaten Grund dafür: eine Liebschaft mit der Bardame Eva M. Die wiederum arbeitet als »Martina Matt« nebenbei für die Stasi. Hans Beyerlein hatte sie mit Heinz Brandt bekannt gemacht.

Heinz Dürrbeck mag nicht mehr kämpfen. Er zahlt 70 000 Mark Kaution, um aus der U-Haft entlassen zu werden. Ins Ausland darf er nicht reisen. Eine Beschwerde gegen den Haftbefehl lehnt das Berliner Kammergericht ab. Der alte Mann wartet in seiner Münchner Wohnung auf das, was jetzt wohl kommen mag. Ein Jahr nach seiner Verhaftung im Reisebus gibt es noch immer keine Anklage. Stattdessen frisst der Darmkrebs in ihm. Nach einer Operation 1996 ist er nur noch eine Handvoll Mensch.

Inzwischen hat der Bundesgerichtshof in einem Urteil festgelegt, dass Stasi-Akten allein für eine Anklage nicht ausreichen. Eine Hauptverhandlung findet nicht statt. Heinz Dürrbeck stirbt am 21. November 2001 in Budapest. Ob er nur in die Mühlen der Dienste geraten ist oder an ihnen mitgedreht hat, wird nie geklärt werden. In dubio pro reo.

»BILANZSUIZID«

»Bilanzsuizid« ist ein wohl ebenso zynischer wie zutreffender Polizeibegriff. Wer sich nach »rationaler Abwägung der Lebensumstände« entschließt, selbst einen Schlussstrich zu ziehen, landet unter diesem Rubrum in den Akten.

So wie der Mann, der bei der Stasi »Schäfer« hieß. Am 16. Dezember 2007 um 18.15 Uhr erschoss er sich mit einer Smith

& Wesson ungeklärter Herkunft auf einer Parkbank am Arnswalder Platz in Berlin. Der Rettungshubschrauber kam zu spät, Kunden eines nahen Imbiss hatten ihn alarmiert, als sie einen alten Mann mit einem Revolver in der Hand scheinbar ziellos umherirren sahen.

Die Welt titelt einen Tag später: »Grass' Stasi-Spitzel erschießt sich auf Parkbank«, und ein Farbfoto zeigt einen Polizisten, der einen zusammengesunken dasitzenden Mann mit einem weißen Laken bedeckt. Es sieht aus wie im Krimi.

Und es ist ein Krimi. Immerhin ist Günter Grass Nobelpreisträger, und »Schäfer« sah nicht immer wie ein Penner aus. Im Gegenteil. Bis zum Ende der DDR war so etwas wie ein Dandy der Ost-Berliner Bohème vom Prenzlauer Berg. Den Zugang dazu verdankt er nicht zuletzt seinem Bruder, einem nicht systemkonformen Schriftsteller, der im Osten nicht, im Westen aber gerade deshalb gedruckt wurde. So gesehen war es wohl ein standesgemäßer, sicherlich sorgfältig geplanter und in jedem Fall öffentlicher Abgang des alten Mannes.

Doch warum das alles? Die Spur führt in die Vergangenheit zur alles wissen wollenden, sich aber wenig erklären könnenden Stasi und deren Verdächtigungen des vermeintlich staatsfeindlichen Bruders. Wenn jemand aus dem Osten im Westen berühmt wird, muss aus ihrer Sicht Missliches dahinterstecken. Der Freund meines Feindes kann nur gegen mich sein. Die Suche nach vielleicht komplexeren Gründen ist nicht gefragt. Das offenbart die Stasi mit der Wahl des simplen Decknamens »Schädling« für die Angelegenheit. Er ist einfallslos gewählt, denn der Mann in ihrem Visier heißt so ähnlich: Hans Joachim Schädlich. Den fördert Günter Grass, und das soll sein Bruder Karlheinz beobachten. Der hat sich freiwillig und ohne jegliche Vorbehalte dazu angeboten, die Camouflage des Namens wird also wieder einmal zur sinnlosen Übung und muss unterbleiben: Dr. phil. Karlheinz Schädlich alias »Schäfer«, Stasi-Registriernummer XV/7470/75.

Ein Mann, der seine Familie zerstörte, um der Stasi zu helfen, einen »Operativvorgang zum Abschluss« zu bringen. Das war für den botmäßigen Zuträger eine komplizierte Sache, denn wie hätte ein unbotmäßiger Schreiber die Sicherheit eines Staates überhaupt gefährden können? Die Stasi machte es sich da leichter. Wie bei George Orwells Gedankenpolizei wurden für sie Wohnungen zu »Anlaufstellen«, Freunde des Delinquenten zu »Treffpartnern« und deren Besuche zur »Verbindungsaufnahme«. In einem solchen Netz lässt sich die simpelste Lebensäußerung – zum Beispiel das gegenseitige Vorlesen eigener oder fremder literarischer Texte – schnell zur Bedrohung uminterpretieren. »Schäfer« lieferte die dazu nötigen Namen, Termine und Adressen. Dass er diese Tätigkeit nun siebzehn Jahre nach deren Ende mit einem Knall definitiv abschloss, kann kein simpler Zufall sein.

Eigentlich ist die DDR ein Land, das für genau solche Leute wie Karlheinz Schädlich gemacht schien.

Er ist achtzehn, als sie gegründet wurde, hat als elfjähriges Waisenkind den Internatsdrill der Nazis hassen gelernt und sich 1950 auf einem Bauernhof im Westen davon überzeugt, dass es für solche wie ihn zwar Arbeit, aber keine Ausbildung gibt.

Das ist im Osten ganz anders. Im Sommer des gleichen Jahres fängt Karlheinz Schädlich im Reifenwerk Fürstenwalde als Hilfsarbeiter an, sechs Monate später ist er Student und 1953 Unterstufenlehrer. Junge begeisterungsfähige Menschen braucht das Land. Er studiert weiter, qualifiziert sich zum Fachlehrer für Geschichte und im Fernstudium zum Diplom-Historiker. Gut zehn Jahre später, 1968, beginnt Schädlich als Wissenschaftler am Zentralinstitut für Geschichte der Akademie der Wissenschaften zu arbeiten. England hat es ihm angetan, die Geschichte des Empire und seiner Kolonien ist sein Leben. Englisch hat er schon im Krieg beim heimlichen BBC-Hören gelernt. Er promoviert und wäre am liebsten selbst gern ein Engländer. Natürlich raucht Karlheinz Pfeife, kleidet sich wie ein britischer Landedelmann, hört Jazz und Blues und erzählt gern und oft von seinen Forschungen über den britischen Geheimdienst.

Damit ist die DDR ein Land geworden, das für Leute wie Karlheinz Schädlich nicht gemacht ist.

Sein vier Jahre jüngerer Bruder Hans Joachim hat das längst gemerkt. Auch ihm hat der »Arbeiter- und Bauernstaat« zunächst seine offenen Arme entgegengestreckt: Studium der Germanistik und Linguistik, Promotion, dann, ab 1959, ein lukrativer und bequemer Posten als Forscher an der Akademie der Wissenschaften. Aber er fängt Ende der Sechzigerjahre an zu schreiben, und es sind kritische Geschichten, die Hans Joachim Schädlich zu Papier bringt. Dafür, dass sie nicht gedruckt werden, sorgt die Zensur. Das kann nicht ewig gut gehen, zwei Jahre, drei vielleicht, schließlich werden es fast zehn. Günter Grass hat seinen Anteil daran, dass Hans-Joachom Schädlich nicht vorher im Gefängnis landet. Er kommt aus West- nach Ost-Berlin, hört und diskutiert bei privaten Lesungen auch Schädlichs Geschichten und macht sie im Westen bekannt. Die Öffentlichkeit jenseits der Mauer schützt das DDR-Talent.

Bruder Karlheinz gehen derweil viele seiner Mitbürger auf die Nerven. Wer sich ein Viertel seines Lebens mit dem Warten auf ein kleines Pappauto beschäftigen muss, verliert den Blick auf die bunte, weite Welt. Der recht freie Wissenschaftler hat ihn. Sein Job mit zwei Tagen Präsenzpflicht in der Woche, eine Arbeit, die ihn fesselt, mit überdurchschnittlichem Verdienst, intellektuellen Gesprächen und hin und wieder sogar Reisen, lässt alle anderen um ihn herum sehr schnell als Kleinbürger erscheinen. Lästige Gespräche pflegt er gern mit einem fordernden »Where is the point?« zu beenden. In der engen DDR ist es nicht schwer, ein Paradiesvogel zu sein.

Aber es kann gefährlich werden. Und Karlheinz weiß das, denn er kennt seine dunklen Flecken. Da ist das Verhältnis mit seiner späteren Frau, das beginnt, als sie fünfzehn und er Lehrer ist, es gibt die kleinen, nicht unentdeckt gebliebenen Schmuggeltouren nach Ungarn und Polen und schließlich den Protest, als 1968 russische Panzer nach Prag rollen. Karlheinz Schädlich liest Havemann und hört Biermann. Genug, um ins Visier zu geraten.

Als er am 4. April 1975 von zwei Stasi-Majoren in einem Appartement Unter den Linden zur Mitarbeit aufgefordert wird, scheint er sich nicht zu wundern. Das belegt das Protokoll der Anwerbung. Doch zwischen den Zeilen sagt es auch, dass der Mann, der sich den Decknamen »Schäfer« wählt, Angst hat: »Dr. Sch. zeigte sich sehr besorgt, dass über bestimmte Verbindungen, die er unterhält, bzw. über sein Fehlverhalten seine Arbeitsstelle nichts erfährt.«

»Schäfer« ist ein schlechter Spitzel. Das mag in der Natur der Sache liegen, denn er beobachtet Leute, von denen die Stasi meint, sie seien »Feinde«. Diese Haltung scheint ihr Berichterstatter nicht unbedingt zu teilen, denn sie denken wie er. Und seine Ansichten lässt er sich auch von der Stasi nicht nehmen: »Schäfer« schimpft weiter auf die kleinbürgerlichen DDR-»Sozialisten«, schwärmt von »wahren Kommunisten« und benennt seinen Parteisekretär schlicht als »dogmatisches Arschloch«. Aber er bemüht sich auch, der Stasi das anzudienen, was sie interessiert: Fluchtpläne, Namen, Daten.

Die Stasi-Genossen reagieren nach traditioneller Geheimpolizei-Logik: Sie überwachen ihren Spitzel und überlegen, wie sie ihn unter Druck setzen können. Sie kennen seinen wunden Punkt – die Angst um den Verlust der privilegierten Arbeitsstelle – und scheuen sich nicht, diese Schwäche als Erpressungsmittel gegen Spitzel »Schäfer« in Erwägung zu ziehen: »Die Möglichkeit besteht, das Gerücht über seine Verbindungen zum MfS neu zu beleben.« Die Grenzen zwischen Täter und Opfer beginnen zu verschwimmen.

Als die DDR 1976 die Ausweisung eines Sängers frecher Lieder zur Haupt- und Staatsaktion macht, eskalieren die Differenzen. Es ist ein Höhepunkt beschränkter, kleinbürgerlicher Politik, denn wenn ein simpler Bänkelsänger als Bedrohung eines Staates empfunden wird, liegt das nicht in der Stärke des Barden, sondern in der Schwäche der Mächtigen.

Hans Joachim Schädlich geht in der Folge – wie viele andere DDR-Künstler – in den Westen. Bruder Karlheinz verweigert die geforderte Zustimmungsadresse zur Ausweisung und fliegt aus der SED. Seine Stellung darf er behalten, die Stasi zieht für ihn die Fäden.

Dafür erwartet sie Gegenleistungen. »Schäfer« wird zu Günter Grass in den Westen geschickt, doch dessen geheimen Plan, persönlich die getönten Scheiben am Palast der Republik zu zersingen, wie es einst Oskar, der Blechtrommler, mit Glas vermocht hat, findet er nicht. Auch weitere Spitzeleien bleiben unbefriedigend. Über das inkriminierte Buch seines »Schädling«-Bruders berichtet er erst, als es im Westen längst erschienen ist. Dabei birgt schon der Titel »Versuchte Nähe« staatsfeindliches Potential!

Karlheinz »Schäfer« ist am Widerspruch seines Lebens gescheitert. Er, der sich immer gern von anderen abheben wollte, ist nichts weiter, als ein höchst durchschnittlicher Stasi-Informant geworden. Das mag er sich selbst nicht eingestehen. Er hätte sich lieber als einen mit Januskopf gesehen. Mindestens, doch nicht einmal dazu scheint es gereicht zu haben. Wie viele andere mogelt er sich durch, solange die DDR noch besteht. Am 12. Dezember 1989 vermerkt Stasi-Major Salatzki, dass die »offene und ehrliche Zusammenarbeit wegen Perspektivlosigkeit« abgebrochen werde.

Ohne Perspektive ist nun nicht nur die Stasi. Karlheinz teilt das Schicksal vieler Mitbürger. Abwicklung, Versuche, doch noch etwas zu tun, der Kampf gegen die »gequirlte Kacke« der neuen Zeit, der Fund der Akten – dass sich »Schäfer« nun als Opfer fühlt, vermag kaum noch zu verwundern.

Als 1992 die Tätigkeit von Karlheinz Schädlich als inoffizieller Mitarbeiter der Stasi publik wird, weiß nicht einmal sein Bruder Hans Joachim, wie er damit umgehen soll. *Die Sache mit B.* nennt er lapidar einen knapp zehn Seiten langen Aufsatz. »B.« kann der Bruder sein oder auch der Beobachter. Nicht einmal fürs herzlichere »K.« reicht es, und viele andere mögliche Titel sind längst im Werk verarbeitet: *Vertrauen und Verrat*, *Irgend etwas irgendwie* oder *Über Dreck, Politik und Literatur*.

Also *Die Sache mit B.* und nichts weiter. Hans Joachim über diesen »B.«: »Solange alles klar war, lernte ich von B., dass es Männer aus Schnee gibt, woraus ein Drachen besteht, wie man nicht absäuft und wieso 6 durch 2 geteilt werden kann.« Und er zitiert »B.«, der ihm sagt: »Ja, es ist wahr. Was soll ich jetzt tun. Du warst nicht der Einzige, über den ich geredet habe. Du warst nicht einmal der Wichtigste.« Das sind Schmerzen, die die Stasi über ihren Tod hinaus Opfern zuzufügen vermag. Hans Joachim rät Karlheinz, über seine Verstrickung zu sprechen. Das tut er, hören will es kaum jemand. Auch das verursacht Schmerzen.

»Schäfer«, der nun wieder nur noch Karlheinz Schädlich heißt, wird im Sommer 2006 depressiv. Als er sich zwölf Jahre zuvor, 1994, vehement dafür interessierte, wo wohl der Schriftsteller Gerd Prokop »die Knarre« her hatte, mit der er sich erschoss, ahnte niemand, dass auch er vielleicht verzweifelt sein könnte und Selbstmordgedanken hegte. Nun nimmt man sie ernst. Karlheinz Schädlich landet in der Psychiatrie des St. Joseph-Krankenhauses in Berlin-Weißensee, bleibt drei Monate dort. Es sind die Wochen, in denen die Zeitungen berichten, dass nun auch jener Spitzel enttarnt wurde, der auf Günter

Grass angesetzt war. Karlhein Schädlich magert ab, verfällt, wird krumm und krank.

Die Brüder Schädlich ziehen unabhängig von einander Bilanz. Bei Hans Joachim heißt sie *Vorbei* und beschreibt die Endlichkeit des irdischen Strebens. Man könnte die Erzählungen als irrationale Abwägung der Lebensumstände interpretieren.

Für seinen Bruder reduziert sich diese Bilanz auf eine *Bild*-Schlagzeile vom 18. Dezember 2007: »Günter Grass' Stasi-Spitzel tot«. Das Ende einer »rationalen Abwägung der Lebensumstände«.

Als Karlheinz Schädlich am 28. Januar 2008 auf dem St.-Georgen-Friedhof an der Greifswalder Straße beigesetzt wird, nimmt sein Bruder den Bremer Literaturpreis für *Vorbei* entgegen. An der Beerdigung kann er deshalb nicht teilnehmen.

MÄNNER HINTER SONNENBRILLEN

EIN ENDE IM KLISCHEE

Trudchen hat von allem nichts gewusst. Dabei wäre es doch schön, auch mal von den früheren Chefs zu hören, wie ihnen die Geschichten von den Leuten, die in ihre Mühlen geraten sind, gefallen.

Erich Mielke sitzt gerade im Knast, aber seine Frau Gertrud empfängt. Zwei Zimmer Platte in Hohenschönhausen, die DDR ist leider schon abgewickelt. Es gibt Prinzenrolle und die Krönung, das kennt die nette alte Dame noch von früher aus Wandlitz. Sie ist empört: »Den Erich einzusperren, nee, also wissense, nee! Der hat doch immer nur das Beste gewollt. Jeden Tag von früh um sechse bis tief in die Nacht gearbeitet. Alles zum Wohle des Volkes.«

Muss ein netter Kerl gewesen sein, der Erich: »Einmal beim Frühstück – er hat ja immer früh nach dem Schwimmen im Klub gefrühstückt – hat der Koch ein Rührei gemacht statt Ei im Glas. ›Nee, lass man, mein Junge, dann esse ich eben Rührei‹, hat Erich gesagt. So war er, so leutselig.«

Das haben ihm die Klassenfeinde derweil offenbar abgewöhnt. Ein paar Jahre später droht er nur mit dem Krückstock, als er höflich beim Spaziergang angesprochen wird. Auch gut, ein paar Jahre früher wäre das sicher nicht so glimpflich abgegangen.

Also Markus Wolf. Der redet viel, bietet Kuchen an und nutzt die Gelegenheit, unter den liebevoll-strengen Blicken seiner Frau Andrea mal schnell eine mitzurauchen. Was er sagt, ist in seinen Büchern zu lesen, auf die er immer wieder verweist. Und er kann Spaß vertragen: »Als der englische

History Channel einen Film mit mir gemacht hat, haben sie mir eine Katze auf den Schoß gesetzt. Wie dem bösen Blofeld bei James Bond. Darf aber in der BRD nicht gezeigt werden, der Film.« Worum es da ging? »Diese sogenannten Romeos ... das wird alles sehr überbewertet, da will ich nichts mehr dazu sagen.«

Also wieder nichts. Doch, Herr Wolf schwäbelt inzwischen unüberhörbar. Russische Spracheinsprengsel wie früher kommen nicht mehr vor. Schließlich kommt er aus Hechingen, sechzig Kilometer südlich von Stuttgart gelegen.

So wie sein zeitweiliger West-Widerpart Klaus Kinkel, der auch in Baden-Württemberg aufwuchs und dessen Vater ebenfalls Arzt war, wie Friedrich Wolf. Doch Kinkel hat noch immer ein ganzes Büro, das die lästigen Anfragen nach den Jahren als BND-Chef abwimmelt.

Vielleicht sind die Militärs zugänglicher? Generalmajor a. D. Gerd-Helmut Komossa, 1977 bis 1980 MAD-Chef, beharrt auf alten Irrtümern. Nach dem Fall eines Bundeswehr-Obristen gefragt, der wegen einer Namensverwechslung unschuldig elf Wochen in U-Haft saß, erklärt er verschwörerisch: »Die damaligen Ermittlungen konnten mit der Feststellung seiner mehrjährigen Spionagetätigkeit für einen östlichen Militärischen Nachrichtendienst in einem schweren Fall abgeschlossen werden. Einzelheiten darf ich wohl nicht öffentlich machen.« Das hat die Presse inzwischen längst getan, denn der Namensvetter des Verdächtigen stellte sich unmittelbar nach dem durch die Schlagzeilen geisternden Verdacht, der Bundesanwaltschaft.

Komossas Kollege, Flottenadmiral Elmar Schmähling, in mehreren Verwendungen im Militärischen Abschirmdienst und Anfang der Achtzigerjahre Chef des Amtes, hat gerade mit einem Partner die Pleite von zwei privaten Firmen hingelegt und 250 Gläubiger im Nacken – auch keine gute Atmosphäre für nostalgische Gespräche.

Aber irgendwas müssen doch all diese Leute gemeinsam haben! Am peinlichen Ende einer langen Recherche steht das Klischee: Es sind die Sonnenbrillen.

Die Sonnenbrille als Symbol der Macht.

Für BND-Gründer Reinhard Gehlen war sie vermutlich das Symbol der Freiheit, denn in den Vierzigerjahren hatte ihm sein Führer die Sonnenbrille zur Generalsuniform verboten. Erst nachdem der in die Hölle gefahren war, schmückte die wenigen öffentlichen Bilder des Geheimen stets die dunkle Brille.

Stasi-Minister Erich Mielke ist – wenn auch mit Lederol- statt Schlapphut – auf vielen Tribünen, vor denen die dankbaren Untertanen ihn und die anderen Obertanen bejubeln, der Einzige mit der dunklen Brille. Und bei den Spielen des BFC Dynamo sowieso, sonst würde niemand den kleinen Fan überhaupt bemerken.

Sein Spionage-Chef Markus Wolf wird 1978 in Stockholm beim Stadtbummel mit Sonnenbrille fotografiert. Laut Pass heißt er dort zwar »Dr. Kurt Werner«, aber ein dunkel bebrillter Mann mit Entourage, Dienstreisender aus der DDR, der mit seiner jungen Frau nicht nur reichlich Möbel kauft, sondern auch noch einen Sex-Shop besucht, musste wohl selbst dem unfähigsten schwedischen Geheimpolizisten auffallen.

Wer er wirklich ist, erfährt der BND ein Jahr später von Stasi-Überläufer und Sonnenbrillenträger Werner Stiller. Das erste Bild vom »Mann ohne Gesicht« seit zwanzig Jahren! Gelernt hat Wolf daraus nichts. Am 13. März 1982 erscheint im SED-Organ *Neues Deutschland* ein Foto von den Trauerfeierlichkeiten zum Tode seines Bruders Konrad. Gestochen scharf sind neunundsechzig Personen darauf zu sehen. Einer trägt eine Sonnenbrille. Im Saal. Die behält er auch 1991 als Zeuge vor dem Bayerischen Oberlandesgericht auf.

Die Angewohnheit, die Sonnenbrille auch in geschlossenen Räumen nicht abzusetzen, teilt er mit dem früheren Chef des Bundesamtes für Verfassungsschutz, Richard Meier. Der hingegen setzt die Tradition des ersten Amtschefs, Otto John, fort, der ebenfalls das Dunkle liebte. Nachfolger Eckart Werthebach taucht erst nach zwanzigjähriger Beamtenkarriere auf Fotos mit Sonnenbrille auf, just zu dem Zeitpunkt, als er den Chefsessel im Bundesamt für Verfasssungsschutz (BfV) erklommen hat.

Die Liste ließe sich fortsetzen. Ob die BfV-Präsidenten Günther Nollau – amtintern »Dr. No« genannt – oder Holger Pfahls – zwischenzeitlich wegen Bankrotts und Betrugs in Millionenhöhe zu viereinhalb Jahren Gefängnis verurteilt –, der DDR-Devisenbeschaffer und Stasi-Oberst Alexander Schalck-Golodkowski oder der zur Stasi übergelaufene Verfassungsschützer Hansjoachim Tiedge, sie alle tragen stolz ihre Sonnenbrillen.

Was hat das dunkle Glas?

Das vornehme britische *Journal of the Royal Society of Medicine* meint, alle unverbesserlichen Sonnenbrillenträger wiesen mehr «psychopathologische Merkmale" auf als andere Menschen. Sie seien neurotische und hypochondrische Persönlichkeiten.

Das Volk sieht das einfacher. Die Augen sind der Spiegel der Seele, sagt man. Wer sie verbirgt, will sich genau dort nicht hineinschauen lassen.

QUELLEN

Allen Zeitzeugen, die in oftmals langen und manchmal mehreren Gesprächen, hin und wieder auch von Erinnerungen aufgewühlt, über ihr Schicksal berichtet haben, sei herzlicher Dank gezollt. Sie alle haben dazu beigetragen, Geschichte und Geschichten zu bewahren – Geschichten aus einer Zeit, die durch einen tiefen und schmerzlichen Riss mitten durch Deutschland geprägt war. Diese Geschichten sollen und können kein abschließendes Urteil fällen, denn oft verschwimmen die Grenzen zwischen den vermeintlich so eindeutigen Tätern und den beklagenswerten Opfern. Sie sind noch lange nicht zu Ende erzählt.

Bücher:

Block, Gerhard: Verraten und Verkauft – Memoiren eines Unverbesserlichen, Berlin 2004

Behling, Klaus: Kundschafter a.D. – Das Ende der DDR-Spionage, Stuttgart/Leipzig 2003

Ders.: Hightech-Schmuggler im Wirtschaftskrieg – Wie die DDR das Embargo des Westens unterlief, Berlin 2007

Ders.: Der Nachrichtendienst der NVA – Geschichte, Aktionen und Personen, Berlin 2005

Blutke, Günter: Obskure Geschäfte mit Kunst und Antiquitäten – Ein Kriminalreport, 2. Auflage Berlin 1994

Bohnsack, Günter: Die Legende stirbt, Berlin 1997

Brandt, Heinz: Ein Traum, der nicht entführbar ist – Mein Weg zwischen Ost und West, Frankfurt a.M. 1985

Brandt, Willy: Erinnerungen, Berlin 1997

Damerow, Ariane: Operation »Sweety« – Eine Liebe im Schatten der Mauer, Hamburg 2003

Gerken, Richard: Spione unter uns – Methoden und Praktiken der Roten Geheimdienste nach amtlichen Quellen. Die Abwehrarbeit der Bundesrepublik Deutschland, Donauwörth 1965

Guillaume, Günter: Die Aussage – Wie es wirklich war, München 1990

Haase, Dieter: Mein Name ist Haase, ich weiß ... zuviel? Ein Doppelagent berichtet über unheimliche Dienste, Regierungskriminalität, Celle-Graßen 1993

Haase, Dieter: 006 – Der Spion, der sich liebte. Ein Doppelagent berichtet über geheime Dienste und Regierungskriminalität, Hannover 2003

Habel, F.-B.: Das große Lexikon der DEFA-Spielfilme, Berlin 2000

Halter, Hans: Krieg der Gaukler – Das Versagen der deutschen Geheimdienste, Göttingen 1993

Hanitzsch, Werner: Mein Leben im Wandel der Zeiten – Ein Rückblick auf die Erlebnisse der Jahre 1945 – 1990, Berlin 1995

Ders.: Geier über der Wüste Ägyptens – Ein junger DDR-Ingenieur zwischen den Fronten von Stasi und BND, Norderstedt 2005

Henkel, Rüdiger: Was treibt den Spion? – Spektakuläre Fälle von der »Schönen Sphinx« bis zum »Bonner Dreigestirn«, Berlin 2001

Hetmann, Frederik: Ich habe sieben Leben – Die Geschichte des Ernesto Guevara, genannt Che, Reinbek b. Hamburg 1977

Hutton, J. Bernhard: Ostagenten am Werk – Das Ohr am Eisernen Vorhang, München 1972

Kabus, Andreas: Auftrag Windrose – Der militärische Geheimdienst der DDR, Berlin 1993

Koehler, John O.: The Untold Story of the East German Secret Police, Boulder 2000

Knoppe, Wolf-Diethardt: Ich, der Starfighterpilot und die Sidewinder-Rakete nach Moskau, Privatdruck, Hassloh 2001

Ders.: Das Raketentrio der Bundesluftwaffe zur Zeit des Kalten Krieges, unveröffentlichtes Manuskript (2005)

Litzcke, Sven Max (Hrsg.): Nachrichtenpsychologie 1, Brühl 2003

Lorenz, Marita: Lieber Fidel – Mein Leben, meine Liebe, mein Verrat, München 2001

Ludwig, Manfred: Kommt Freunde ... Gedichte, Selbstverlag 1995

Mader, Julius: Die graue Hand, Berlin 1960

Quoirin, Marianne: Agentinnen aus Liebe – Warum Frauen für den Osten spionierten, Frankfurt a.M. 1999

Schädlich, Susanne: Immer wieder Dezember. Der Westen, die Stasi, der Onkel und ich, München 2009

Schmidt, Hagen: Spion unter Spitzeln – Tatsachenthriller aus dem realen Sozialismus, Hildesheim 1997
Ders.: Das muss einmal gesagt werden – Geschichte(n) mit ein bisschen Hinterlist, Neubrandenburg 2007
Schnell, Gabriele: Das »Lindenhotel – Berichte aus dem Potsdamer Geheimdienstgefängnis«, 3. Auflage Berlin 2009
Schramm, Gotthold (Hrsg.): Der Botschaftsflüchtling und andere Agentengeschichten, Berlin 2006
Schwan, Heribert und Hendrich, Helgard: Das Spinnennetz – Stasi-Agenten im Westen: Die geheimen Akten der Rosenholz-Daten, München 2005
Sieberer, Hannes: Als Agent hinterm Eisernen Vorhang – Fünf West-Spione über ihre DDR-Erfahrungen, Berlin 2008
Stiller, Werner: Im Zentrum der Spionage – Der Top-Agent des BND berichtet rückhaltlos über die Industrie-Spionage der DDR, 2. Auflage Bergisch-Gladbach 1989
Strafgesetzbuch der DDR, Berlin 1975
Trüschel, Arthur: Das Narrenhaus – Siebenundzwanzig Monate in Hohenschönhausen und Bautzen II, Lübben o.D.
Veleff, Peter: Spionageziel Schweiz? – Die Geheimdienste der DDR und deren Aktivitäten in der Schweiz, Zürich 2006
Wagner, Klaus: Spionageprozesse – Spionagemethoden des MfS (HVA) und östlicher (u.a. KGB) sowie nahöstlicher Nachrichtendienst in den Jahren 1977 – 1990, Brühl 2000
Wolf, Markus: Spionagechef im geheimen Krieg – Erinnerungen, München 1998
Wolf, Markus: Die Kunst der Verstellung – Dokumente, Gespräche, Interviews, Berlin 1998
Zolling, Hermann und Höhne, Heinz: Pullach intern – General Gehlen und die Geschichte des Bundesnachrichtendienstes, Hamburg 1971

Ausgewählte Artikel und Aufsätze:

Behling, Klaus: Der Staatsfeind im Politbüro, in: Bild, Berlin, Serie, 17. – 20. 5. 2000
Beleites, Johannes und Joestel, Frank: Agenten, Iglus, Diversantentaucher, in: »Horch und Guck«, Berlin, Heft 63, 1/2009
Dies.: Agenten mit spezieller Auftragsstruktur, ebd. 3/2008
Blasberg, Marian: Der Dandy von Ost-Berlin, in: Die Zeit, Hamburg, 31. 12. 2008

Cichos, Petra: Stasi setzte Tausende auf »Rosa Listen«, in: Focus, München, 14/1993

Diekmann, Christoph: Schröders Mutter, Bebels Kind, Zeit online 12/2004

Förster, Andreas: »Ich dachte, der Kinkel hilft mit das raus«, in: Berliner Zeitung, Berlin, 27. 3. 1995

Held, Monika: Unter Verdacht, in: SZ-Magazin, München, 16. 2. 1996

Hess, K.-H.: Gestohlene Handschriften, in: Neues Deutschland, Berlin, 13. 11. 1960

Hollender, Martin: Joachim Krüger alias Dr. Krüger-Riebow: Bücherdieb, Antiquar und Agent im Kalten Krieg, in: Bibliothek – Forschung und Praxis, Göttingen, Jg. 30 (2006), Nr. 1, Seite 69 ff.

Hufelschulte J. und Münster, U.: IM »Caesar« und die Altnazis, in: Focus, München, 50/1997

Jauer, Marcus: Endstation Sehnsucht, in: Süddeutsche Zeitung, München, 13. 8. 2001

Köhler, Karl-Heinz: Der gestohlene Beethoven, in: Sonntag, Berlin, 26. 2. 1961

Kopietz, Andreas: Der Gentleman IM, in: Berliner Zeitung, Berlin, 2. 2. 2008

Lier, Axel, Banse, Dirk und Pletl, Steffen: Grass' Stasi-Spitzel erschießt sich auf Parkbank, in: Die Welt, Berlin, 17. 12. 2007

Neef, Christian: Überraschend schön, in: Der Spiegel, Hamburg, 39/2003

o. A.: Das Leben auskosten, in: Der Spiegel, Hamburg, 39/2003

o. A.: 88 – 63 – 85, in: Der Spiegel, Hamburg, 45/1963

o. A.: Warum der Spion entwischte, in: Hamburger Abendblatt, Hamburg, 23.10.1981, und: Keine Rente für Spion Koppe, ebd., 7. 11. 1981

o. A.: Schildchen mit Decknamen, in: Der Spiegel, Hamburg, 14/1992

o. A.: Eine helle Freude, in: Der Spiegel, Hamburg, 13/1964

o. A.: Käthe – auch du?, in: Der Spiegel, Hamburg, 49/1991

o. A.: Reine Erziehung, in: Der Spiegel, Hamburg, 26/1996

o. A.: Ostereier im Wald, in: Der Spiegel, Hamburg, 6/1975

o. A.: 36, 135 und 333, in: Der Spiegel, Hamburg, 19/1963 (Titel)

o. A.: Tod am Fjord, in: Der Spiegel, Hamburg, 4/1982

o. A.: Ein Leben wie ein Thriller, Spiegel online, einestages, 24. 8. 2011

o. A.: Die Selbstbedienung der Rosemarie Fuchs, in: Focus, München, 12/1993

a. A.: Dauerhaft unterlaufen, in: Der Spiegel, Hamburg, 12/1993

o. A.: In Legende verstrickt, in: Focus, München, 13/1993

o. A.: »Bombe« unterm Fahrersitz war nur ein DDR-Knallkörper, in: Berliner Morgenpost, Berlin, 1. 4. 1993

o. A.: Ich denke, wer zuhören wollte, konnte alles hören, in: Die Zeit, Hamburg, 27. 8. 1993
o. A.: Hoffentlich treffen sie richtig, in: Focus, München, 6. 11. 2000
o. A.: Sache erledigt, in: Der Spiegel, Hamburg, 11/1980
o. A.: Bisschen blauäugig, in: Der Spiegel, Hamburg, 39/1975
Osang, Alexander: Das einfache Lottchen, in: Berliner Zeitung, Berlin, 7. 6. 1997
Rechenberg, Nikolas: Motiv für Landesverrat: Liebe aus Abhängigkeit, in: Berliner Morgenpost, Berlin, 20. 3. 1993
Ders.: Militärverrat aus Liebe, ebd., 19. 3. 1993
Schacht, H.: Serie Operation Klassenfeind, Teil 3 in: Berliner Kurier, Berlin, 7. 12. 2010
Schädlich, Hans Joachim: Die Sache mit B., Kursbuch 109, 9/1992, Berlin
Schmidt, Josef: Der diebische Bücherwurm, in: Süddeutsche Zeitung, München, 13. 2. 1960
Schwab, Waltraut: Zu fern für einen Kuss, taz.de, 12. 8. 2006
Seufert Rolf: Der größte Bücherdieb aller Zeiten?, in: Die Welt, Hamburg, 25. 3. 1960
Shiporo, Shlomo: Für die Sicherheit Israels kooperieren wir sogar mit dem Teufel, in: Berliner Zeitung, Berlin, 8. 1. 2000
Simon, Jana: Die Liebenden vom Bahnhof Friedrichstraße, in: Der Tagesspiegel, Berlin, 22. 2. 2002
Stalder, Helmut: Der Gotthard in der DDR – 33 Quadratmeter Sehnsucht, www.beobachter.ch
Stedefeldt, Eike: Die gute Charlotte, in: Freitag, Berlin, 22/2002
Walther, Barbara und Koch, Einar: Spionin schluchzte: »Papa, ich bin am Ende«, in: Bild am Sonntag, Hamburg, 20.3. 1988
Wensierski, Peter: Tunnel nach Thüringen, in: Der Spiegel, Hamburg, 39/2000
Wojtiniak, Gabriele: Alemanita mia!, in: Freitag, Berlin, 29/2000

Internet, Filme, Rundfunk, Sonstiges:

http://www.spartacus.schoolnet.co.uk
http://www.paperlessarchives.com/rometsch.html
http://kundendienst.orf.at
http://foia.fbi.gov/foiaindex/rometsch_e.htm
www.stadtgespraeche-rostock.de
www.berlinfuerblinde.de
www.mfs-insider.de
www.terra-kurier/adenauer.htm

Film: Kennedy und die Frauen, ORF, 26. 6. 2008
Film: Matthias Unterburg, KGB in Deutschland, Teil 2 »Romeos und Residenten«, docStation 2006 (Fassung MDR, 6. 10. 2006)
Film: Wilfried Huismann: »Lieber Fidel ...«, Deutschland 2000
o. A.: Augen auf – Kommunismus durch die Hintertür, Broschüre des Bundesministerium für Gesamtdeutsche Fragen (o. D., etwa 1951)
Link, Rainer: Herr Koppe klärt auf – Wie die Stasi die westdeutsche Atomindustrie abschöpfte, Deutschlandfunk, Sendemanuskript Feature vom 23. 1. 2007

ANZEIGE
HISTORIALE
BERLIN MUSEUM
Audio Guide in 10 Sprachen
Typisch Berlin: 800 Jahre Geschichte ohne Atempause! In einer multimedialen Stunde.
Der Weg Berlins zur spannendsten und aufregendsten Stadt Europas. Von 1237 bis heute, von Ost bis West: Zum Angucken und Anfassen, Zuhören und Reinsetzen. Für alle von klein bis groß.
www.BerlinStory.de
Der rote Faden durch die Berliner Geschichte, zeitgemäß, konkret, international. Leitmotive sind die Berlin prägenden Themen „Freiheitsliebe", „Tatkraft und Leidenschaft", „Hier hat jeder seine Chance!".
IKE 3-33
Historiale BERLIN MUSEUM
Unter den Linden 40, 10117 Berlin
Tel.: 030-20 45 46 73
oder 030-51 73 63 07
E-Mail: Museum@Historiale.de
Öffnungszeiten: Jan-Feb 10-19 Uhr
Mär-Dez 10-20 Uhr
ermöglicht durch
STIFTUNG
DEUTSCHE KLASSENLOTTERIE BERLIN
WWW.HISTORIALE.DE/MUSEUM